客户服务部精细化管理手册

刘少丹 编著

人 民 邮 电 出 版 社
北 京

图书在版编目（CIP）数据

客户服务部精细化管理手册 / 刘少丹编著. -- 北京：人民邮电出版社，2018.8（2023.2重印）
ISBN 978-7-115-48752-0

Ⅰ. ①客… Ⅱ. ①刘… Ⅲ. ①企业管理－销售管理－商业服务－手册 Ⅳ. ①F274-62

中国版本图书馆CIP数据核字(2018)第141507号

内容提要

本书以“职能管理＋岗位职责设计＋考核量表设计＋管理流程图＋节点说明表＋制度范例＋管理工具”的表现形式，构建了一套实用、高效的客户服务部管理体系。

本书内容涵盖了客户信息管理、客户信用管理、客户抱怨与投诉管理、售后服务管理、大客户服务管理、电商客服管理等10个方面，对客户服务部的管理工作进行了系统归纳。本书不仅提出了客服管理的标准和要求，而且提供了可行的解决方法和制度方案，可以有效帮助企业提高客服人员职业素养，优化完善客服管理流程。

本书适合企业经营管理人员、客服管理人员、流程管理人员，以及高等院校相关专业的师生阅读、使用。

◆编　　著　刘少丹
　责任编辑　刘　盈
　责任印制　焦志炜
◆人民邮电出版社出版发行　　北京市丰台区成寿寺路11号
　邮编 100164　　电子邮件 315@ptpress.com.cn
　网址 http://www.ptpress.com.cn
　北京天宇星印刷厂印刷
◆开本：787×1092　1/16
　印张：17.5　　2018年8月第1版
　字数：200千字　　2023年2月北京第20次印刷

定　价：69.00元

读者服务热线：（010）81055656　印装质量热线：（010）81055316
反盗版热线：（010）81055315
广告经营许可证：京东市监广登字20170147号

前　言

随着市场竞争的加剧，产品同质化现象越来越严重，在产品和价格已经不能成为企业唯一的竞争优势时，客户服务水平的高低就成为了企业吸引客户、留住客户的重要因素。但是，目前大多数企业还没有形成科学、完善、与时俱进的客户服务管理体系。

据调查，企业在经营过程中非常需要实务性的管理工具，在企业内部只有职责清晰、制度实用、流程明确，才能执行到位，进而提高客服管理工作的效率。

本书旨在帮助企业解决客服管理工作的规范性问题，在提供客户服务部职能分解表、各岗位职责和考核量表的同时，还为客户服务人员提供了各种可以借鉴的执行流程、制度范例、工具表单和文书模板，能够有效避免企业客服管理工作浮于表面、流于形式。除此之外，本书还具有以下特色。

1．岗位职责与考核精细化

本书基于组织设计和工作分析的原理，从部门、岗位两个层面，为企业的部门职责设计和岗位设计提供了分层化、工具化、实务化、精细化的解决方案，旨在帮助企业设计出科学、高效的部门职能和岗位职能，提高企业和相关岗位人员的工作效率。

2．管理制度与表单标准化

本书提供了实用的标准化管理制度，并在制度后面列出了该制度中会用到的或与其紧密相关的表单，给出了细化、可执行的范本，方便企业“拿来即用”。书中所列的制度兼具针对性和可执行性，能够提升制度的实施效果。

3．管理流程与节点规范化

本书设计了客服管理过程中的主要流程图，并对流程图中的关键节点进行了细化说明，明确了各个节点的权责分工，使业务执行过程更加规范化、高效化。

4．管理文书与方案模板化

本书提供了企业在客服管理过程中所需的各类文书、方案，这些工具模板可直接套用或稍改即用。

综上所述，本书通过岗位职责与考核设计、制度与表单设计、流程与关键节点设计、文书与方案设计、业务关键点设计等实用模块，为读者提供了全方位的客服管理工作指导与参考依据，是客服管理人员必备的工具书。

由于时间所限，本书仍存在不足之处，欢迎广大读者批评指正，以便我们改版时能够做得更好，读者用起来更加方便。

目 录

第 1 章　客户服务部规划管理

1.1　客户服务部职能管理分析与设计

1.1.1　部门目标设计

企业内部的部门管理人员应以企业管理方针为宗旨，以部门职能为依据，对企业总体目标进行分解，进而设定部门目标。部门目标制定过程如图 1-1 所示。

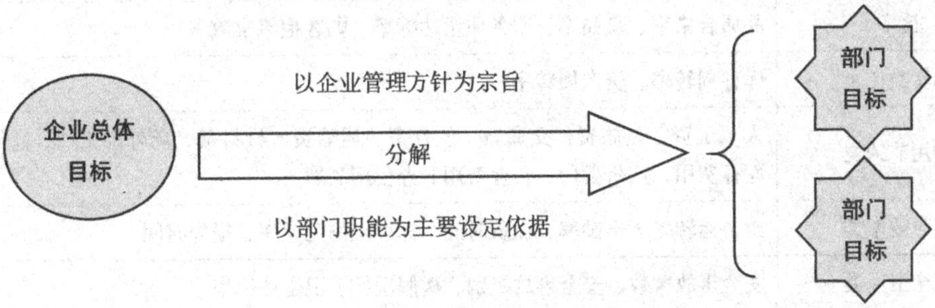

企业总体目标
以企业管理方针为宗旨
分解
以部门职能为主要设定依据
部门目标
部门目标

图 1-1　部门目标制定示意图

1. 部门目标的设定途径

管理人员可以依据以下六种途径设定部门目标，如图 1-2 所示。

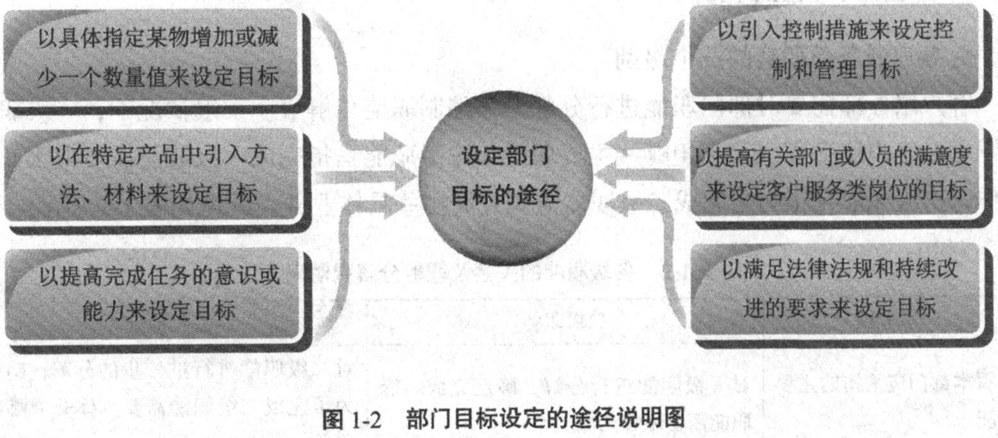

以具体指定某物增加或减少一个数量值来设定目标
以在特定产品中引入方法、材料来设定目标
以提高完成任务的意识或能力来设定目标
设定部门目标的途径
以引入控制措施来设定控制和管理目标
以提高有关部门或人员的满意度来设定客户服务类岗位的目标
以满足法律法规和持续改进的要求来设定目标

图 1-2　部门目标设定的途径说明图

2. 部门目标具体化的方法

（1）目标设计人员应首先整理出工作项目，然后对重点目标进行具体化和数量化处理，并标出在规定时间内应达到的程度。

（2）在遇到难以被具体化、数量化的项目时，应当用“程序”+“评估标准”的形式来设定目标。

（3）目标包括可量化的、不可量化的、单项的、综合的等多种类型，表 1-1 是按不同指标类别列出的常见目标设定项目。

表 1-1　部门目标具体化、数量化示例表

指标类型	具体示例
财务预算类的达成率	销售预算达成率、生产预算达成率、利润目标达成率、费用预算达成率
工作绩效的成长率	销售量、生产量、产值、利润率、市场占有率、新顾客数量、订货量、投资回报率
比率	品质合格率、良品率、服务质量达标率、顾客抱怨次数
回转类比率	库存周转率、资产周转率
费用节约类	人工工资、差旅费、交通费、伙食费、运输费、材料费、场外加工费、仓储费用、库存费用、广告费用、营业费用、办公用品费
工时效率类	设备运转率、出勤率、加班时间、标准定额完成率、损失时间
安全卫生类	安全事故次数、安全事故级别、病假次数、卫生达标率
工作改善成绩	机械设备管理改善状况、工艺技术改善状况、生产管理改善状况
创造类成绩	新产品开发、新技术开发、新战略战术的应用、新管理方式的推行成果

1.1.2　部门职能分解

1. 客户服务部职能的三个级别

客户服务部需要对部门职能进行分解，并编制职能分解表。一般情况下，一级职能介绍的是客户服务部应该承担哪些主要职能，二级职能是指完成一级职能需要做哪几项工作，三级职能是指为了完成二级职能需要开展哪些具体业务。具体如表 1-2 所示。

表 1-2　各级职能的关系及职能分解说明表

一级职能	二级职能	三级职能
填写本部门应承担的主要职能	对一级职能进行分解，确定完成一级职能需要做哪几项工作	对二级职能进行进一步的分解，确定为了完成二级职能需要具体开展哪些业务

（续表）

一级职能	二级职能	三级职能
一级职能	二级职能 二级职能	三级职能 三级职能 三级职能 三级职能
客户服务管理	◆ 客户调研 ◆ 客户信息管理 ◆ 客户关系管理 ◆ **大客户管理** ◆ 客服质量管理 ◆ 售后服务管理 ◆ 客户投诉管理 ◆ 客服人员管理	◆ 大客户筛选管理 ◆ 大客户开发管理 ◆ 大客户回访管理 ◆ 大客户信用调查 ◆ 大客户关系评估 ◆ 大客户档案管理 ◆ 大客户满意度调查

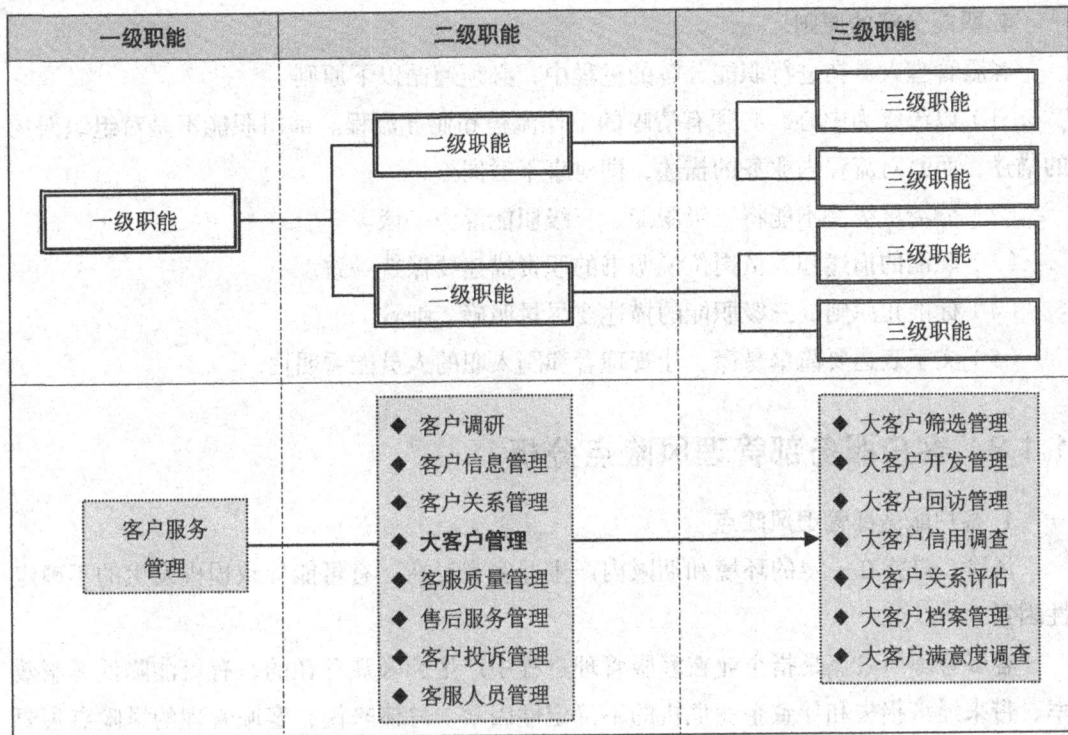

2. 职能分解的步骤

客户服务部职能分解的步骤如图 1-3 所示。

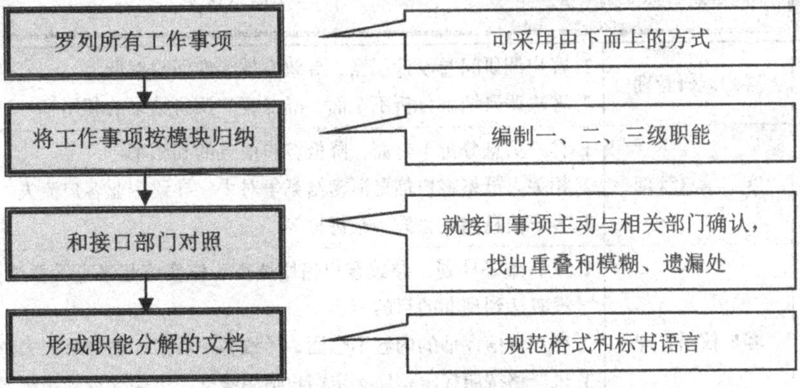
罗列所有工作事项
可采用由下而上的方式
将工作事项按模块归纳
编制一、二、三级职能
和接口部门对照
就接口事项主动与相关部门确认，
找出重叠和模糊、遗漏处
形成职能分解的文档
规范格式和标书语言

图 1-3　职能分解的步骤示意图

3. 职能分解的方法

客服管理人员在进行职能分解的过程中，可参照以下方法。

（1）客服管理人员在按模块归纳工作事项时，应逐一分析工作事项，将联系紧密且性质相似的工作事项列入同一类职能下。

（2）对于在同一职能等级内的工作事项，客服管理人员应参照流程的顺序进行分解。

4. 职能分解的原则

客服管理人员在进行职能分解的过程中，必须遵循以下原则。

（1）以流程为中心，必须有清晰的工作流程和业务流程。部门职能不是对组织架构的描述，而是对流程内业务的描述，即对事不对岗。

（2）分清层级，不能将二级职能、三级职能混为一谈。

（3）职能的描述和人员岗位说明书的职责描述要保持一致。

（4）标准化原则，三级职能的描述要尽量明确、细致。

（5）文字表达要简单易懂，让管理者和刚入职的人员能看明白。

1.1.3 客户服务部管理风险点分析

1. 客户服务部管理风险点

风险，是指在一定的环境和期限内产生并客观存在，有可能导致损失发生的不确定性因素。

客服管理风险点是指企业在客服管理过程中产生和客观存在的，有可能降低客服效率、带来经济损失和导致企业危机的不确定性因素。总体来说，客服管理的风险点主要存在于客服管理工作的九个方面，具体的风险点说明如表 1-3 所示。

表 1-3 客户服务部管理风险点说明表

序号	风险点名称	风险点说明
风险点 1	客户调研管理	1. 客户调研问卷设计不当，导致有效问卷回收率低 2. 客户调研结果分析不全面，降低客户调研结果的利用率
风险点 2	客户信息管理	1. 客户信息分析不全面，降低客户信息的利用率 2. 相关人员将客户信息泄密给竞争对手，导致企业客户流失 3. 客户信息档案丢失、被污损等
风险点 3	客户信用管理	1. 没有做好计划，导致客户信用调查工作实施起来毫无章法、效率低下，没有达到预期的目的 2. 客户资信评估的内容不全面，导致客户资信评估结果失去意义 3. 未严格按照权限程序确定客户信用额度，可能导致信用额度不合理 4. 没有遵守客户信用等级调整原则，导致客户信用等级不符合企业相关规定
风险点 4	客户投诉处理	1. 缺乏对客户投诉事件的深入调查与分析，难以找出客户投诉的根本问题，直接影响后续的客户投诉处理工作 2. 投诉处理对策考虑不全面，直接影响客户投诉问题的妥善解决 3. 没有准确、全面地总结企业目前的客户投诉起因，使得企业不能及时发现存在的问题，导致同类投诉事件不断发生

（续表）

序号	风险点名称	风险点说明
风险点 5	客户关系管理	1. 不守信、不守时。与客户约好时间，业务人员无故缺席或迟到，导致业务达成的比例大大降低 2. 收集客户提出的问题后，忘记向客户反馈问题解决进程及结果，使其对回访工作产生抵触心理，客户回访工作难以开展 3. 客户关系维护的激励机制不到位，维护客户能力不足，客户流失趋势没有得到有效扭转 4. 客户关系改善不到位，无法增加客户数量并提高企业产品的市场占有率
风险点 6	售后服务管理	1. 在产品售后服务过程中，未与客户做好事前沟通，或未事先考虑好服务时间，延长了客户的等待时间 2. 企业不够重视售后服务知识培训，导致培训投入不足，员工服务意识低下，服务技能不足 3. 因售后服务质量低下，导致客户投诉数量增多，造成企业美誉度降低
风险点 7	大客户服务	1. 未根据企业实际情况及发展需要，确定适当、科学的大客户评价指标及标准，从而难以准确识别大客户 2. 未向大客户提供多样化、个性化的服务，导致企业大客户满意度和忠诚度降低 3. 未及时进行大客户关系管理及维护，导致大客户流失
风险点 8	网络客服管理	1. 缺乏咨询服务技巧，导致咨询服务工作事倍功半 2. 过多的购买引导容易引起客户厌烦，降低其对企业的好感 3. 未及时处理网络投诉并向客户反馈处理结果，导致客户不满
风险点 9	呼叫中心管理	1. 缺少全面的业务量调研工作，没有以过去的业务数据作为决策依据，可能导致企业业务量同呼叫中心建设规模不匹配 2. 呼叫中心呼入、呼出等业务规范不完善，业务流程不科学，服务水平较低

2. 客服管理风险点控制体系

客服管理风险点控制是指对客服管理的各个风险点设定具体的控制目标，对客服管理工作施加影响的过程和行为。

企业在客服管理过程中，应从内部预防并控制风险，开展客服管理风险识别、分析评估、风险控制等风险管理活动，构建有效的客服管理风险点控制体系，提升客服管理效率。

客服管理风险点控制体系应由两大维度组成：第一个维度是横向有效地识别各类安全管理风险点；第二个维度则是纵向的，针对各类风险开展有效的控制工作。客服管理风险点控制体系可以用图 1-4 简单表示。

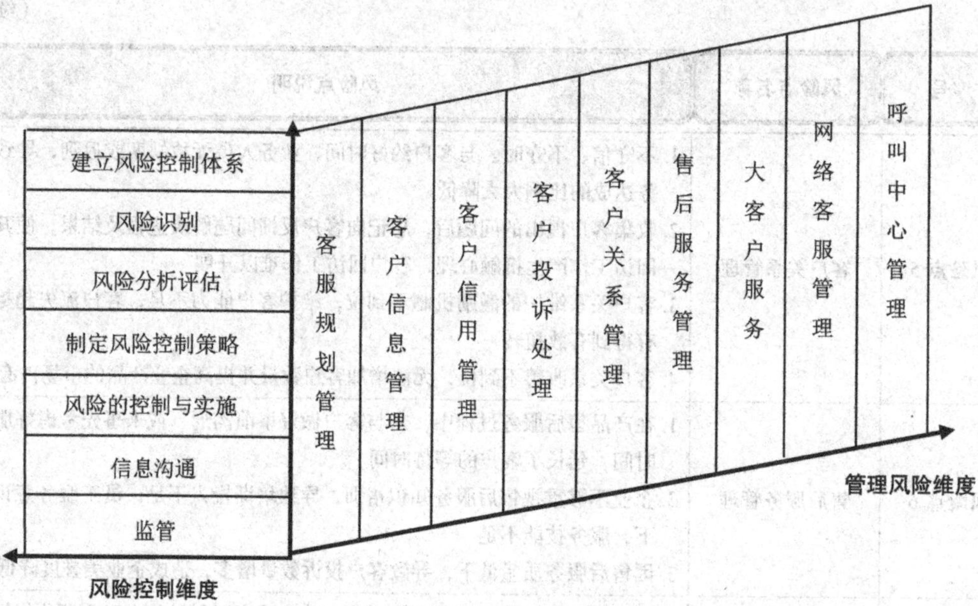
建立风险控制体系
风险识别
风险分析评估
制定风险控制策略
风险的控制与实施
信息沟通
监管
风险控制维度
客服规划管理
客户信息管理
客户信用管理
客户投诉处理
客户关系管理
售后服务管理
大客户服务
网络客服管理
呼叫中心管理
管理风险维度

图 1-4　客服管理风险点控制体系

1.2　客户服务部岗位职责设计

1.2.1　明确设计基础

岗位职责的设计和部门职能的设计是息息相关的，在设置部门职能之前进行的组织设计，是设计岗位职责之前开展工作分析的基础，其具体关系如图 1-5 所示。

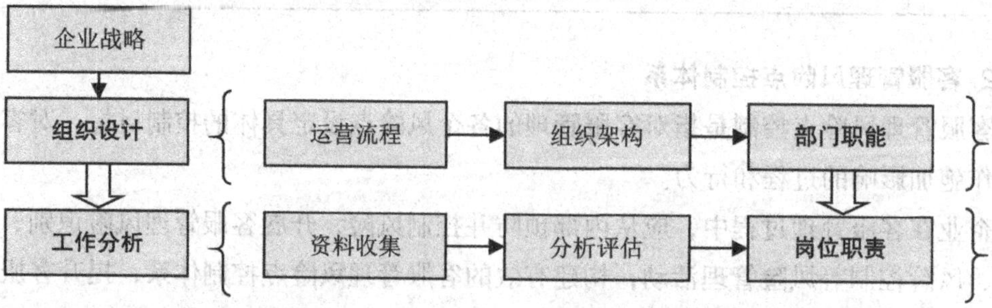
企业战略
组织设计
运营流程
组织架构
部门职能
工作分析
资料收集
分析评估
岗位职责

图 1-5　岗位职责设计与部门职能设计的关系示意图

在设计客户服务部内部人员的岗位职责时，应注意每个岗位的责任范围。

1.2.2　开展工作分析

客服管理人员在设计岗位职责之前，应对某项职务的工作内容和职务规范进行描述和研究，弄清楚部门中每个岗位的工作内容，为岗位职责设计打好基础。

工作分析可以解决客户服务部中岗位职责不清晰、重叠、遗漏等问题，目的是提升工作效率。客户服务部工作分析必须建立在公司组织结构及运营流程明确、部门职能和目标确定的基础上，确定岗位职责，并制定岗位职责说明书。工作分析的步骤如图1-6所示。

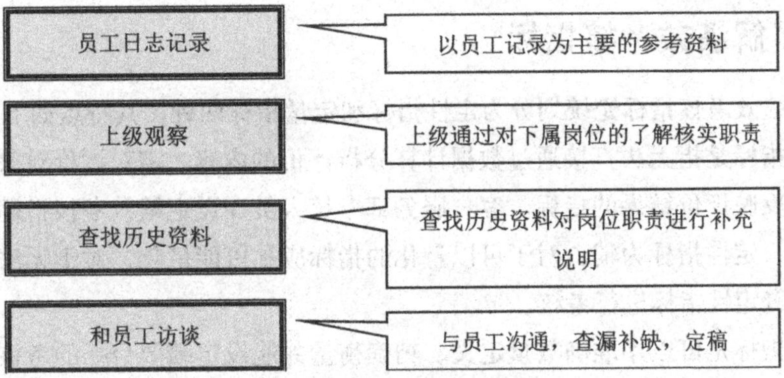
员工日志记录
以员工记录为主要的参考资料
上级观察
上级通过对下属岗位的了解核实职责
查找历史资料
查找历史资料对岗位职责进行补充说明
和员工访谈
与员工沟通，查漏补缺，定稿

图1-6　工作分析的步骤示意图

1.2.3　确定设计原则

客服管理人员在设计岗位职责时，要将每个岗位的职责划分清楚，各个岗位间的职责既不能重叠，也不能留有空白。一个部门经理通常要对本部门的全部职能负责，而下属的一个职员可能只对本部门的某几项职能负责，通常可参照以下建议设计。

1. 部门或单位负责人的职责原则上和本部门或单位的职能分解表中的二级职能一样。

2. 部门或单位里的某个业务主管的职责原则上是本部门或单位的职能分解表中的二级职能中的几项。部门或单位里的几个业务主管的职责原则上是本部门或单位的职能分解表中的二级职能中的全部。

3. 部门或单位里的一般职员的职责原则上是本部门或单位的职能分解表中的三级职能中的几项。

4. 描述工作内容时，应注意从工作概要到核心工作内容再到辅助性工作内容的顺序，具体如表1-4所示。

表1-4　岗位工作内容描述要点说明表

描述顺序	内容描述要点
工作概要	该部分概括介绍本岗位的主要工作，一般采用三段式描述方式："为了……，负责……，实现……的目标结果。"
核心工作内容	描述本岗位的关键职责及标准要求（产生关键业绩的工作）
辅助性工作内容	描述本岗位的一般性职责及配合其他部门的主要职责及标准要求

1.3 客户服务部岗位考核量表设计

岗位考核量表是对各岗位进行考核的重要依据。客户服务部考核人员在制作岗位考核量表时，应首先确定各岗位的考核标准及方法。

1.3.1 了解绩效考核指标

可以将绩效考核指标笼统划分为定性指标和定量指标两种，其特点如下。

1. 定性指标是指无法直接通过数据计算分析评价的内容，需对评价对象进行客观描述和分析来反映评价结果的指标。客户服务部考核人员在设定绩效考核指标时，应以定量指标为主，定性指标为辅，对于可以量化的指标应尽可能量化，对于无法量化的考核指标，应设置定性指标进行考核。

2. 定量指标是可以用准确数量定义、精确衡量并能设定绩效目标的考核指标。企业在制定定量指标的过程中，不能盲目追求量化，而应根据实际情况，把定量与定性指标结合起来。

1.3.2 制定绩效考核标准

1. 制定定性指标的考核标准

客户服务部考核人员在确定定性指标的考核标准时，一般使用等级描述法、预期描述法和关键事件法三个评分方法，具体如图 1-7 所示。

定性指标评分的三种方法

方法	定义	适用范围
等级描述法	◎等级描述法是指对工作成果或工作履行情况进行分级，并用数据或事实对各级别进行具体和清晰的界定，据此对被考核者的实际工作完成情况进行评价的方法	◎适用于考核那些经常或重复进行的工作。具体操作中，可分为“优秀”“良好”“一般”“及格”和“不及格”五个级别
预期描述法	◎预期描述法是指考核双方对工作要达到的预期标准进行界定，然后根据被考核者的实际完成情况同预期标准的比较，来评价被考核者业绩的方法	◎适用于对新任务或新工作的评价，这时考核双方往往没有或很少有先例可循，制定考核标准时也往往缺乏数据和事实的支持，这种情况下采用预期描述法，即考核双方尽量明确和清晰地界定预期标准，来为评价被考核者的业绩提供依据
关键事件法	◎关键事件法是指针对工作中的关键事件，制定相应的扣分和加分标准，来对被考核者的业绩进行评价的方法	◎适用于那些关键事件能够充分反映被考核者工作表现或业绩的情况

图 1-7 定性指标评分方法说明图

2. 确定定量指标的评价标准

定量指标有两种制定评价标准的方法，一种是加减分法，另一种是规定范围法。具体如表 1-5 所示。

表 1-5　制定定量指标考核标准的方法

方法	介绍说明
加减分法	◆ 通常适用于目标任务比较明确，任务完成比较稳定，同时鼓励员工在一定范围内作出更多贡献的情况 ◆ 使用加减分法计算时，一般情况下最大值不能超过权重规定数值，最小值不应出现负数
规定范围法	◆ 规定范围法是设计评价标准的另外一种方法，是经过数据分析和测算，评估双方根据标准达成的范围进行评估得分 ◆ 在某种情况下，规定范围法是比较科学、合理的，因为用加减分法设计评价标准，一般都是线性函数，而在某些情况下，可能需要不同的激励效应函数，使评价标准设计为指标在不同区间对应不同分数，这样评价标准才更具有合理性

1.3.3　选定指标并设定权重

绩效指标的权重是对各项指标重要程度的权衡和评价。在绩效考核过程中，有些职务的考核指标之间的重要程度是不同的。为了解决这个问题，客户服务部的考核人员需要对考核指标进行加权处理，同时可以让被考核者了解到哪些因素是绩效改进的重点。

客户服务部考核人员在指标选取及权重设定的过程中有一些基本原则，具体如表 1-6 所示。

表 1-6　指标权重设定的原则

基本原则	原因
关键指标数量控制在 4 ~ 8 个	过多的指标容易分散注意力，重点不突出，容易重叠；过少的指标则容易遗漏对某些重要事项的考核，失去考核的意义
每个指标的权重一般不超过 30%	指标权重太高，可能会使员工只关注这一个指标而忽视其他。同时会使员工考核风险过于集中，若完不成指标，绩效回报会受到很大影响
每个指标的权重一般不低于 5%	如果权重过低，则不能引起重视，容易被忽略
权重的百分值一般取 5 的整数倍	降低计算的难度
考核计分一般利用线性变化计算比例	降低计算的难度

1.3.4　设定绩效考核周期

绩效考核周期有固定时间间隔和非固定时间间隔两种。固定时间间隔一般有月度考核、季度考核、年度考核甚至周考核、日考核；非固定时间间隔一般指在一个任务或项目完成后进行的考核。

1.3.5　绘制绩效考核量表

确定以上要素后，就可以设计考核量表了，一般考核量表具有项目、考核指标、权重、考核标准、得分等项目，具体可参照表 1-7 所示的样例设计。

表 1-7　考核量表的模板

考核项目	指标名称	权重	指标说明及考核标准	得分

1.4　客户服务部管理流程与节点说明设计

1.4.1　流程分类设计

1. 管理流程

管理流程是指保证公司战略和经营顺利实施的流程，如人力资源管理、信息系统管理等。公司通过管理活动对各项业务的开展进行监督、控制、协调和服务，间接地为公司创造价值。常见的管理流程有六类，如图 1-8 所示。

1. 战略管理流程
2. 人力资源管理流程
3. 信息技术管理流程
管理流程类型
4. 质量管理流程
5. 财务管理流程
6. 行政管理流程

图 1-8　管理流程的六种类型

管理流程中包含分配任务、分配人员、启动工作、执行任务、监督任务等功能，根据这些功能，可以把管理流程分为以下三个部分，具体如图 1-9 所示。

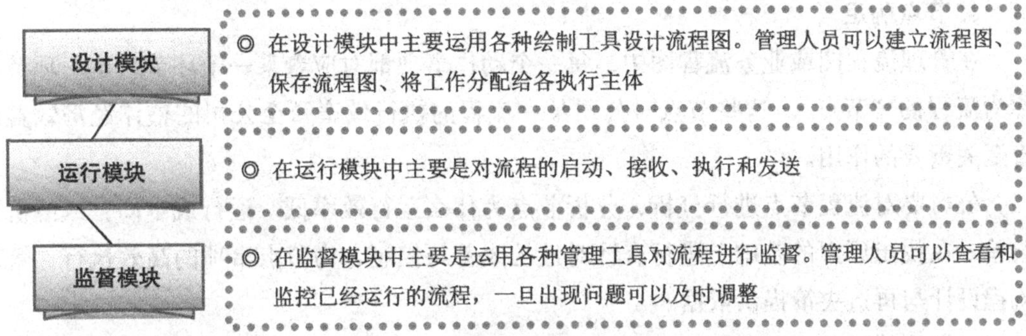
设计模块
◎ 在设计模块中主要运用各种绘制工具设计流程图。管理人员可以建立流程图、保存流程图、将工作分配给各执行主体
运行模块
◎ 在运行模块中主要是对流程的启动、接收、执行和发送
监督模块
◎ 在监督模块中主要是运用各种管理工具对流程进行监督。管理人员可以查看和监控已经运行的流程，一旦出现问题可以及时调整

图 1-9　管理流程的组成内容

2. 业务流程

业务流程主要是指公司履行日常功能的流程，它将工作分配给不同岗位的人员或部门，按照执行的先后顺序以及明确的业务内容、方式、责任，进行不同岗位人员或部门之间的交接活动。常见的业务流程有六类，如图 1-10 所示。

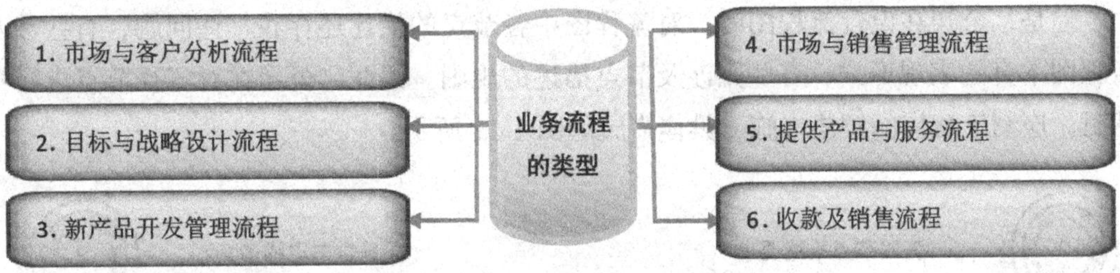
1. 市场与客户分析流程
2. 目标与战略设计流程
3. 新产品开发管理流程
业务流程的类型
4. 市场与销售管理流程
5. 提供产品与服务流程
6. 收款及销售流程

图 1-10　业务流程的六种类型

业务流程不仅是对公司关键业务的描述，而且对公司的业务运营有指导作用。这一指导作用可以保证公司经营目标的顺利实现，降低公司的运营成本，提高公司的市场竞争力，为公司获得最大的利润。其主要特点如表 1-8 所示。

表 1-8　业务流程的主要特点

主要特点	具体说明
层次性	业务流程是有层次性的，体现在由上至下、由整体到部分的逻辑关系，业务流程的层次关系也反映了公司部门和人员之间的层次关系
人性化	公司运营的关键点是人员的工作方式以及操作的工作流程，通过业务流程，每位员工都会清楚自己的职责，明确自己在业务流程中的角色，反馈流程运行中存在的问题
效益性	业务流程能够为公司带来利润，以财务数据、人员效率、经营效率、成本控制等为关键数据，对业务流程的好坏进行评估

1.4.2 节点说明设计

1. 节点确定

在管理流程图或业务流程图中，每一个动作事项都对应着某一个环节，这一环节被称为流程的“节点”。这些节点对公司某一流程的执行效率乃至公司的整体经济效益起着至关重要的作用。

公司要对流程节点进行分析，分析节点为什么运行效率低、运行成本高，或经济效益差，在找出原因的基础上进行有针对性的改善与控制，为节点事项的高效执行、管理流程设计与再造决策提供依据。

2. 节点描述

流程节点是指当业务作业需要不同人员、部门或若干个阶段来完成时，某一阶段结束后，另一阶段开始时的转接点。节点描述则是指对这一阶段业务作业的概括与总结。

从流程图的表现形式上看，不管是管理流程图还是业务流程图，流程图中的各节点基本上都能清楚地反映各岗位人员或部门的具体职责。对于公司人员或部门来说，可以通过流程图的节点来了解如何开展业务。

但是，公司在设计流程图时，对流程图中各节点的描述还存在一些问题，有些涉及流程图本身的表现形式，有些则涉及节点描述的规则。因此，公司在对流程节点进行描述时，应制定相应的解决措施，具体措施如图 1-11 所示。

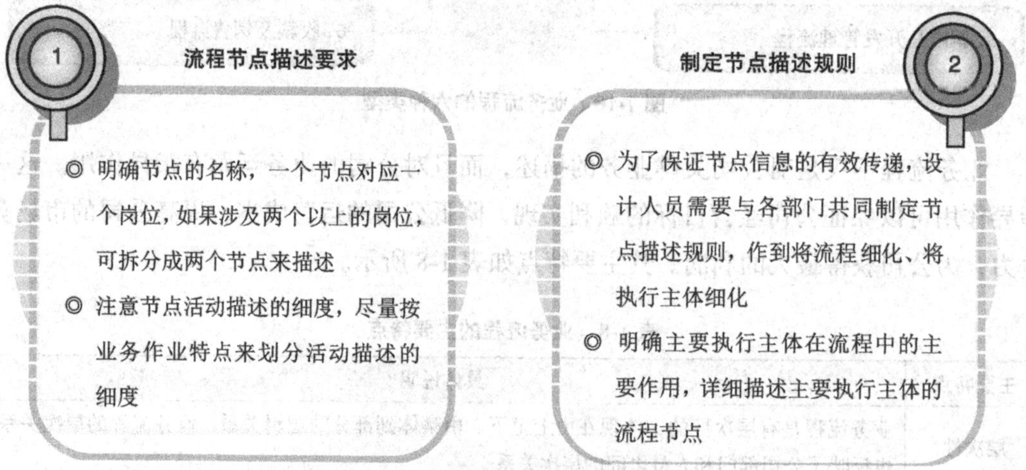
1
流程节点描述要求
◎ 明确节点的名称，一个节点对应一个岗位，如果涉及两个以上的岗位，可拆分成两个节点来描述
◎ 注意节点活动描述的细度，尽量按业务作业特点来划分活动描述的细度
2
制定节点描述规则
◎ 为了保证节点信息的有效传递，设计人员需要与各部门共同制定节点描述规则，作到将流程细化、将执行主体细化
◎ 明确主要执行主体在流程中的主要作用，详细描述主要执行主体的流程节点

图 1-11 流程节点描述的具体措施

1.5　客户服务部管理制度设计

1.5.1　对管理制度分层设计

按照企业管理制度的层级性，也可以对管理制度作如下分类方式：企业级制度、管理级制度、部门级制度、业务级制度、员工级制度等。不同级别的制度对应不同的制度类别，如图 1-12 所示。

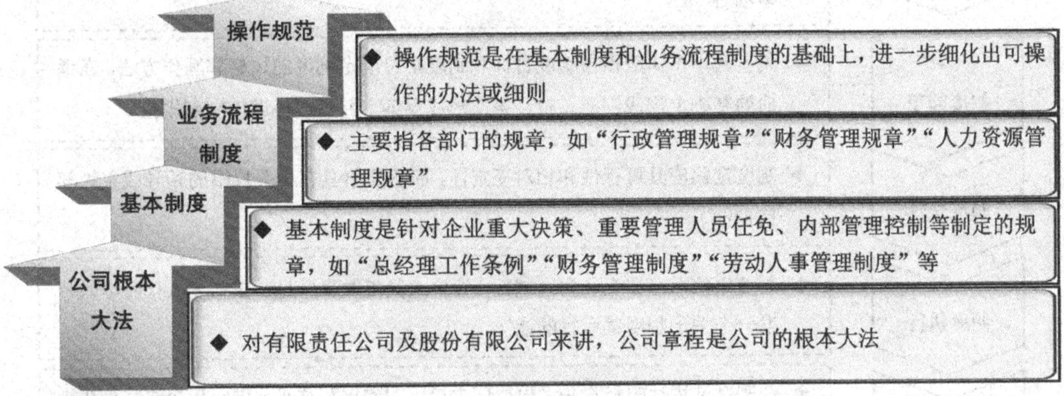
操作规范
◆ 操作规范是在基本制度和业务流程制度的基础上，进一步细化出可操作的办法或细则
业务流程制度
◆ 主要指各部门的规章，如“行政管理规章”“财务管理规章”“人力资源管理规章”
基本制度
◆ 基本制度是针对企业重大决策、重要管理人员任免、内部管理控制等制定的规章，如“总经理工作条例”“财务管理制度”“劳动人事管理制度”等
公司根本大法
◆ 对有限责任公司及股份有限公司来讲，公司章程是公司的根本大法

图 1-12　管理制度分层设计

1.5.2　客户服务部制度的设计步骤

企业管理制度设计人员在设计管理制度时，不仅要知晓其现在所处的内外部环境，而且要关注企业和整个宏观环境的变化情况，还应遵循相应的步骤，循序渐进地开展制度设计工作。具体而言，客户服务部制度设计的步骤如图 1-13 所示。

制度目标
◆ 企业制定管理制度的主要目的在于保证企业经营活动的正常运行，具体指以下工作：建立预警机制，规避可能发生的问题；减少已经发生的问题可能造成的损失
制度定位
◆ 制度设计人员在设计制度时，要明确立足点，根据制定各项制度的目标及原因选准角度，如战略角度、企业管理角度、部门管理角度、业务角度、人员角度、工作流程等
调研访谈
◆ 制度设计人员应进行调研访谈，包括企业目前所处的内部环境和外部环境，企业未来面临的内外部环境，企业目前存在的问题，业务中需要特别注意的事项等
制度起草
◆ 制度起草工作应根据制度目标和制度定位确定制度的风格和写作方法，在调研的基础上形成纲要，拟订条文形成草案，并且严格遵循制度规范
制度定稿
◆ 制度定稿应具可行性和相对稳定性，应提交给具有相关权限的领导或主管部门批准
制度执行
◆ 制度定稿后可在企业内部试行，让广大员工发表意见，在制度执行前可以下发一个关于制度试运行的通知
制度完善
◆ 在制度试运行的过程中，根据广大员工的建议和意见，进一步修改完善在操作过程中发现的不足和纰漏
制度公示
◆ 制度只有在公示之后才会生效，企业管理者应选择能够让全体员工都能知晓的渠道进行制度公示

图 1-13　客户服务部制度设计的步骤

1.6　客户服务部工作业务管理工具设计

1.6.1　客户服务部表单设计

管理表单以直观的表格及简洁的文字将文本内容中的关键节点展现出来，表单的设计过程本身就是对文本的理解和对过往经验的总结。

将文本内容制作成工作表单，员工按照工作表单执行项目，可以在很大程度上避免由于对文本理解的差异而导致工作成果的不稳定，这会大大降低执行成本；另一方面，员工作业时，只需要按照工作表单规定的步骤和内容执行就可以，不必靠记忆文本来执行，进而使复杂问题简单化。

例如，企业描述自己的战略规划时大多用这样的文本形式来表述：××公司未来几年的发展方向是……，市场份额达到____%，盈利能力达到______。这样的表述显然不够清晰，而且员工不能明确自己在这几年里具体每一段时间中应该达到什么样的目标。但是，如果将其量化分解成表单，则会一目了然，而且可以使战略规划这一复杂的系统变得简单、易懂，具体形式如表 1-9 所示。

表 1-9　企业战略目标量化分解

战略目标		____年	____年	____年
盈利能力	利润额			
	销售利润率			
	投资收益率			
市场	市场占有率			
	销售额			
	销售量			
生产	投入产出比			
	年产量			
	产品成本			

1.6.2　客户服务部方案设计

在企业的日常经营管理过程中，方案是对工作的具体计划或对某一问题的具体规划，一般要从工作要求、工作内容、工作方法及工作步骤等方面对工作作出全面、具体而又明确的安排。要使客服管理规范化与标准化，必须建立一套方案体系。客服方案目录如表 1-10 所示。

表 1-10　客服方案目录

职能事项	方案目录	职能事项	方案目录
客户开发管理	渠道客户开发方案	客户调查管理	客户满意度调查方案
	重点客户开发方案		客户体验调查策划方案
	客户拜访策划方案		签约客户信用调查方案
	客户接待策划方案		客户抱怨投诉调查方案

（续表）

职能事项	方案目录	职能事项	方案目录
客户信用管理	客户信用评级管理方案	客户投诉管理	客户抱怨处理策划方案
	客户信用档案管理方案		客户投诉处理策划方案
	客户风险监控管理方案		客户投诉升级预控方案
大客户管理	大客户工作管理方案		避免客户投诉解决方案
	大客户开发管理方案	客户关系管理	重点客户接待管理方案
	大客户服务管理方案		客户参观接待规范方案
客户信息管理	客户分级评估方案		前台礼仪规范管理方案
	客户信息保密方案		客户回访规范管理方案
	客户信息档案管理方案		客户提案处理管理方案
	客户信息数据库管理方案		客户关系维护管理方案
	客户需求信息管理方案	呼叫中心管理	呼叫中心呼出业务管理方案
售后服务管理	售后安装管理策划方案		呼叫中心呼入业务处理方案
	售后维修管理策划方案		呼叫中心语言规范方案
	售后退货服务管理方案		呼叫中心质量控制方案
	售后投诉处理管理方案		呼叫中心现场管理方案
	售后服务评价管理方案	客服人员管理	客服面试考核策划方案
网络客服管理	网络服务平台构建方案		客服人员晋升管理方案
	网络客服业务处理方案		客服劳动合同规范方案
	网络客服沟通管理方案		客服沟通技巧培训方案
	网络客服纠纷处理方案		客服礼仪规范策划方案
	网络客服绩效考核方案		

1.6.3 客户服务部文书设计

客服文书是企业客服经营管理人员、客服职能人员在日常工作中产生的企业文书，它可以对企业客服工作的具体职能事项进行规范化、科学化管理，提高管理效率。企业需要制定的客服文书，具体可参照表 1-11 所示。

表 1-11　客服文书目录

职能事项	文书目录
客户开发管理	◆ 客户开发工作计划书、新客户开发计划书、客户开发培训计划书、客户开发工作报告等
客户调查管理	◆ 客户需求调查问卷、客户需求调查报告、客户体验回馈报告、客户资质调查报告、客户投诉处理报告、客户服务调查计划等
客户信用管理	◆ 客户信用担保书、客户资产评估报告书、客户评估说明书等
客户投诉管理	◆ 客户抱怨汇总分析报告、客户投诉处理报告书、客户投诉处理函、客户抱怨致歉信等
大客户管理	◆ 大客户满意度调查报告、大客户忠诚度调研报告、大客户流失总结汇报书、大客户工作总结报告书等
客户关系管理	◆ 客服拜访计划书、客服接待计划书、客服接待费用申请书、客户提案感谢信等
客户信息管理	◆ 客户信息管理流程计划书、客户信息使用规范书、客户信息管理工作总结报告、数据库系统验收申请书、客户信息工作改善计划书等
售后服务管理	◆ 售后服务计划书、售后维修申请单、售后维修通知单、售后维修计划书、售后投诉处理报告等
呼叫中心管理	◆ 呼叫中心工作计划书、呼叫中心轮班计划书、呼入电话处理礼仪规范书、呼叫中心培训计划书、呼叫中心绩效考核结果报告等
网络客服管理	◆ 网络客服工作计划书、网络客服工作总结、网销服务提升策划书等
客服人员管理	◆ 客服人员招聘计划书、客服人员录用通知书、客服人员招聘婉拒信、客服信任培训计划书、客服人员激励计划书等

第 2 章　客户调研管理

2.1　客户调研职能管理

2.1.1　客户调研任务目标

客户调研部的工作目标包括以下 5 个方面，具体如图 2-1 所示。

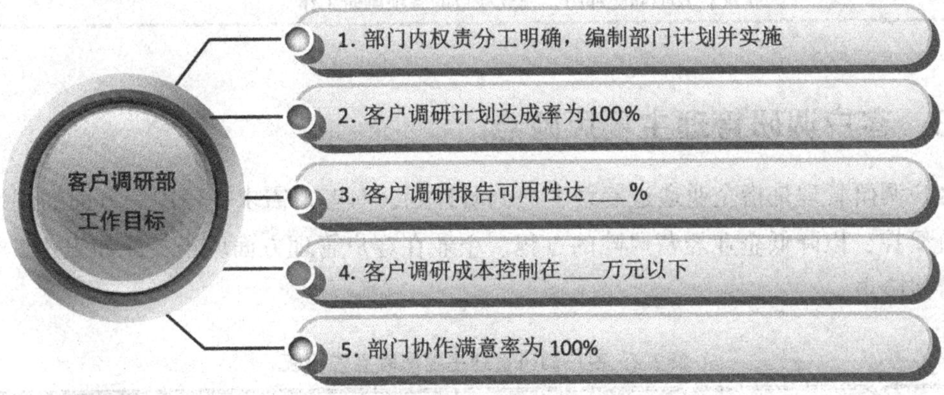
客户调研部
工作目标
1. 部门内权责分工明确，编制部门计划并实施
2. 客户调研计划达成率为 100%
3. 客户调研报告可用性达____%
4. 客户调研成本控制在____万元以下
5. 部门协作满意率为 100%

图 2-1　客户调研工作目标示意图

2.1.2　客户调研职能分解

对客户调研部的职能进行分解，可以细化客户调研的各项职能。客户调研部的职能分解说明如表 2-1 所示。

表 2-1　客户调研职能分解说明表

职能分项	职能细化
1. 客户调研计划管理	（1）根据企业运营计划，做好客户调研的总体规划工作，制订客户调研计划 （2）监督各部门执行客户调研计划的情况
2. 客户调研	（1）根据企业营销策略或发展方向，确定客户调研主题，选择调研目标，制订调研计划 （2）设计客户调研方案，确定调研方法（如探索性调研、描述性调研、因果性调研），确保客户调研计划得到顺利实施 （3）利用观察法、询问法、实验法等多种方法收集客户资料，确保客户资料的准确性和有效性

（续表）

职能分项	职能细化
3. 客户调研分析	（1）遵循由浅入深、由少到多、由一般性资料到专题性资料的原则，收集、整理客户调研资料，将有效的资料整理成统一的格式，供进一步分析之用 （2）通过分析调研资料，初步筛选符合企业要求的客户，编制《客户调研报告》，并提交上级领导审批
4. 客户调研规划决策管理工作	（1）制定科学的企业客户调研管理工作规划 （2）在客户调研管理过程中，应作出正确、合理的客户调研管理决策
5. 客户调研成本管理	（1）做好成本效益的分析核算工作，真实地反映客户调研成本，并找出成本超标的原因，为成本控制提供依据 （2）制定客户调研成本控制措施并实施，以达到成本控制目标
6. 其他职责	（1）负责客户调研文件、工具表格及单据资料的管理工作 （2）配合其他职能部门，完成项目的各项调研工作

2.1.3 客户调研管理主要风险点

客户调研管理是指企业通过制订客户调研计划，对客户需求、信用等方面的调研工作实施管控，以降低企业经营风险的过程。企业在客户管理方面应当关注如表 2-2 所示的三个风险点。

表 2-2 客户调研管理主要风险点说明表

序号	风险点名称	风险点说明
风险点 1	客户调研计划风险	1. 客户调研计划内容不完整，导致部分调研工作无计划可参考 2. 调研工作不按计划执行，导致调研工作实施起来毫无章法、效率低下，没有达到预期的目的
风险点 2	客户信息收集与处理风险	1. 客户信息调研问卷设计不当，导致有效问卷回收率低 2. 客户信息采集方式、范围确定不当，导致未能收集全面的信息 3. 调研人员收集的资料和数据不准确、不全面，导致不能准确分析与评估客户信息
风险点 3	客户信息归档风险	1. 客户信息未归档，导致相关资料丢失 2. 客户信息档案未划分密级，导致重要涉密文件无法被快速识别 3. 客户信息档案编号不统一，导致无法进行有效检索及利用

2.2 客户调研岗位职责

2.2.1 客户调研主管职责说明

岗位名称	客户需求调研主管	所属部门	客户服务部
上　级	客服经理	下　级	客户调研专员
职责概述	在客服经理的领导下，全面负责客户需求调研工作，对调研资料进行分析汇总，为企业领导及相关部门制定决策提供参考		
工作职责	职责细分		
1. 起草客户需求调研计划、细则及规范	（1）根据客户调研的总体计划，制定客户需求调研总体规划、年度计划和费用预算，获得客服经理及上级领导批准后组织实施 （2）负责起草企业客户需求调研的详细工作规程和细则，调研计划经批准后，监督部门人员按程序作业，保证调研计划的顺利开展		
2. 客户需求调研前期准备	（1）依据产品定位和营销目标，确定客户需求调研范围，组建调研团队 （2）负责了解调研双方的基本情况，依据调研对象的工作习惯、业务能力及调研人员能力、调研进度要求等因素选择调研方式 （3）负责编制客户需求调研计划、文档模板、调研提纲，并对调研对象进行背景调查		
3. 客户需求调研实施	（1）设计并控制客户需求调研的内容与进度，制定调研质量控制点，确保调研结果的质量和可信度 （2）根据客户需求调研情况，有针对性地设计《引导客户需求方案》并负责实施 （3）将客户需求调研费用控制在预算之内		
4. 对客户需求调研的评估	（1）根据调研对象所处环境及个人因素等，评估客户需求的合理性和可实现性 （2）客户需求调研完成后，根据企业营销策略的需要，对客户进行分级 （3）组织编制《客户需求调研报告》，报客服经理及上级领导审批		
5. 沟通协调管理	（1）接受企业各部门的市场信息咨询，主动提供定期的客户需求信息服务 （2）定期向总经理报告客户需求调研工作情况，并定期召开客户需求调研管理工作例会，将企业的政策信息快速、清晰、准确地传达给下级人员		
6. 人员管理	（1）督导员工做好日程安排，监督员工的工作情况 （2）对所属人员进行心态、形象等方面的培训		

2.2.2 客户体验主管职责说明

岗位名称	客户体验主管	所属部门	客户服务部
上　级	客服经理	下　级	客户调研专员
职责概述	在客服经理的领导下，负责客户体验及客户体验需求调研工作，并对调研资料进行分析汇总，明确客户体验要求，为企业领导及相关部门制定决策提供参考		
工作职责	职责细分		
1. 客户体验计划管理	（1）根据客户服务部的总体规划和要求，制定客户体验服务及客户满意度调研总体规划、年度计划和费用预算，获得客服经理及上级领导批准后组织实施 （2）制定企业客户体验及客户体验调研的详细工作规程和细则，获得客服经理批准后，监督部门人员按程序作业，保证调研计划的顺利开展		
2. 客户体验调研管理	（1）主持处理客户关系工作，负责企业与客户的沟通协调工作，提高客户满意度 （2）监督并组织实施客户体验调研计划，根据部门运营情况，调整相应的客户服务政策和规范 （3）在客户体验调研过程中，了解客户体验的现状和客户期望，并分析差距		
3. 客户体验信息处理	（1）制定客户体验信息收集方案及处理反馈信息的规范及流程，监督并指导实施 （2）负责客户体验日常反馈信息的管理和维护工作，与各相关部门进行沟通，跟进并解决客户提出的问题 （3）汇总、整理、回收客户反馈信息，提出改善性意见及建议 （4）将客户体验反馈信息发送到相关部门，并收集各部门的处理改进情况		
4. 沟通协调管理	（1）接受企业各部门的市场信息咨询，或主动提供定期的信息服务 （2）定期向总经理报告生产管理工作情况，定期召开生产管理工作例会，将企业的政策、策略等信息，快速、清晰、准确地传达给下级人员		
5. 部门管理	（1）将客户体验调研费用控制在预算之内 （2）负责本部门日常运营、管理以及部门团队培养和建设工作 （3）督导员工做好日程安排，对员工的工作情况进行监督和考核		

2.2.3 客户调研专员职责说明

岗位名称	客户调研专员	所属部门	客户服务部
上　级	客户调研主管	下　级	无
职责概述	在客户调研主管的领导下，具体实施客户调研计划，并统计分析信息资料，撰写调研报告等		

（续表）

工作职责	职责细分
1. 起草计划及方案	（1）协助客户调研主管制订年度客户调研计划，为其提供意见和建议 （2）负责编制考核调研方案及设计调研问卷
2. 客户调研	（1）根据审批后的客户调研计划及方案，实施客户需求、信用、体验等方面的调研工作 （2）及时对调研资料进行整理、汇总、分析并上交
3. 资料收集归档	（1）分析客户市场调研资料，并提出意见和建议 （2）协助客户调研主管撰写《客户调研报告》，为其提供数据支持 （3）做好调研资料及《客户调研报告》的建档、管理工作
4. 其他职责	（1）需要兼职调研员时，协助市场调研主管筛选合格的兼职调研员，并对其进行培训、指导 （2）完成领导交办的其他工作

2.3 客户调研岗位考核量表

2.3.1 客户调研主管考核量表

考核项目	指标名称	权重	指标说明及考核标准	得分
客户调研计划与进度	客户调研计划完成率	20%	1. 调研计划完成率 = $\frac{\text{实际完成调研的计划数量}}{\text{调研计划总数量}} \times 100\%$ 2. 考核期内，目标值为____%；指标值每减少____个百分点，该项扣____分；指标值低于____%，该项不得分	
客户调研及成果	客户调研及时率	10%	考核期内，目标值为____%；指标值每减少____个百分点，该项扣____分；指标值低于____%，该项不得分	
	客户需求增加比例	20%	根据企业发展战略及新产品开发计划，进行客户需求调研，每新增一项客户需求，加____分	
	业绩提升率	10%	考核期内，目标值为____%；指标值每增加____个百分点，该项加____分	
客户调研成本控制	客户调研成本超支率	10%	1. 客户调研成本超支率 = $\frac{\text{客户调研实际发生成本}}{\text{客户调研预算成本}} \times 100\%$ 2. 考核期内，指标值不得高于100%；指标值每超出____%，该项扣____分；指标值高于____%，该项不得分	
	单位客户调研成本	10%	单位客户需求调研成本不高于____元，每高____元，扣____分，单位成本高于____元，该项不得分	

（续表）

考核项目	指标名称	权重	指标说明及考核标准	得分
学习培训	参加培训次数	10%	考核期内，参加培训次数需达到____次；指标值每减少____次，该项考核扣____分；指标值低于____次，该项不得分	
	员工绩效考核达标率	10%	1. 员工绩效考核达标率 = $\frac{\text{绩效考核达标人数}}{\text{考核总人数}} \times 100\%$ 2. 考核期内，目标值为____%；指标值每减少____个百分点，该项考核扣____分；指标值低于____%，该项不得分	

2.3.2 客户体验主管考核量表

考核项目	指标名称	权重	指标说明及考核标准	得分
客户体验计划与进度	客户体验调研计划完成率	20%	1. 调研计划完成率 = $\frac{\text{客户调研计划实际完成量}}{\text{客户调研计划应完成量}} \times 100\%$ 2. 考核期内，目标值为____%；指标值每减少____个百分点，该项扣____分；指标值低于____%，该项不得分	
	调研计划执行率	10%	1. 调研计划执行率 = $\frac{\text{已经执行的调研计划数量}}{\text{调研计划总数量}} \times 100\%$ 2. 考核期内，目标值为____%；指标值每减少____个百分点，该项扣____分；指标值低于____%，该项不得分	
客户体验调研及成果	客户体验流程改进目标达成率	10%	考核期内，目标值为____%；指标值每降低____个百分点，该项扣____分；指标值低于____%，该项不得分	
	客户体验满意度	10%	考核期内，目标值为____分；指标值每减少____分，该项扣____分；指标值低于____分，该项不得分	
	客户信用调研频率	10%	考核期内，目标值为____%；指标值每减少____个百分点，该项扣____分	
	客户意见反馈率	10%	考核期内，目标值为____%；指标值每减少____个百分点，该项扣____分；指标值低于____%，该项不得分	
客户需求调研成本控制	客户需求调研成本预算率	10%	1. 客户需求调研成本预算率 = $\frac{\text{已预算的客户需求调研成本数量}}{\text{客户需求调研成本预算的总数量}} \times 100\%$ 2. 考核期内，目标值为____%；指标值每减少____%，该项扣____分；指标值低于____%，该项不得分	
	单位客户需求调研成本	10%	单位客户需求调研成本不高于____元，每高____元，扣____分，单位成本高于____元，该项不得分	

（续表）

考核项目	指标名称	权重	指标说明及考核标准	得分
学习培训	培训计划完成率	5%	考核期内，目标值为____%；指标值每减少____个百分点，该项考核扣____分；指标值低于____%，该项不得分	
	员工绩效考核达标率	5%	考核期内，目标值为____%；指标值每减少____个百分点，该项考核扣____分；指标值低于____%，该项不得分	

2.3.3　客户调研专员考核量表

考核项目	指标名称	权重	指标说明及考核标准	得分
客户调研计划与进度	客户调研计划完成率	20%	1. 调研计划完成率 = $\frac{\text{客户调研计划实际完成量}}{\text{客户调研计划应完成量}} \times 100\%$ 2. 考核期内，目标值为____%；指标值每减少____个百分点，该项扣____分；指标值低于____%，该项不得分	
	客户调研计划执行率	10%	1. 客户调研计划执行率 = $\frac{\text{已经执行的调研计划数量}}{\text{调研计划总数量}} \times 100\%$ 2. 考核期内，目标值为____%；指标值每减少____个百分点，该项扣____分；指标值低于____%，该项不得分	
客户调研质量	客户投诉率	10%	1. 客户投诉率 = $\frac{\text{本部门客户投诉的数量}}{\text{客户投诉的总数量}} \times 100\%$ 2. 考核期内，目标值为____%；指标值每增加____个百分点，该项扣____分；指标值高于____%，该项不得分	
	调研报告提交及时率	15%	考核期内，目标值为____%；指标值每减少____个百分点，该项扣____分；指标值低于____%，该项不得分	
	客户调研频率	10%	考核期内，目标值为____%；指标值每减少____个百分点，该项扣____分	
	合理化建议采纳率	15%	考核期内，指标值不得低于____分，每降低____分，该项扣____分；指标值低于____分，该项不得分	
部门协作客户反馈	部门协作满意度	5%	1. 协作部门对客户服务部的合作满意度评分的算术平均数 2. 考核期内，指标值不得低于____分，每降低____分，该项扣____分；指标值低于____分，该项不得分	
	客户满意度	5%	1. 客户对客户服务部的合作满意度评分的算术平均数 2. 考核期内，指标值不得低于____分，每降低____分，该项扣____分；指标值低于____分，该项不得分	
成本控制	单位客户成本	10%	单位客户成本不高于____元，每高____元，扣____分，单位成本高于____元，该项不得分	

2.4 客户调研管理流程与节点说明

2.4.1 客户信息调研流程与节点说明

1. 客户信息调研流程

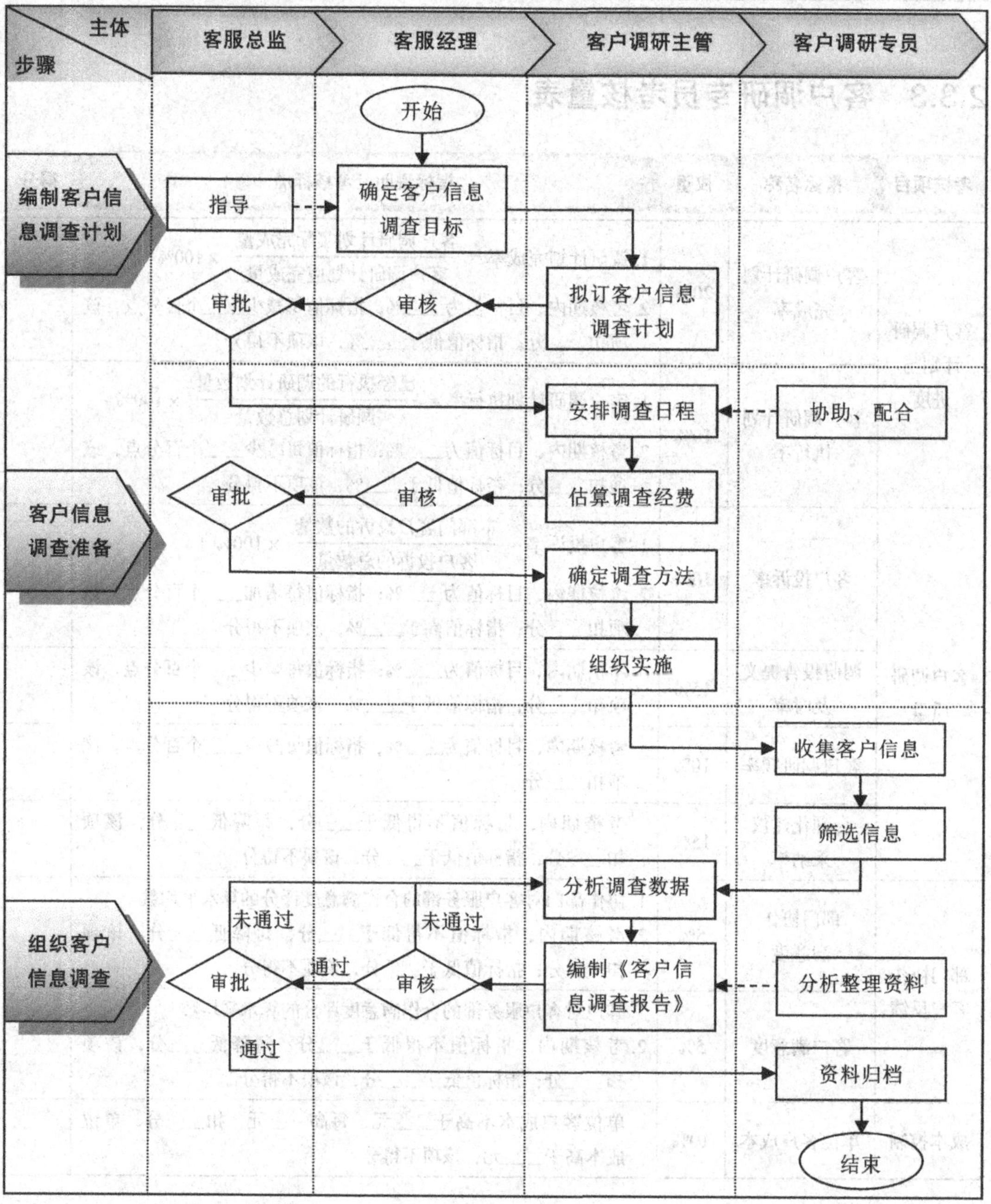

主体
步骤
客服总监
客服经理
客户调研主管
客户调研专员
编制客户信息调查计划
开始
指导
确定客户信息调查目标
审批
审核
拟订客户信息调查计划
客户信息调查准备
安排调查日程
协助、配合
审批
审核
估算调查经费
确定调查方法
组织实施
组织客户信息调查
收集客户信息
筛选信息
分析调查数据
未通过
未通过
通过
审批
审核
编制《客户信息调查报告》
分析整理资料
通过
资料归档
结束

2. 流程节点说明

文件名称		客户信息调研流程节点说明	版本号		页　数	
文件编号			编制人		审批人	
节点	节点名称	节点业务操作说明	时长	适用单位	责任部门	
1	确定客户信息调研目标	◆ 客服经理根据公司定位和发展战略确定客户信息调研的目标	__个工作日	经理、总监	客户服务部	
2	制订客户信息调研计划	◆ 客户调研主管在明确客户调研目标的基础上，制订客户信息调研计划，并将其上报客服经理和客服总监审批，审批通过后执行 ◆ 客户信息调研计划主要包括调研内容、人员安排、调研时间、调研方法、调研报告的编写等内容	__个工作日	调研主管、经理、总监	客户服务部	
3	安排调研日程	◆ 客户调研主管应根据调研计划，做好调研工作的日程安排，协调好各方面的工作，使调研工作有序进行	__个工作日	调研专员、调研主管	客户服务部	
4	估算调研经费	◆ 客户调研主管对调研经费进行估算，并向客服经理提出申请，客服经理给出答复后，由客服总监审批 ◆ 调研经费主要包括调研问卷设计费、调研方案设计费、调研实施费、数据统计分析费、调研报告撰写费、劳务费等内容	__个工作日	调研主管、客服经理、总监	客户服务部	
5	确定调研方法	◆ 客户信息主管根据调研内容确定客户信息调研方法 ◆ 客户信息调研方法包括直接调研法和间接调研法两种，当客户参与调研活动时，应选择直接调研法，如调研表法、询问法、信息反馈法等，此方法获得的信息更详细、具体、可靠 ◆ 当调研与客户有关的各种资料时，如各种文献、记录、业务情况等，客户信息主管应选用间接调研法，这样不用与客户接触就可以掌握调研信息	__个工作日	信息管理专员、调研主管、客服经理	客户服务部	
6	收集客户信息	◆ 调研准备工作结束后，客户调研专员组织人员采用一定的方法收集客户信息和相关数据 ◆ 客户调研专员将收集的客户信息汇总到客户服务部，同时更新客户信息库	__个工作日	调研专员	客户服务部	
7	筛选信息	◆ 客户调研专员对收集到的信息进行初步判断，剔除无用、过期的信息后，对客户信息进行筛选、分析和整合	__个工作日	调研专员、调研主管	客户服务部	
8	分析调研数据	◆ 客户调研主管分析调研活动收集到的数据，从中提炼有效的客户信息，并根据过往经验，在与其他部门充分讨论的基础上，建立相关的客户评估指标	__个工作日	调研专员、调研主管	客户服务部	

（续表）

节点	节点名称	节点业务操作说明	时长	适用单位	责任部门
9	编制客户信息调研报告	◆ 客户调研主管根据客户信息调研数据，编制《客户信息调研报告》和《客户信息分析报告》，由客服经理审阅并提出指导意见，报客服总监审批	__个工作日	调研主管、客服经理	客户服务部
10	资料归档	◆ 客户调研专员对调研资料进行汇总，并根据公司相关规定送档案管理部门归档保存 ◆ 客户调研专员做好《客户信息调研报告》和《客户信息分析报告》的归档保存工作	__个工作日	调研专员	客户服务部

2.4.2 调研数据处理流程与节点明细

1. 调研数据处理流程

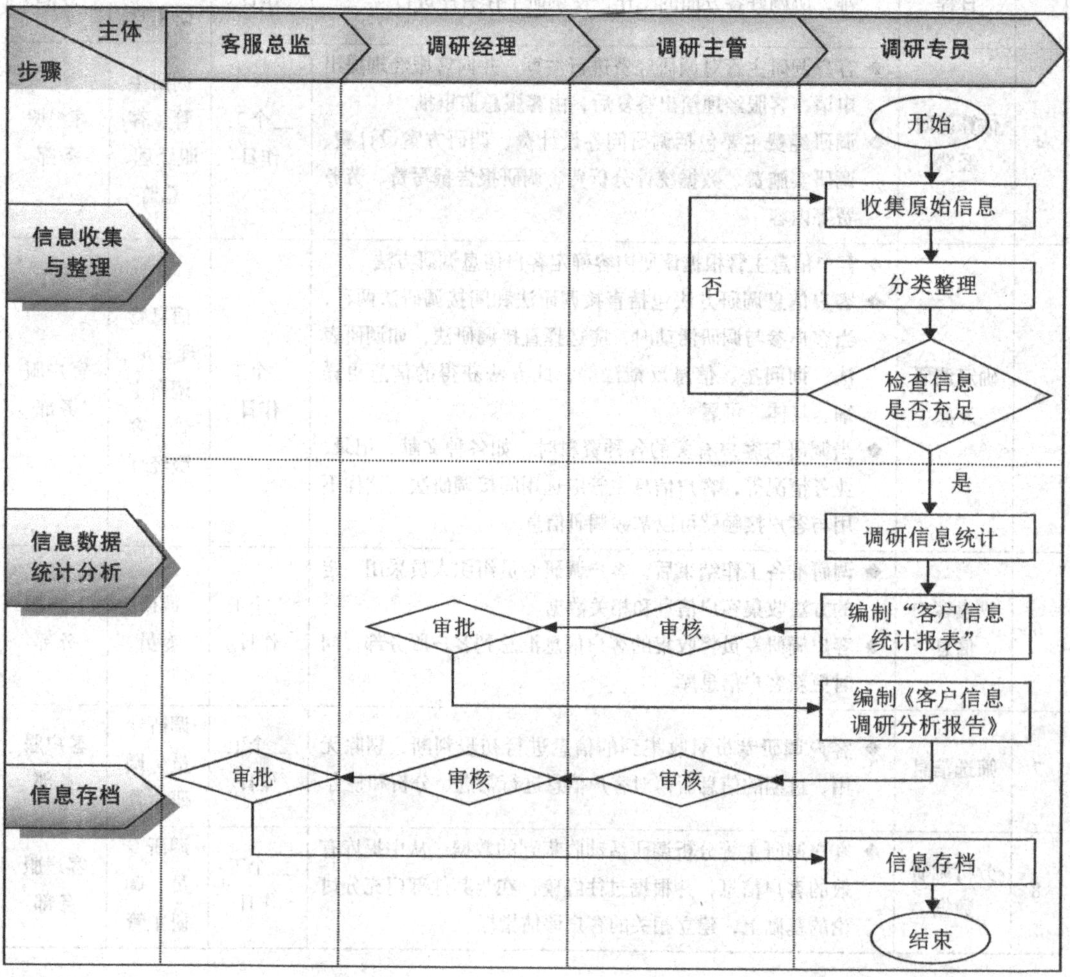

主体
步骤
客服总监
调研经理
调研主管
调研专员
信息收集与整理
信息数据统计分析
信息存档
开始
收集原始信息
分类整理
检查信息是否充足
否
是
调研信息统计
编制“客户信息统计报表”
审核
审批
编制《客户信息调研分析报告》
审核
审核
审批
信息存档
结束

2. 流程节点说明

文件名称		调研数据处理流程节点说明	版本号		页　数	
文件编号			编制人		审批人	

节点	节点名称	节点业务操作说明	时长	适用单位	责任部门
1	分类整理	◆ 调研专员根据调研计划和调研方法，收集调研需要的各类数据信息 ◆ 调研专员按照调研计划对数据信息进行分类、归纳整理 ◆ 如数据信息不充足则需要补充调研，以保证数据信息的数量及质量	__个工作日	调研专员	客户服务部
2	调研信息统计	◆ 调研专员运用统计分析的方法与工具对数据进行统计分析 ◆ 统计分析的结果形成“客户信息统计报表”	__个工作日	调研专员	客户服务部
3	编制《客户信息调研分析报告》	◆ 在调研主管的指导下，调研专员依据审核通过的“客户信息统计报表”进行分析，编制《客户信息调研分析报告》 ◆ 调研主管审核调研分析报告后，将审核结果上报调研经理，由调研经理和客服总监进一步审批 ◆ 调研经理组织调研专员做好资料的存档工作	__个工作日	调研专员	客户服务部

2.5　客户调研管理制度

2.5.1　客户消费需求调查制度

制度名称	客户消费需求调查制度		受控状态	
			编　　号	
执行部门		监督部门	编修部门	

第 1 章　总则

第 1 条　目的

为了圆满完成客户消费需求调查任务，提高调查资料的准确性，规范信息调查工作方法，特制定本制度。

第 2 条　适用范围

本制度适用于客户消费需求调查任务的准备、实施以及信息整理等工作。

第 2 章　客户消费需求调查准备过程管理

第 3 条　确定需求调查的内容

客户需求调查人员在开展调查前，应确定客户消费需求的基本调查内容。一般客户消费需求调查主要包括下图所示的四个方面。

（续）

需求产品的价格和品质要求
指定产品的品质需求
指定产品的售后服务需求
指定产品的品牌
和文化价值需求

客户消费需求调查的基本内容

第 4 条　调查准备工作

一般客户消费需求调查的准备工作应按照以下四个步骤进行。

1. 设定此次调查的具体目标。

2. 制定“客户消费需求调查计划表”，明确调查时间、调查目的、调查对象以及调查方法等内容。

3. 根据客户类型和市场信息，编写客户需求调查问题，并制作“客户需求调查表”。

4. 整理资料，撰写、提交《客户消费需求调查准备报告》，并且将“客户需求调查计划表”和“客户需求调查表”附于其后，提交上级领导审核。

第 5 条　统一调查形式

为了圆满完成调查任务，在调查开始前，客户需求调查人员必须统一调查方式、调查语言和问题。

第 6 条　调查情景模拟

调查监督员与客户需求调查人员必须针对客户消费需求调查事先进行充分讨论和模拟，以便客户需求调查人员弄清调查目的、调查方法和充分理解提问内容。

第 7 条　调查实施前的准备

为了提高调查工作的效率，客户需求调查人员应事先了解和掌握调查区域的客户分布、交通路线以及调查对象的时间，准备好调查用表以及其他资料。

第 3 章　客户需求调查实施

第 8 条　接触客户时的要求

客户需求调查人员不论通过何种形式与客户接触，均应严格遵守以下 6 项基本要求。

1. 注意仪表，保持自信，给客户留下良好的第一印象。

2. 提前设计好初次见面时的问候语，注意礼貌，见面时打招呼的方式、方法和用语力求自然得体，要有一个精彩的开场白。

3. 不得采取审问式的提问方式，要充分尊重调查对象。

4. 掌握提问技巧，力图自然切入面谈内容，并使调查对象真诚地回答问题。

5. 利用自己敏锐的判断力，迅速找出富有诚意、热情和容易合作者。

6. 调查时无论对方配合与否，都要随机应变，将工作做好。

第 9 条　提问时的要求

提问过程中，客户需求调查人员应严格遵守以下要求。

1. 所提的问题应尽量简洁明了，提问时要自然。

2. 使对方尽快进入调查的主题。

3. 不对问题的内容进行说明。

4. 按照问卷设计的顺序提问。

5. 不问与调查主题无关的问题。

6. 应全部问完问卷中的问题。

（续）

第 10 条　应对各种客户时的要求。 1. 面对吞吞吐吐的客户时，可以暂时让客户回答下一个问题，以免调查过程出现冷场。 2. 遇到喋喋不休的客户时，不要不耐烦，更不要打断对方说话，而应该机警、不动声色地把问题引向与调查相关的方向。 3. 如果客户回答问题时附带各种假设或条件，调查人员必须努力剥离对方擅自附加的假设条件，让对方说出真实感受与想法。 4. 遇到答非所问的客户，可根据对方的言辞和态度，把握好引向主题的机会。 5. 不要与客户针对某一个问题展开讨论或谈论与调查无关的问题。 **第 4 章　调查资料整理分析** 第 11 条　数据加工整理 客户消费需求调查人员在完成调查任务后，应及时收集、审核、订立、分类汇总和加工整理调查资料，并采用统计方法进行技术分析和数据处理。 第 12 条　撰写《客户消费需求调查报告》 根据整理分析资料得出的结果，撰写并提交《客户消费需求调查报告》，供上级领导和公司决策层参考。 **第 5 章　附则** 第 13 条　本制度由客户服务部制定、修改和解释。 第 14 条　本制度自颁布之日起实施。					
编制日期		审核日期		批准日期	
修改标记		修改处数		修改日期	

2.5.2　客户体验调研管理制度

制度名称	客户体验调研管理制度			受控状态	
				编　　号	
执行部门		监督部门		编修部门	
第 1 章　总则 第 1 条　目的 为了能够在客户体验活动后，及时收集和整理客户的反馈信息，特制定本制度。 第 2 条　适用范围 本制度适用于本公司对相关客户体验信息的调研、收集和整理工作。 第 3 条　客户体验界定 客户体验是指本公司进行产品展示或试用时，客户试用本公司产品后的感受。 **第 2 章　“客户体验调研表”制作过程管理** 第 4 条　产品分析 客户体验调研人员应根据公司产品的市场定位和设计特点，明确产品特色和基本功能等内容。 第 5 条　客户需求分析 客户体验调研人员应通过分析目标客户的消费需求结果，确定客户体验评价项目。					

（续）

第 6 条　确定客户体验调研内容

根据产品的不同特点，客户体验的调研内容也有所不同，客户体验调研人员应根据下图所示内容，确定客户体验调研的项目和内容。

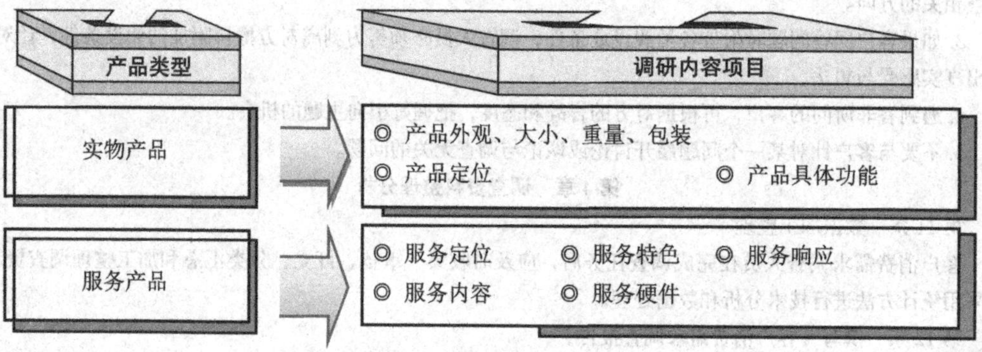
产品类型
调研内容项目
实物产品
◎ 产品外观、大小、重量、包装
◎ 产品定位
◎ 产品具体功能
服务产品
◎ 服务定位
◎ 服务特色
◎ 服务响应
◎ 服务内容
◎ 服务硬件

客户体验调研内容

第 7 条　制定“客户体验调研表”

根据产品和客户需求分析，以及客户体验调研内容，确定客户体验调研的项目及内容，编制“客户体验调研表”，并将其提交上级领导审核。

第 3 章　客户体验调研的实施

第 8 条　发送“客户体验调研表”

客户体验调研人员应在体验期结束后，根据客户留下的联系方式，发送审核通过后的“客户体验调研表”，并以电话形式通知客户查收，同时进行调研说明。

第 9 条　回收“客户体验调研表”

客户体验调研人员应要求客户在一定期限内将调研表寄回，或上门收取调研表，为使客户主动配合客户调研工作，相关人员可向上级申请采取下图所示的手段。

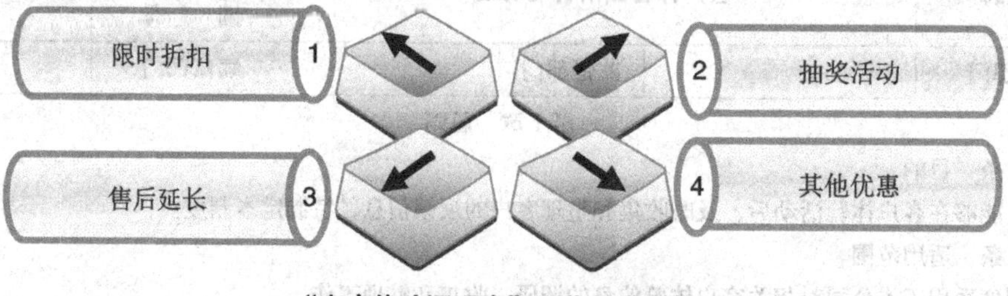
限时折扣
1
2
抽奖活动
售后延长
3
4
其他优惠

“客户体验调研表”回收促进手段

第 10 条　分析客户体验调研信息

客户体验调研人员汇总各调研表反馈的信息和问题，并进行问题分类和数据统计，判断客户反馈的主要和次要问题。

第 11 条　客户体验结果汇总

根据“客户体验调研表”的统计数据，填写“客户体验结果汇总表”，并根据分析结果填写总结栏，将其提交上级领导审核。

（续）

第 4 章　附则					
第 12 条　本制度由客户服务部制定，经总经理审批签字后通过，其解释和修订权归客户服务部所有。 第 13 条　本制度自公示之日起生效。					
编制日期		审核日期		批准日期	
修改标记		修改处数		修改日期	

2.5.3　加盟资质调研管理制度

制度名称	加盟资质调研管理制度			受控状态	
				编　　号	
执行部门		监督部门		编修部门	

第 1 条　目的

为确保企业与加盟商合作顺利，实现双赢，特制定本制度。

第 2 条　资质调研内容

对加盟商资质的调研，主要围绕如下 3 个方面展开。

1. 基本情况了解

申请人姓名		性别		出生日期	
身体健康状况		婚姻状况		最高学历	
户籍所在地		现居住地			
联系方式		身份证号			

2. 财务状况调研（略）

3. 商业信誉度调研（略）

第 3 条　加盟管理规定

1. 加盟者必须接受总公司培训，考核合格后方可合作加盟。

2. 加盟者必须服从公司的统一规划及管理，接受公司的日常督查。

3. 在加盟合同约定区域内积极宣传和推广公司品牌，并且积极拓展市场。

第 4 条　加盟权的授予

双方经过协商，签订《加盟合作协议书》，公司同意加盟者在该地区开设公司的加盟店，授予对方加盟权。

第 5 条　附则

本制度解释权归属公司。

编制日期		审核日期		批准日期	
修改标记		修改处数		修改日期	

2.6 客户调研管理工具

2.6.1 客户调研管理表单

1. 客户调研表

尊敬的客户： 您好！ 感谢您对我们公司的关注和支持，希望我们的产品和服务能满足您的需求，并令您感到满意。为了及时了解您的反馈信息及需求，请协助我们填写下表。我们将在第一时间给予回复，非常感谢您的支持！	
客户名称	
地　　址	
联系方式	
调研内容	
1. 您希望我们公司的产品能为您提供哪些方面的服务	
2. 您较为满意的产品品牌有哪些	
3. 您认为哪家公司的服务能满足您的需求，为什么	
4. 如果我们公司对您进行回访，您希望以哪种方式进行	□上门回访　□电话沟通　□其他，请说明
5. 如果您需要相关信息，希望我们提供何种联系方式	□上门拜访　□E-mail　□普通信件 □电话联系　□传真　□其他
6. 其他需求	

2. 客户体验调研表

客户名称		客户单位		联系方式	
体验产品		产品型号		体验渠道	
体验项目	细项	评价		疑问 / 建议	
产品外观	产品形状和大小	□好 □良好 □一般 □较差 □差			
	产品的色彩	□好 □良好 □一般 □较差 □差			
	产品 LOGO	□好 □良好 □一般 □较差 □差			
	产品包装	□好 □良好 □一般 □较差 □差			

（续表）

体验项目	细项	评价	疑问 / 建议
产品使用	产品使用舒适度	□好 □良好 □一般 □较差 □差	
	产品运行稳定性	□好 □良好 □一般 □较差 □差	
	开关反应速度	□好 □良好 □一般 □较差 □差	
	产品发热速度	□好 □良好 □一般 □较差 □差	
产品功能	功能 1	□好 □良好 □一般 □较差 □差	
	功能 2	□好 □良好 □一般 □较差 □差	
	功能 3	□好 □良好 □一般 □较差 □差	
产品定位	是否满足您对本产品的期待	□好 □良好 □一般 □较差 □差	
整体评价及建议			
产品价格	直观估价	□300 元以下　□300 ~ 500 元　□500 ~ 700 元 □700 ~ 1000 元　□1000 元以上	
	心理预期价值	□300 元以下　□300 ~ 500 元　□500 ~ 700 元 □700 ~ 1000 元　□1000 元以上	
如购买，您会选择哪种产品购买渠道	□数码产品商场　□实体直营店　□官方网站　□其他：		

2.6.2　客户满意度调研方案

方案名称	客户满意度调研方案	编　号	
		受控状态	

一、调研目的

为了解客户对本公司产品及相关服务的真实想法和建议，分析客户对公司在产品管理和销售服务等方面的满意程度及忠诚度等，特制定本方案。

二、调研对象

本次调研对象包括公司现有的所有客户。

三、调研工作权限

公司为本次客户调研工作专门成立了客户满意度调研组，具体负责人员及工作职责如下表所示。

客户满意度调研工作职责分工表

职务	工作职责
客服经理	1. 对客户需求调研工作的调研实施过程进行统筹安排和管理 2. 对客户需求调研过程进行整体把控和沟通协调

（续）

（续表）

职务	工作职责
客服主管	1. 对客户需求调研工作进行具体安排和管理协调 2. 对调研过程进行督导，并与相关人员协调处理调研工作
客户调研专员	1. 具体执行客户需求调研工作，并对收集到的信息进行整理和汇总 2. 协助客服主管对各项信息进行分析

四、调研区域划分

此次满意度调研活动共分五个调研区域，具体划分情况如下表所示。

满意度调研区域划分表

区域	主要省市	主要地区	备注
区域 A	黑龙江、吉林、辽宁	哈尔滨、长春、沈阳	
区域 B	北京、天津、河北	北京、天津、石家庄	
区域 C	山西、陕西、河南	太原、西安、郑州	
区域 D	江苏、湖北、安徽	南京、武汉、合肥	
区域 E	广东、福建、湖南	广州、福州、长沙	

五、调研安排

根据调研区域的划分结果，公司的五位客服主管分别负责一个调研区域，具体的调研安排如下表所示。

满意度调研区域分工表

调研区域	负责人	客户调研专员	调研时间
区域 A	××× 主管	×××、×××、×××	__年__月__日～__月__日
区域 B	××× 主管	×××、×××、×××	__年__月__日～__月__日
区域 C	××× 主管	×××、×××、×××	__年__月__日～__月__日
区域 D	××× 主管	×××、×××、×××	__年__月__日～__月__日
区域 E	××× 主管	×××、×××、×××	__年__月__日～__月__日

六、调研资料管理

（一）调研资料的填写

1. 客户调研专员必须按规定指导客户填写调研问卷，并且及时向客服主管移交填写好的调研问卷。

2. 客户调研专员根据调研过程中的具体问题填写“调研异常问题登记表”，便于及时记录调研工作中的相关问题和不足，改进今后的调研工作。

（二）调研资料的汇总

1. 客服主管对调研问卷进行编号管理，便于统计和分析问卷数据。

2. 客服主管分析汇总信息，并编写《客户满意度调研报告》，总结此次调研工作。

（续）

（三）其他管理事项

1. 调研资料必须齐全、完整，并保留原始资料。

2. 根据客户类别等对调研资料进行合并、整理、立卷。

3. 根据资料的内容区分其保存价值，做好分类整理，档案标题应简洁准确，便于保管和利用。

4. 所有调研资料的借阅均须履行申请、登记和签字手续，在未取得同意的情况下，任何人不得擅自迁移。

七、满意度调研问卷范例

××化妆品公司满意度调研问卷

尊敬的客户：

您好！

非常感谢您参与我们的问卷调研活动！

为了更好地了解大家对我公司产品及相关服务的满意程度，我公司特开展此次满意度调研活动，此次调研活动采用匿名方式，您可以根据您的真实想法填写问卷，并提出相关建议！

性别：____________ 年龄：____________

工作岗位及性质：____________ 教育程度：____________

1. 请问您在过去一年内购买过本公司的产品吗？（单选）

□有　□没有

2. 您对本公司化妆品的总体满意度如何？（单选）

□非常满意　□满意　□一般

□不满意　□非常不满意

3. 在购买和使用本公司化妆品的过程中，您有过不愉快的经历吗？（可多选）

□还好，基本没有不愉快的事情发生　□部分化妆品存在虚假宣传现象

□产品定价不统一，有的地方高、有的地方低　□售货员诱购

□对化妆品的商品标识、组成成分等不了解　□所谓全植物、全天然的化妆品是假的

□其他____________

4. 您对投诉的处理结果满意吗？（单选）

□没有投诉过　□非常满意　□满意

□基本能接受　□不满意　□非常不满意

5. 您对本公司有哪些改进建议？

____

编制人员		审核人员		审批人员	
编制时间		审核时间		审批时间	

2.6.3 网购客户需求调研问卷

文书名称	网购客户需求调研问卷	编　号	
		受控状态	

尊敬的先生 / 女士：

您好！

×××网目前正在进行网购用户的购物习惯及消费行为调研，以便为用户提供更好、更安全的购物体验和更优质放心的服务，希望能听到您的意见。感谢您的支持与配合！

1. 您的性别（　）

A. 男　　B. 女

2. 您的年龄（　）

A. 20 岁及以下　　B.21 ~ 35 岁　　C.36 ~ 45 岁　　D.46 岁及以上

3. 请问您每月的网购次数是（　）

A. 3 次及以下　　B.4 ~ 6 次　　C.6 次及以上

4. 请问您每月用于网购的累计金额是（　）

A. 100 元以下　　B.100 ~ 300 元　　C.300 ~ 500 元　　D.500 元以上

5. 请问您最常购买 / 逛的商品品类有哪些（　）

A. 服装鞋帽箱包类　　B. 美容护肤类　　C. 生活日用类

D. 手机数码电脑类　　E. 其他，请注明________

6. 请问您选择网上购物的原因是（　）（可多选）

A. 更方便快捷　　B. 价格更便宜　　C. 可以不受地点的限制

D. 可选的商品种类更多　　E. 其他，请注明________

7. 您逛购物网站时看重的是（　）（可多选）

A. 商品自身因素　　B. 卖家的服务态度　　C. 卖家的信誉

D. 商品的成交量　　E. 买家的评论

8. 您的购物消费习惯是（　）

A. 理性消费，有需要才买　　B. 从众消费，当前流行什么就跟着买什么

C. 情绪消费，喜欢就买　　D. 其他，请注明________

9. 关于网购产品，请选出您认为会影响您选购的非常重要的因素（　）

A. 产品价格实惠　　B. 商品符合顾客期望　　C. 其他，请注明________

10. 关于购物网站的设计，您主要考虑哪些因素（　）

A. 良好的视觉效果　　B. 简单、便利的操作界面　　C. 其他，请注明________

11. 关于网购的支付方式，您比较看重哪些因素（　）（可多选）

A. 支付方式安全　　B. 支付方式多样性　　C. 支付方式便捷

12. 您比较关注网站提供的哪些服务（　）（可多选）

A. 订单查询的便捷化　　B. 顾客投诉的合理处理　　C. 顾客留言的采纳情况

13. 关于网购物流，您看重的因素有哪些（　）（可多选）

A. 物流快速安全　　B. 关于顾客反馈物流信息的回应　　C. 物流方的服务态度

14. 您在网购时遇到的问题是（　）（可多选）

A. 商品描述不清楚　　B. 网上咨询不方便　　C. 网站界面复杂不易操作

（续）

<table>
<tr><td colspan="6">D. 担心快递　　　　　E. 其他，请注明________
15. 您经常网购/逛的网站有哪些？</td></tr>
<tr><td>编制人员</td><td></td><td>审核人员</td><td></td><td>审批人员</td><td></td></tr>
<tr><td>编制时间</td><td></td><td>审核时间</td><td></td><td>审批时间</td><td></td></tr>
</table>

2.6.4 客户体验回馈报告

<table>
<tr><td rowspan="2">文书名称</td><td rowspan="2">××网站客户体验回馈报告</td><td>编　号</td><td></td></tr>
<tr><td>受控状态</td><td></td></tr>
<tr><td colspan="4">
一.目的
为了加强对公司网站的管理，提高网站的实用性，为客户提供优质的网络服务，特编制本报告。
二、客户体验工作结果概述
在本次体验工作中，共邀请____个客户参加本次体验活动，其中________行业的客户____个（大客户____个，普通客户____个），________行业的客户____个（大客户____个，普通客户____个），________行业的客户____个（大客户____个，普通客户____个）。
三、客户体验回馈
在客户体验活动中，客户反馈的网站问题包括以下几个方面的内容。
1.××网站的整体设计未与网页设计的相关原理及理念有效结合。
2.××网站动画、视频、声频等多媒体运行状态不良，插件程序运行不畅。
3.××网站的整体风格未能突出公司的核心价值理念和企业形象。
4.网页色彩搭配不合理，过于单调或过于花哨。
5.网页内容设计不合理，用户很难获取自己想要的信息。
6.网页留白过多，使用过多的图像、文本和不必要的动画来充斥网页，造成用户的视觉疲劳，过大的图片还会造成网页浏览不畅。
7.网站不恰当地使用声音，不但下载速度很慢，而且长时间使用声音会影响用户的使用体验。
8.网站内没有返回指向，即用户不能随意尝试网页指向的任何地方。
</td></tr>
</table>

编制人员		审核人员		审批人员	
编制时间		审核时间		审批时间	

第 3 章　客户信息管理

3.1　客户信息职能管理

3.1.1　客户信息部门任务目标

客户信息部的工作目标包括以下 6 个方面，具体如图 3-1 所示。

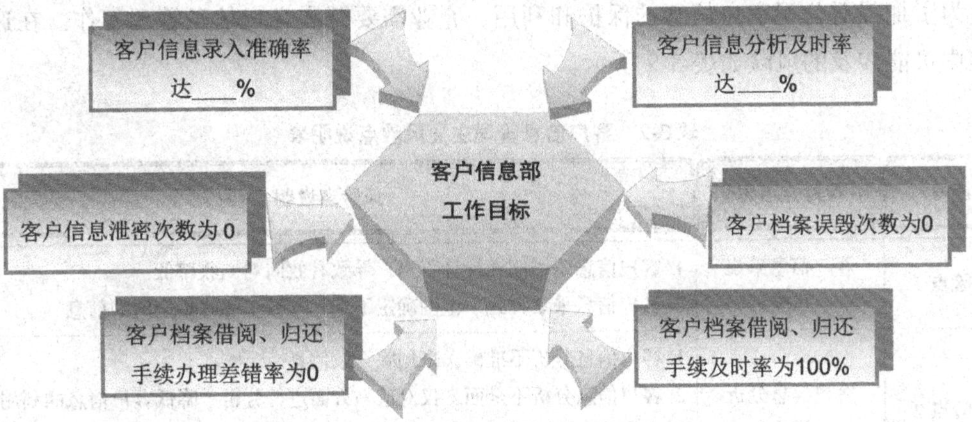
客户信息录入准确率
达____%
客户信息分析及时率
达____%
客户信息部
工作目标
客户信息泄密次数为 0
客户档案误毁次数为0
客户档案借阅、归还
手续办理差错率为0
客户档案借阅、归还
手续及时率为100%

图 3-1　客户信息工作目标示意图

3.1.2　客户信息部门职能分解

对客户信息部的职能进行分解，可以细化客户信息部的各项职能。客户信息部的职能分解说明，如表 3-1 所示。

表 3-1　客户信息部职能分解说明表

职能分项	职能细化
1. 建立信息管理规范体系	（1）根据公司信息管理工作的实际需要，制定客户信息管理制度 （2）制定作业规范，明确信息管理部门各岗位职能与权限 （3）执行信息管理制度及规范，并监督其实施情况
2. 客户信息收集	（1）从企业实际情况出发，建立客户信息数据库 （2）从各个渠道收集客户信息，构建客户数据模型，完善客户信息数据库 （3）对客户信息进行筛选、整理、分类

（续表）

职能分项	职能细化
3. 客户信息分析	（1）分析、判断客户信息的真实性与准确性 （2）分析客户信息、信用状况及其对于公司的价值，并进行评级 （3）分析客户群体的差异，制定相应的客户服务策略，将分析结论上报客服总监审核
4. 客户档案管理	（1）为每个客户制作档案，并且按照保管要求的不同分别归档 （2）制定客户档案借阅、归还、增补、销毁等程序

3.1.3 客户信息管理主要风险点

为了加强对公司客户信息的保护和利用，企业需要开展客户信息管理工作。在这个过程中可能涉及的风险如表 3-2 所示。

表 3-2 客户信息管理主要风险点说明表

序号	风险点名称	风险点说明
风险点 1	客户信息采集风险	1. 客户信息调查问卷设计不当，导致有效问卷回收率低 2. 客户信息采集方式、范围确定不当，导致未能收集全面的信息
风险点 2	客户信息分析风险	1. 客户信息分析不准确，未剔除无效信息 2. 客户信息分析不全面，仅对某一方面进行分析，降低客户信息的利用率 3. 客户信息分析报告编制不及时，导致相关部门不能及时知晓并利用客户信息
风险点 3	客户信息归档风险	1. 客户信息未归档，导致相关资料丢失 2. 客户信息档案未划分密级，导致无法快速识别重要涉密文件 3. 客户信息档案编号不统一，导致无法进行有效检索及利用
风险点 4	客户信息泄密风险	1. 相关人员将客户信息泄露给未经客户同意的第三方，导致客户对企业满意度及信任度降低 2. 相关人员将客户信息泄露给竞争对手，导致企业客户流失
风险点 5	客户信息档案管理风险	1. 客户信息档案在借阅过程中发生丢失、污损、泄密等 2. 未履行客户信息档案销毁管理程序，导致尚有利用价值的客户档案被销毁，相关信息丢失，或客户信息泄密事件发生等

3.2　客户信息岗位职责

3.2.1　客户信息主管职责说明

岗位名称	客户信息主管	所属部门	客户信息部
上　　级	客服经理	下　　级	客户信息专员
职责概述	完善客户信息管理体系，对客户各方面的信息进行收集、汇总、分类，并对意向客户进行分析、评定，管理客户信用，为完善营销策略与客户服务策略提供依据		
工作职责	职责细分		
1. 完善客服信息管理制度	（1）协助客户信息部经理建立客户信息管理制度 （2）制定客户信息管理工作规范与标准 （3）严格执行客户信息部管理制度，保证部门工作正常、有序进行		
2. 制订客户信息工作计划	（1）制订客户信息部工作计划，报上级领导审核 （2）将年度工作计划分解到各月或各工作周期，同时明确部门内各单位的工作目标 （3）监督工作计划的进展情况		
3. 客户信息数据库管理	（1）建立客户信息数据库 （2）进行数据采集，录入采集来的客户信息资料，并且对相关信息进行筛选、整理和分类 （3）建立客户数据库模型		
4. 客户信息管理	（1）分析客户信息的准确性，确保客户资料的完整性，为每个客户建立相应的档案 （2）负责组织客户信用状况的分析、评级工作以及客户信用限度管理工作 （3）检查客户档案的管理工作，防止出现档案丢失、遗漏、损毁情况		

3.2.2　客户分析师职责说明

岗位名称	客户分析师	所属部门	客户信息部
上　　级	客服经理	下　　级	
职责概述	负责构建客户信息数据库，对客户资料、信用情况进行辨别、分析和整理，挖掘客户资料背后的隐藏信息，提出相应的建议、对策，做好员工培训以及领导交办的其他工作		
工作职责	职责细分		
1. 客户信息数据库管理	（1）构建客户信息数据库，并不断进行维护、完善和改进 （2）针对已采集的客户数据构建各相关客户分析项目模型，建立统一、全面的客户视角		

（续表）

工作职责	职责细分
2. 客户信息管理	（1）负责对客户资料进行整理、统计与分析 （2）判断客户资料及信用信息的真伪，发现客户需求，定义客户价值，定位目标客户 （3）针对目标客户群体给出的客户服务建议，完成《客户信息分析报告》
3. 员工培训	负责新员工和初级员工的培训工作

3.2.3 客户档案管理员职责说明

岗位名称	客户档案管理员	所属部门	客户信息部
上　　级	客户档案主管	下　　级	
职责概述	遵守并执行客户档案管理的各项规章制度，落实上级交办的各项档案管理工作		

工作职责	职责细分
1. 客户档案的收集	（1）接收、汇总企业从各渠道收集来的客户资料 （2）整理、分类客户资料并录入客户信息数据库
2. 客户档案的整理	（1）认真执行客户档案移交签字登记手续 （2）对已接收的客户档案及时进行分类、编号、登记，并编制目录和检索工具
3. 客户档案的保管	（1）严格执行“六防”措施，不断改进保管条件，延长档案寿命 （2）妥善保管客户档案，严格执行保密制度 （3）报批过期、作废的客户档案，并于获批后执行档案销毁作业
4. 客户档案的借阅管理	（1）按规定办理客户档案借阅手续 （2）督促档案借阅人及时归还客户档案 （3）做好客户档案借出、归还登记工作
5. 其他工作	（1）积极学习档案管理的相关知识，按要求完成培训 （2）完成上级领导交办的其他与客户档案管理相关的工作

3.3　客户信息岗位考核量表

3.3.1　客户信息主管考核量表

考核项目	指标名称	权重	指标说明及考核标准	得分
工作计划与进度	工作计划完成率	25%	1. 工作计划完成率 = $\frac{\text{实际完成的工作计划}}{\text{工作计划总数}} \times 100\%$ 2. 考核期内，目标值为____%；指标值每减少____个百分点，该项扣____分；指标值低于____%，该项不得分	
	工作计划执行率	20%	1. 工作计划执行率 = $\frac{\text{已经执行的工作计划}}{\text{工作计划总数}} \times 100\%$ 2. 考核期内，目标值为____%；指标值每减少____个百分点，该项扣____分；指标值低于____%，该项不得分	
部门协作及客户关系	部门协作满意度	20%	1. 协作部门对客户信息部的合作满意度评分的算术平均数 2. 考核期内，指标值不得低于____分，每降低____分，该项扣____分；指标值低于____分，该项不得分	
	客户满意度	15%	1. 客户对客户信息部的合作满意度评分的算术平均数 2. 考核期内，指标值不得低于____分，每降低____分，该项扣____分；指标值低于____分，该项不得分	
客户信息管理	客户信息归档率	10%	1. 客户信息归档率 = $\frac{\text{考核期内实际归档数}}{\text{同期应归档数}} \times 100\%$ 2. 考核期内，目标值为____%；指标值每减少____个百分点，该项扣____分；指标值低于____%，该项不得分	
	客户信息泄密次数	15%	考核期内，每有 1 次，该项扣____分；次数多于____次，该项不得分	

3.3.2　客户分析师考核量表

考核项目	指标名称	权重	指标说明及考核标准	得分
数据库建设	数据库改造项目完成数	20%	计划内每有 1 项未完成，扣____分	
	数据库改进项目延期率	10%	数据库延期率每增加____个百分点，扣____分	
	技术支持工作的及时性	5%	技术支持工作在单位时间内未完成 1 次，扣____分，超过 5 次，该项不得分	

（续表）

考核项目	指标名称	权重	指标说明及考核标准	得分
日常工作态度	工作主动性	15%	每出现1次逃避工作责任的情况，扣____分 在协作完成的工作中，每出现一次态度消极、不作为情况，扣____分/次	
	规章制度遵守	15%	出现违反公司制度情况，扣____分 不服从领导安排，且态度恶劣者，每次扣____分	
建议分析	改进建议数	10%	提出合理建议____项以上，每缺少1项扣____分	
	分析报告提交及时率	10%	1. 分析报告提交及时率 $=\frac{\text{分析报告及时提交次数}}{\text{分析报告提交总次数}}\times 100\%$ 2. 考核期内，目标值为____%；指标值每减少____个百分点，该项扣____分；指标值低于____%，该项不得分	
	建议采纳率	5%	1. 建议采纳率 $=\frac{\text{被采纳建议次数}}{\text{建议总次数}}\times 100\%$ 2. 考核期内，目标值为____%；指标值每减少____个百分点，该项扣____分；指标值低于____%，该项不得分	
培训计划	培训计划完成率	10%	1. 培训计划完成率 $=\frac{\text{培训完成次数}}{\text{计划培训次数}}\times 100\%$ 2. 考核期内，目标值为____%；指标值每减少____个百分点，该项考核扣____分；指标值低于____%，该项不得分	

3.3.3 客户档案管理员考核量表

考核项目	指标名称	权重	指标说明及考核标准	得分
档案管理	客户信息归档率	35%	1. 客户信息归档率 $=\frac{\text{考核期内实际归档数}}{\text{同期应归档数}}\times 100\%$ 2. 考核期内，目标值为____%；指标值每减少____个百分点，该项扣____分；指标值低于____%，该项不得分	
	客户档案损毁次数	30%	考核期内，客户档案损毁次数不得多于____次，每增加____次，该项扣____分；次数多于____次，该项不得分	
	档案借阅不及时归还次数	35%	考核期内，档案借阅不及时归还次数不得多于____次，每增加____次，该项扣____分；次数多于____次，该项不得分	

3.4 客户信息管理流程与节点说明

3.4.1 客户信息调研流程与节点说明

1. 客户信息调研流程

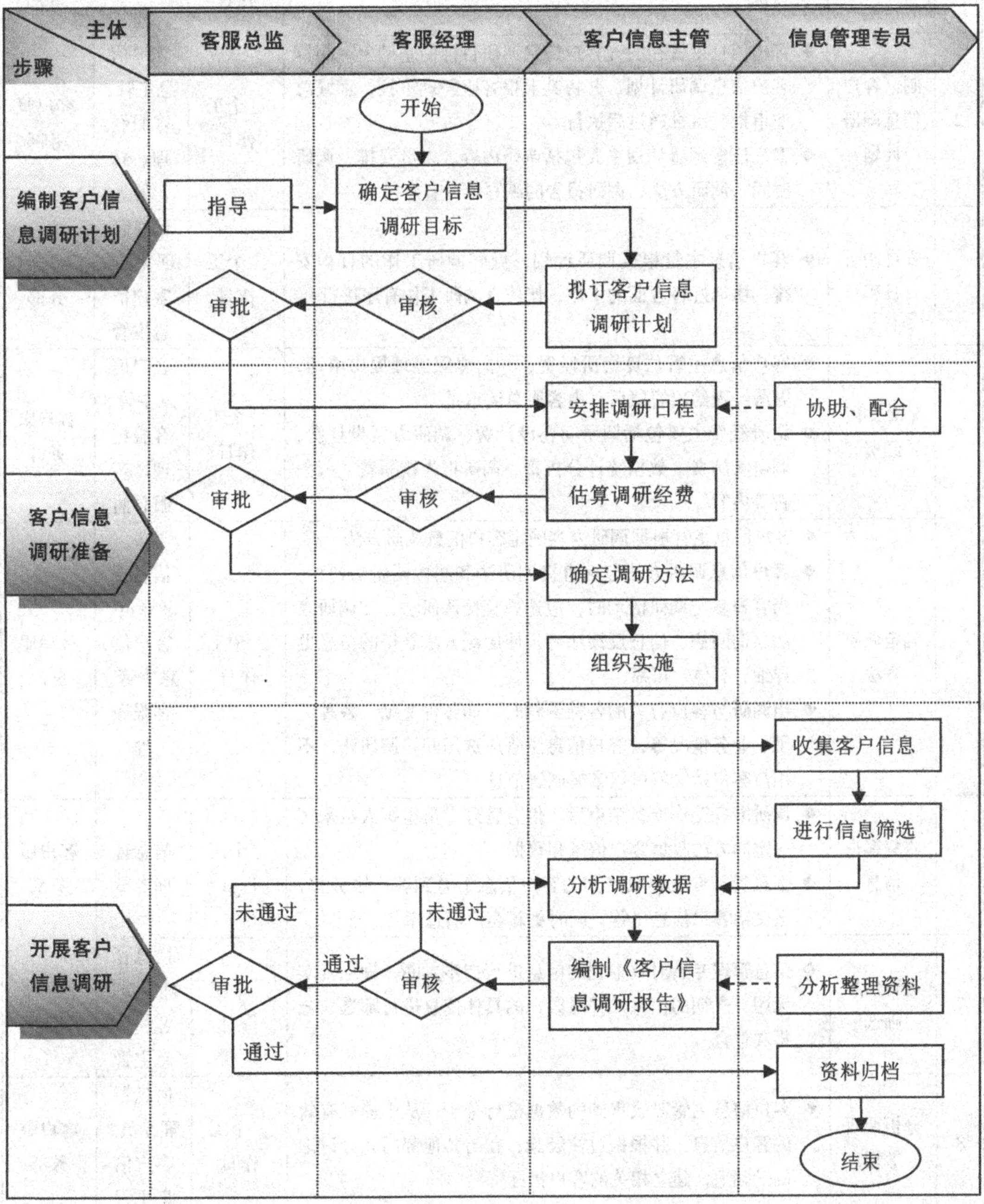
主体
步骤
客服总监
客服经理
客户信息主管
信息管理专员
编制客户信息调研计划
开始
指导
确定客户信息调研目标
审批
审核
拟订客户信息调研计划
安排调研日程
协助、配合
客户信息调研准备
审批
审核
估算调研经费
确定调研方法
组织实施
收集客户信息
进行信息筛选
分析调研数据
未通过
未通过
开展客户信息调研
审批
通过
审核
编制《客户信息调研报告》
分析整理资料
通过
资料归档
结束

2. 流程节点说明

文件名称		客户信息调研节点说明	版本号		页　数	
文件编号			编制人		审批人	
节点	节点名称	节点业务操作说明	时长	适用单位	责任部门	
1	确定客户信息调研目标	◆客服经理根据公司定位和发展战略确定客户信息调研的目标	__个工作日	客服经理、总监	客户服务部	
2	制订客户信息调研计划	◆ 客户信息主管在明确客户信息调研目标的基础上，制订客户信息调研计划，并将其上报客服经理审核，客服总监审批，审批通过后执行 ◆ 客户信息调研计划主要包括调研内容、人员安排、调研时间、调研方法、调研报告的编写等内容	__个工作日	客户信息主管、客服经理、总监	客户服务部	
3	安排调研日程	◆ 客户信息主管根据调研计划，做好调研工作的日程安排，协调好各方面的工作，使信息调研工作有序进行	__个工作日	信息管理专员、客户信息主管	客户服务部	
4	估算调研经费	◆ 客户信息主管估算调研经费，并向客服经理提出申请，客服经理给出答复后，由客服总监审批 ◆ 调研经费主要包括调研问卷设计费、调研方案设计费、调研实施费、数据统计分析费、调研报告撰写费、劳务费等内容	__个工作日	客户信息主管、客服经理、客服总监	客户服务部	
5	确定调研方法	◆ 客户信息主管根据调研内容确定客户信息调研方法 ◆ 客户信息调研方法包括直接调研法和间接调研法两种，当客户参与调研活动时，应选择直接调研法，如调研表法、询问法、信息反馈法等，使用此方法获得的信息更详细、具体、可靠 ◆ 当调研与客户有关的各种资料时，如各种文献、各种记录、业务情况等，客户信息主管应选用间接调研法，不用与客户接触就可以掌握调研信息	__个工作日	信息管理专员、客户信息主管、客服经理	客户服务部	
6	收集客户信息	◆ 调研准备工作准备结束后，信息管理专员组织人员采用一定的方法收集客户信息和数据 ◆ 信息管理专员将收集到的客户信息汇总到客户服务部，上交给客户信息主管，同时更新客户信息库	__个工作日	信息管理专员	客户服务部	
7	进行信息筛选	◆ 信息管理专员对收集到的信息进行初步判断，剔除确实无用、过期的信息，并对客户的具体信息进行筛选、分析和整合	__个工作日	信息管理专员、客户信息主管	客户服务部	
8	分析调研数据	◆ 客户信息主管对收集到的数据进行分析，从中提炼有效的客户信息，并根据过往经验，在与其他部门充分讨论的基础上，建立相关的客户指标	__个工作日	信息管理专员、客户信息主管	客户服务部	

（续表）

节点	节点名称	节点业务操作说明	时长	适用单位	责任部门
9	编制《客户信息调研报告》	◆ 客户信息主管根据客户信息调研数据，编制《客户信息调研报告》和《客户信息分析报告》，由客服经理进行审核，并提出指导意见，报客服总监审批	__个工作日	客户信息主管、客服经理	客户服务部
10	资料归档	◆ 信息管理专员对调研资料进行汇总，并且根据公司相关规定将其送档案管理部门归档保存 ◆ 信息管理专员做好《客户信息调研报告》和《客户信息分析报告》的归档保存工作	__个工作日	信息管理专员	客户服务部

3.4.2 客户信息分析流程与节点说明

1. 客户信息分析流程

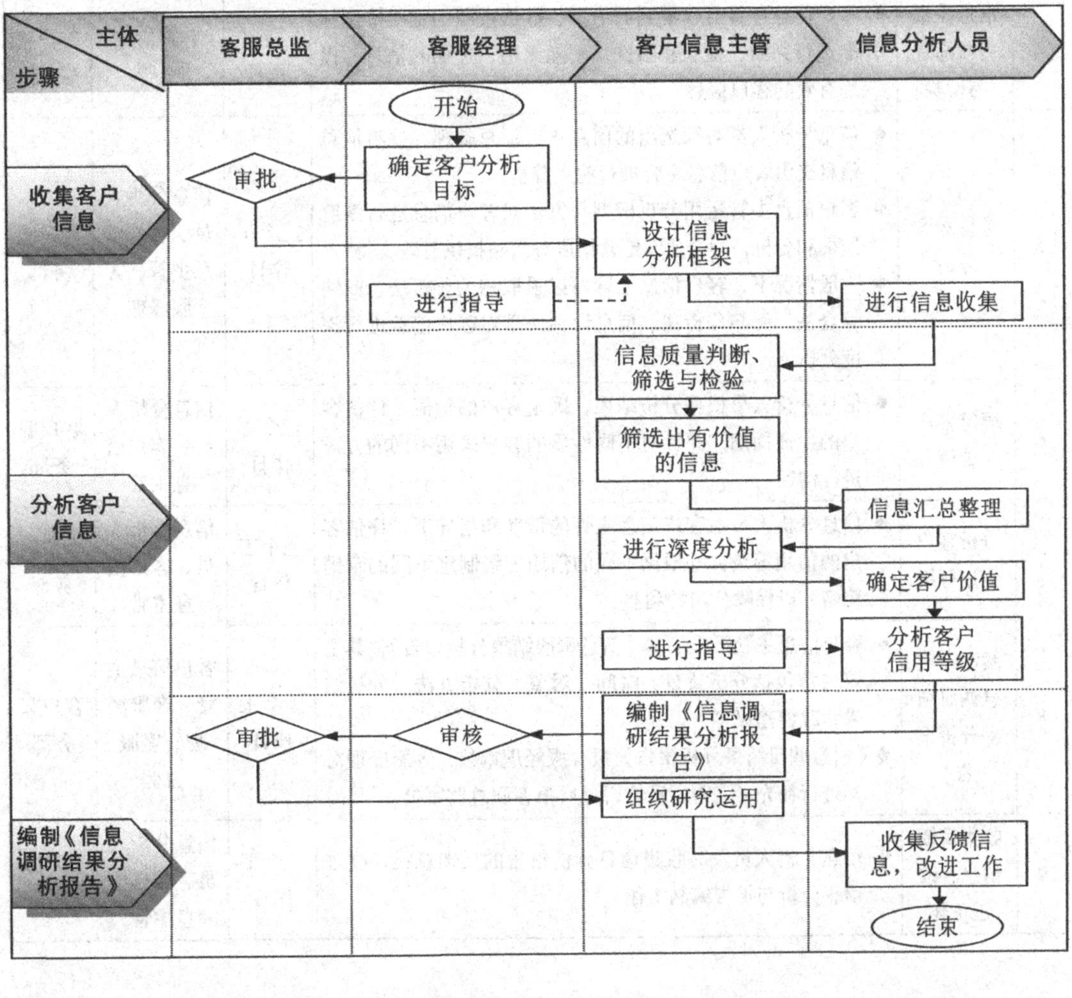
主体
步骤
客服总监
客服经理
客户信息主管
信息分析人员
收集客户信息
分析客户信息
编制《信息调研结果分析报告》
开始
确定客户分析目标
审批
设计信息分析框架
进行指导
进行信息收集
信息质量判断、筛选与检验
筛选出有价值的信息
信息汇总整理
进行深度分析
确定客户价值
进行指导
分析客户信用等级
编制《信息调研结果分析报告》
审核
审批
组织研究运用
收集反馈信息，改进工作
结束

2. 流程节点说明

文件名称		客户信息调研分析节点说明	版本号		页　数	
文件编号			编制人		审批人	

节点	节点名称	节点业务操作说明	时长	适用单位	责任部门
1	确定客户信息分析目标	◆客服经理根据企业发展规划和客户需求情况，制定客户信息分析目标，规范分析作业，提高信息收集、分析工作的效率	__个工作日	客服经理、客服总监	客户服务部
2	设计信息分析框架	◆客户信息主管根据客户信息分析目标，设计合理的分析框架，选择合适的分析工具 ◆客服经理对信息分析框架的设计工作进行指导，提出相应的意见和建议	__个工作日	客服信息主管、客服经理	客户服务部
3	进行信息收集	◆信息分析人员制订信息收集计划，并收集客户信息，客户信息主要包括客户名称、客户性质、财务状况、发展潜力、经营方针、业务状况和信用状况等	__个工作日	信息分析人员、客户信息主管	客户服务部
4	信息质量判断筛选与检验	◆客户信息主管对收集到的信息、数据按照一定的筛选标准进行判断、检验和筛选，剔除无用、过期的信息，提炼有效的客户信息	__个工作日	客户信息主管	客户服务部
5	进行深度分析	◆信息分析人员对筛选出的信息进行汇总整理，并将汇总信息交由客户信息主管进行深入分析 ◆客户信息主管运用分析模型与方法对客户信息进行深度挖掘和分析，为企业制定营销服务策略提供有效支持 ◆一般情况下，客户信息主管可以采取相关分析法、归纳综合法、回归分析法、信息评估法等对客户信息进行深度分析	__个工作日	信息分析人员、客户信息主管、客服经理	客户服务部
6	确定客户价值	◆信息分析人员根据分析结果，确定客户的价值，评估客户的生命周期，并针对不同性质的客户采用不同的方法进行沟通	__个工作日	信息分析人员、客户信息主管	客户服务部
7	分析客户信用等级	◆信息分析人员在客户信息主管的帮助和指导下，评估客户的信用等级，并根据不同的信用等级制定不同的营销策略，以保障公司的利益	__个工作日	信息分析人员、客户信息主管	客户服务部
8	编制《信息调研结果分析报告》	◆客户信息主管组织编制《信息调研结果分析报告》，其主要内容包括分析背景、时间、对象、分析方法、分析结果、改善建议等 ◆《信息调研结果分析报告》报客服经理审核，客服经理对其进行补充、完善，审核通过后报客服总监审批	__个工作日	客户信息主管、客服经理、客服总监	客户服务部
9	收集反馈信息，改进工作	◆信息分析人员及时收集信息分析报告的反馈意见，改进信息分析与报告编制工作	__个工作日	信息分析人员、客户信息主管	客户服务部

3.4.3　客户信息保密流程与节点说明

1. 客户信息保密流程

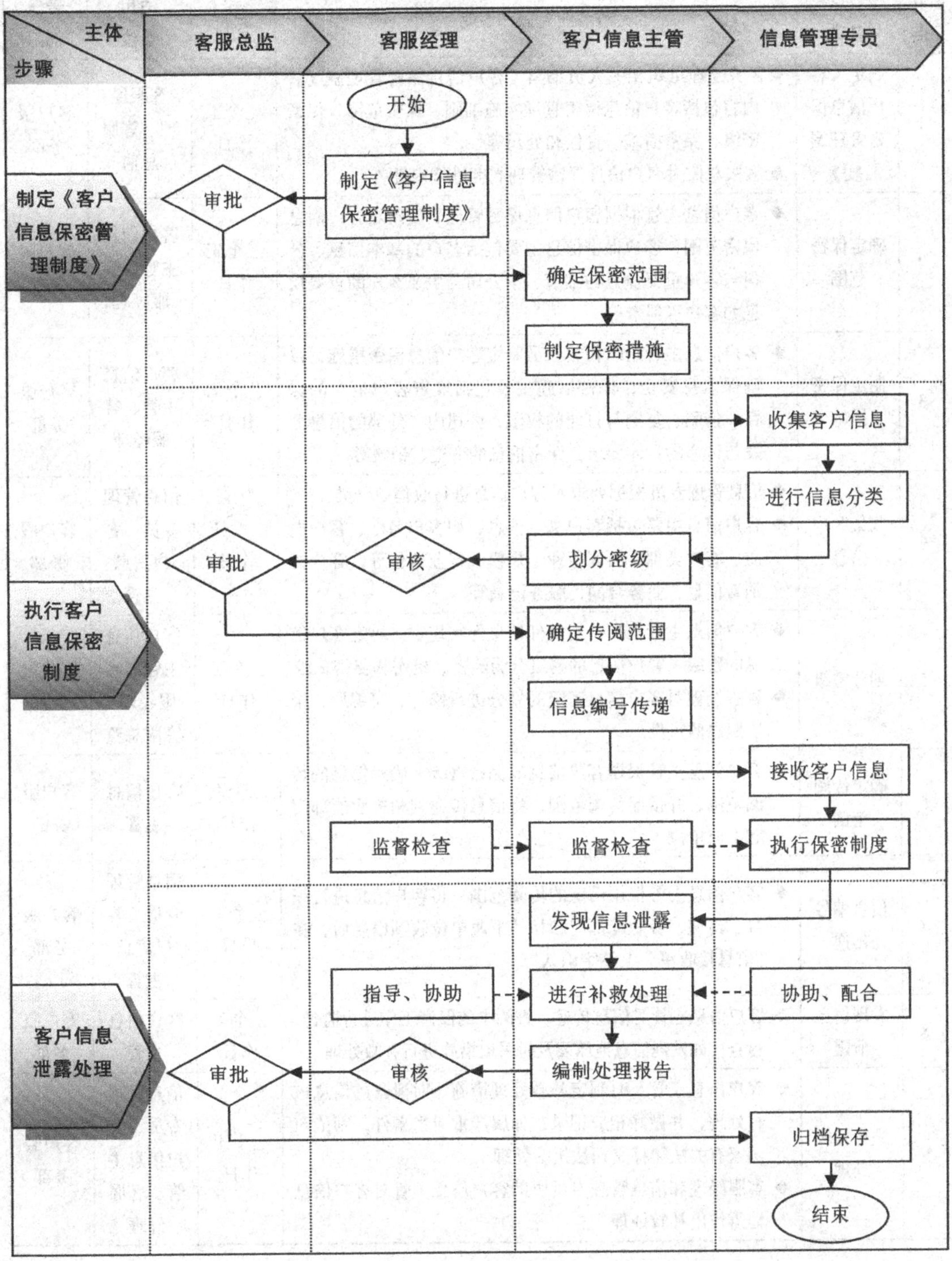
主体
步骤
客服总监
客服经理
客户信息主管
信息管理专员
制定《客户信息保密管理制度》
执行客户信息保密制度
客户信息泄露处理
开始
制定《客户信息保密管理制度》
审批
确定保密范围
制定保密措施
收集客户信息
进行信息分类
划分密级
审核
审批
确定传阅范围
信息编号传递
接收客户信息
监督检查
监督检查
执行保密制度
发现信息泄露
指导、协助
进行补救处理
协助、配合
编制处理报告
审核
审批
归档保存
结束

2. 流程节点说明

文件名称		客户信息保密管理业务节点说明	版本号		页　数	
文件编号			编制人		审批人	
节点	节点名称	节点业务操作说明	时长		适用单位	责任部门
1	制定《客户信息保密管理制度》	◆客服经理组织相关人员编写《客户信息保密管理制度》，内容包括客户信息保密管理实施细则、保密范围、保密密级、保密措施、责任和处罚等 ◆ 客服总监对客户信息保密管理制度进行审批	__个工作日		客服经理、客服总监	客户服务部
2	确定保密范围	◆ 客户信息主管根据客户信息保密管理制度确定客户信息保密范围，客户保密信息主要包括客户的基本信息、公司与客户重要业务的细节、本公司与主要客户的重要信息如客户资料卡等	__个工作日		客户信息主管、客服经理	客户服务部
3	制定保密措施	◆ 客户信息主管组织相关人员制定客户信息保密措施，以确保信息安全，保密措施主要包括规定客户信息的保存、借阅、复制与打印的权限，公司内、外部的信息分发与传递的具体要求，保密信息的变更、销毁等	__个工作日		客户信息主管、客服经理	客户服务部
4	收集客户信息	◆ 信息管理专员根据要求对客户信息进行收集、分类 ◆ 客户信息主要包括客户基本信息，如客户名称、客户性质、客户类别、所属行业、规模、行业地位等，客户的消费信息，业务合同，服务记录等	__个工作日		信息管理专员、客户信息主管	客户服务部
5	划分密级	◆ 客户信息主管根据公司文件信息保密规定，界定客户信息的密级，客户信息的密级分为绝密、机密和秘密三级 ◆ 客服经理对客户信息密级的划分进行修订、完善后，报客服总监审批	__个工作日		客户信息主管、客服经理、客服总监	客户服务部
6	确定传阅范围	◆ 客户信息主管根据客户信息的保密密级，确定信息的传阅范围，并按照传阅范围，将信息传递到相关职能部门和下属单位	__个工作日		客户信息主管	客户服务部
7	信息编号传递	◆ 客户信息主管根据已定的传阅范围，将客户信息进行编号、传递，各职能部门和相关下属单位收到信息后，在“信息接收单”上签字确认	__个工作日		信息管理专员、客户信息主管	客户服务部
8	发现信息泄露	◆ 客户信息主管对信息传递、查阅中的保密工作进行监督、检查，如发现信息泄露要及时采取措施进行补救处理	__个工作日		客户信息主管	客户服务部
9	进行补救处理	◆ 客户信息主管及时制定补救处理措施，对泄露的信息进行处理，并做好相应记录；如属严重泄密事件，则依照国家有关法律移交司法机关处理 ◆ 客服经理和信息管理专员协助客户信息主管对客户信息泄露作出补救处理	__个工作日		信息管理专员、客户信息主管、客服经理	客户服务部

（续表）

节点	节点名称	节点业务操作说明	时长	适用单位	责任部门
10	编制处理报告	◆ 客户信息主管根据保密问题的性质和处理情况，编写《客户信息泄露处理报告》，报告内容包括泄露的信息内容、泄露时间、信息泄露的影响、补救处理措施、相关责任人及惩罚措施等 ◆ 客服经理对《客户信息泄露处理报告》进行补充、修订、完善后，报客服总监审批	__个工作日	客户信息主管、客服经理、客服总监	客户服务部

3.5 客户信息管理制度

3.5.1 客户分级管理制度

制度名称	客户分级管理制度		受控状态	
			编　号	
执行部门		监督部门	编修部门	

第 1 章 总则

第 1 条 目的

为了对客户实施分级管理，便于管理及服务重要客户，更好地整合和利用客户资源，特制定本制度。

第 2 条 适用范围

本制度适用于公司客户的分级管理工作。

第 3 条 管理职责

1. 客户服务总监负责客户分级分析报告、客户分级标准、客户分级服务方案及客户分级等文件的审批。

2. 客户服务经理负责客户分级标准和客户分级服务方案的审核工作，并负责客户分级服务监督管理及控制工作。

3. 客户服务人员负责客户分级信息资料的收集、整理、分析工作，以及分级标准、客户分级管理方案等文件的编制工作。

第 2 章 客户分级前准备

第 4 条 客户分级的必要性分析

客户服务人员根据公司的客户情况实施客户分级必要性分析，分析的内容包括以下三条。

1. 客户数量是否超出管理幅度。

2. 同一客户是否带来两次或两次以上的销售收入。

3. 不同客户之间是否存在明显的价值差异。

第 5 条 编制客户分级分析报告

客户服务人员通过客户分析，编制《客户分级分析报告》，报送客户服务经理审核、客户服务总监审批。

第 6 条 制定“客户分级标准表”

1. 客户服务人员收集客户的各类历史销售数据，并进行整理。

（续）

2. 客户服务人员应根据公司和客户双方因素确定分级依据，实施分级评估。主要考虑的指标包括对公司利润的贡献率、客户下单金额、客户与本公司合作年限、客户信用状况和客户发展前景五个方面。

3. 客户服务人员编制“客户分级标准表”，并经客户服务经理审核后，报送客户服务总监审批。

第 3 章　客户分级管理的实施

第 7 条　分析客户指标

1. 客户服务人员通过收集客户信息，对每个客户指标进行统计并排序，以此作为实施客户分级的依据。

2. 此类指标包括累计销售额、季度 / 月度平均销售额、客户信用状况、销售利润率和销售增长率等。

第 8 条　区分大客户

1. 客户服务人员根据客户的经营状况、交易资料，依据客户分级标准表填写“客户等级申报表”，申报客户等级。

2. 客户服务人员应将各项指标排名都靠前的客户，确定为重点服务的大客户，编入“大客户等级名单”。

第 9 条　评审客户级别

1. 客户服务人员需将“客户等级申报表”及“大客户等级名单”报送客户服务经理审核，最后由客户服务总监审批。

2. 审批通过后，客户服务人员再次依据“客户分级标准表”对等级评审结果进行审核，编制“客户分级目录表”，并将客户分级资料录入客户管理信息系统。

第 10 条　编制《客户分级服务方案》

1. 客户服务人员应将大客户与普通客户区别开，有针对性地制定《客户分级服务方案》。

2. 客户服务经理对《客户分级服务方案》进行审核，并提出修改意见。

3. 客户服务部将修改后的《客户分级服务方案》报送客户服务总监审批后执行。

第 11 条　执行《客户分级服务方案》

1. 客户服务人员按照《客户分级服务方案》向各类客户提供服务，并将客户的反馈意见及时进行分析、整理。

2. 客户服务经理负责监督《客户分级服务方案》的执行情况，并对其在执行过程中发生的异常事件进行处理。

第 4 章　客户分级管理的评估与改进

第 12 条　客户服务人员每月以客户为单位进行销售统计分析，了解客户销售变动情况，编制“客户销售统计表”。

第 13 条　客户服务人员应每季度检查一次《客户分级服务方案》的实施情况，形成专项检查报告，并需在每季度的第一个月 5 日前向客户服务经理及客户服务总监提交上季度报告。

第 14 条　客户服务部依据客服分级管理标准对《客户分级服务方案》及公司与客户合作状况进行评估，必要时使用“客户等级申报表”对客户等级进行调整，并报送客户服务经理审核、客户服务总监审批。

第 5 章　附则

第 15 条　本制度由客户服务部负责制定、修改和解释。

第 16 条　本制度由总经理审批后，自颁布之日起执行。

编制日期		审核日期		批准日期	
修改标记		修改处数		修改日期	

3.5.2　通信客户信息保密制度

<table>
<tr><td rowspan="2">制度名称</td><td colspan="3" rowspan="2">通信客户信息保密制度</td><td>受控状态</td><td></td></tr>
<tr><td>编　　号</td><td></td></tr>
<tr><td>执行部门</td><td></td><td>监督部门</td><td></td><td>编修部门</td><td></td></tr>
<tr><td colspan="6">第1条　目的
为了加强集团客户信息安全管理，规范客户信息访问的流程和用户访问权限，降低客户信息被违法使用和传播的风险，特制定本制度。
第2条　适用范围
公司各级员工应严格遵守相关要求，保护客户信息安全，严禁泄露、交易和滥用客户信息。
第3条　客户信息
有关通信客户的保密信息，包括但不限于客户身份信息、客户位置信息、客户通话记录、话单信息、短信及我公司提供的其他个人通信手段所传递的信息内容。
第4条　管理规定
1. 客户信息安全管理应遵循“谁主管谁负责，谁使用谁负责”的原则。
2. 公司员工不得将客户信息擅自带出工作区域。
3. 营业厅内有关客户资料的所有原件记录和电脑记录，只能作为核对机主身份、受理申办业务和联系客户的资料，不得泄露给他人。
4. 客户档案登记资料须由专人管理，录入电脑后要及时收集、分类整理，并按有关通信保密制度归档保存。
第5条　检查与改进
集团各相关部门应定期组织客户信息安全评估和检查，对发现的隐患及时整改。
第6条　附则
本制度的解释权属于集团公司企业信息化部。</td></tr>
<tr><td>编制日期</td><td></td><td>审核日期</td><td></td><td>批准日期</td><td></td></tr>
<tr><td>修改标记</td><td></td><td>修改处数</td><td></td><td>修改日期</td><td></td></tr>
</table>

3.5.3　客户资料档案管理制度

<table>
<tr><td rowspan="2">制度名称</td><td colspan="3" rowspan="2">客户资料档案管理制度</td><td>受控状态</td><td></td></tr>
<tr><td>编　　号</td><td></td></tr>
<tr><td>执行部门</td><td></td><td>监督部门</td><td></td><td>编修部门</td><td></td></tr>
<tr><td colspan="6">第1章　总则
第1条　目的
为了给客户资料档案管理活动提供管理依据，规范档案保管和利用的程序，提高客户档案立档工作质量，科学地保管和高效有序地利用档案资料，特制定本制度。
第2条　适用范围
本制度适用于公司所有的客户资料档案。</td></tr>
</table>

（续）

第2章　客户资料档案的立档工作 第3条　客户资料档案的内容 客户资料档案包括“客户基本资料表”《客户信用评估报告》《客户销售合同（复印件）》“客户资质评级表”“客户销售统计表”和《客户信息分析报告》等。 第4条　客户档案接收部门 1. 本月的“客户基本资料表”《客户销售合同（复印件）》“客户销售统计表”等资料由销售部负责在下月____日前提供给客户服务部档案管理人员。 2. 本月的《客户信用评估报告》等资料由财务部负责在下月____日前提供给客户服务部档案管理人员。 3. 本月的“客户资质评级表”《客户信息分析报告》等资料由客户服务部负责在下月____日前提供给客户服务部档案管理人员。 第5条　客户信息归档程序 新形成的客户信息资料应及时归档，归档的程序如下所述。 1. 对客户信息进行鉴别，看其是否符合归档的要求。 2. 按照客户信息的属性、内容，确定其归档的具体位置。 3. 在信息目录上，补登信息资料名称及有关内容。 4. 将新客户信息资料放到指定位置，以便查找。 第6条　客户资料立卷管理 本公司在营销活动中形成的各种有保存价值的资料，都要按照本制度的规定，分别立卷归档。具体要求如下所示。 1. 立卷时间要求：归档的资料必须按年度立卷。 2. 立档范围要求：客户的基本信息，主要包括客户名称、法定代表人、地址、邮编、电话、传真、注册资本、经营规模、经营范围、经济实力、客户与公司的主要业务来往记录等。 3. 划分责任人员：为保证案卷质量，统一立卷规范，立档工作由相关部室兼职档案员配合，档案室文书档案员负责组卷、编目。 4. 立卷质量总要求：保持文件之间的有机联系，遵循文件的形成规律和特点，区别不同的价值，以便保管和进一步利用。 5. 资料齐全完整要求：归档资料的种数、份数以及每份文件的页数均应齐全完整。 6. 文件合一立卷要求：在归档的资料中，应将每份文件的正本与附件、印件与定稿、转发文件与原件、请示与批复、多种文字形成的同一文件，合一立卷，不得分开。 7. 绝密文件立卷要求：绝密文件单独立卷，少数普通文件如果与绝密文件有密切联系，也可随同绝密文件立卷。 8. 不同年度的资料的立卷要求：不同年度的资料一般不得放在一起立卷，但是以下情形需要特殊处理。 （1）跨年度的请示与批复，放在复文年立卷。 （2）没有复文的，放在请示年立卷，跨年度的规划放在针对的第一年立卷。 （3）跨年度的总结放在针对的最后一年立卷。 （4）跨年度的会议文件放在会议开幕年。 （5）其他文件的立卷按照有关规定执行。 第7条　案卷装订及说明管理 1. 将案卷按下述排列格式进行排序：软卷封面（含卷内文件目录）→客户资料→封底（含备考表）。 2. 客户资料应按上述排列顺序，依次编写页号。装订的案卷应统一在有文字的每页资料正面的右上角、背面的左上角打印页号。

（续）

3. 案卷必须按规定的格式逐件填写卷内文件目录，填写的字迹要工整。卷内目录放在卷首。

4. 有关资料情况的说明，都应逐项填写在备考表内。若无情况可说明，也应填上相关负责人的姓名和日期以示负责。备考表应置卷尾。

5. 装订前，卷内资料要去掉金属物，对被破坏的资料应按裱糊技术要求装裱，字迹已扩散的应与原件一并立卷，案卷应用三孔一线封底打活结的方法装订。

6. 排列好的案卷以案卷号排列次序装入卷盒，置于档案柜内保存。

第 3 章　客户档案保管工作

第 8 条　客户档案的保管要做到"四不"，即不散（不使档案分散）、不乱（不使档案互相混乱）、不丢（档案不丢失不泄密）、不坏（不使档案遭到损坏）。

第 9 条　为保证客户档案的完整和安全，必须对客户的档案资料进行检查与核对。

1. 公司每半年对客户资料档案保管状况进行一次全面检查，做好检查记录。

2. 发现字迹褪变和破损的资料档案要及时进行修复。

3. 定期检查客户资料档案的保管环境，做好防潮、防霉变等工作。

第 10 条　严格遵守客户档案的保密规定，严防重要信息外泄。

第 4 章　客户档案使用与销毁规定

第 11 条　客户档案的使用。公司各部门与客户接触的重大事项，均须报告信息部（除该业务保密外），任何外单位（部门）和个人不得以任何借口分散保管和据为己有。

第 12 条　设定查阅外借权限。公司客户服务部应建立客户资料档案查阅及外借权限制，未经许可，任何人不得随意查阅或外借客户资料档案。

第 13 条　客户资料档案查阅管理

如果需要查阅客户档案，应按下图所示程序进行。

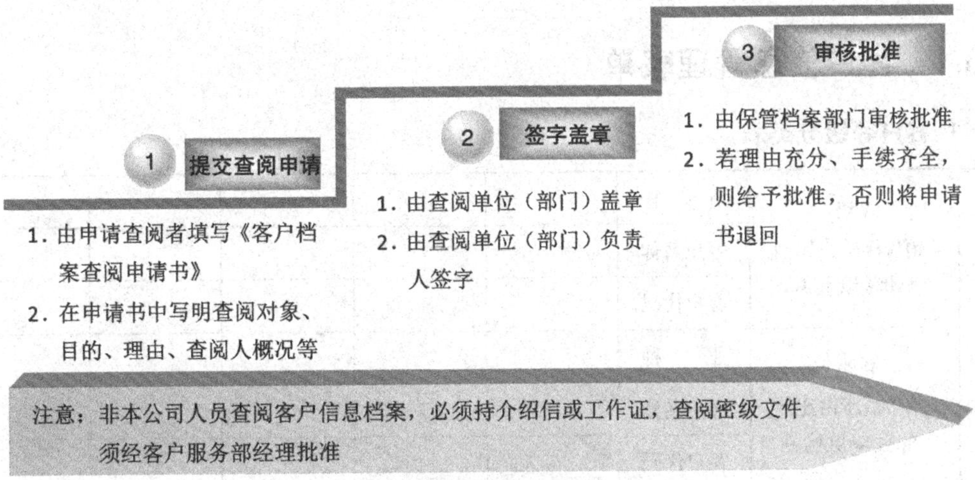
1
提交查阅申请
1. 由申请查阅者填写《客户档案查阅申请书》
2. 在申请书中写明查阅对象、目的、理由、查阅人概况等
2
签字盖章
1. 由查阅单位（部门）盖章
2. 由查阅单位（部门）负责人签字
3
审核批准
1. 由保管档案部门审核批准
2. 若理由充分、手续齐全，则给予批准，否则将申请书退回
注意：非本公司人员查阅客户信息档案，必须持介绍信或工作证，查阅密级文件须经客户服务部经理批准

客户资料档案查阅程序图

第 14 条　客户资料档案外借管理

1. 借阅人员外借客户资料档案时，必须填写客户资料档案借阅申请，内容与查阅申请相似。

2. 借阅申请经借阅单位（部门）盖章，借阅人员主管领导签字后交客户服务部档案管理人员。

3. 客户服务部档案管理人员对借阅申请进行审核、批准，非职权范围内的报上级领导审核、批准。

（续）

4. 客户服务部档案管理人员进行外借登记，将借阅的时间、资料名称、份数、理由等填列清楚，并由借阅人员签字。 5. 本公司人员借阅客户资料档案，经客户服务经理同意后方可借出。借出时间不得超过三天。 6. 非本公司人员借阅客户资料档案的，原则上不予办理。如有特殊情况，需经过客户总监审批。 第 15 条　客户资料档案资料归还管理 归还客户资料档案时，客户服务部档案管理人员应及时在外借登记上注销，确保账实相符。 第 16 条　客户档案的销毁 1. 对超过保存期限的档案，由客户服务部档案管理人员登记造册，经客户服务部经理和档案形成部门领导共同鉴定，报客户总监批准后，按规定销毁。 2. 经批准销毁的档案，可单独存放半年，经验证确无保留价值时，再行销毁，以免误毁。 3. 销毁文件必须在指定地点进行，并指派专人监销，严禁将销毁的文件作为他用，或作废纸出售。文件销毁后，监销人应在“销毁登记表”上签字。 **第 5 章　附则** 第 17 条　本制度由客户服务部负责制订、修订和补充。 第 18 条　本制度报总经理审阅、审批后，自颁布之日起执行。

编制日期		审核日期		批准日期	
修改标记		修改处数		修改日期	

3.6　客户信息管理工具

3.6.1　客户信息管理表单

1. 客户等级分类表

客户等级分类	A 级（销售额所占比例 90% 以上）	业　　种					
		客户名称					
		客户代码					
	B 级（销售额所占比例 80% ~ 90%）	业　　种					
		客户名称					
		客户代码					
	C 级（销售额所占比例 70% ~ 80%）	业　　种					
		客户名称					
		客户代码					

（续表）

<table>
<tr><td rowspan="6">客户等级分类</td><td rowspan="3">D级
（销售额所占比例
60% ~ 70%）</td><td>业　种</td><td></td><td></td><td></td><td></td><td></td></tr>
<tr><td>客户名称</td><td></td><td></td><td></td><td></td><td></td></tr>
<tr><td>客户代码</td><td></td><td></td><td></td><td></td><td></td></tr>
<tr><td rowspan="3">E级
（销售额所占比例
60%以下）</td><td>业　种</td><td></td><td></td><td></td><td></td><td></td></tr>
<tr><td>客户名称</td><td></td><td></td><td></td><td></td><td></td></tr>
<tr><td>客户代码</td><td></td><td></td><td></td><td></td><td></td></tr>
</table>

2. 潜在客户信息管理卡

<table>
<tr><td colspan="8">客户概况</td></tr>
<tr><td colspan="2">客户类型</td><td colspan="6">☐ 个人客户　　☐ 企业客户</td></tr>
<tr><td colspan="4">个人客户请填写以下内容</td><td colspan="4">企业客户请填写以下内容</td></tr>
<tr><td colspan="2">姓名</td><td colspan="2"></td><td colspan="2">公司名称</td><td colspan="2"></td></tr>
<tr><td colspan="2">地址</td><td colspan="2"></td><td colspan="2">地址</td><td colspan="2"></td></tr>
<tr><td colspan="2">电话</td><td colspan="2"></td><td colspan="2">电话</td><td colspan="2"></td></tr>
<tr><td colspan="2">职业</td><td colspan="2"></td><td colspan="2">注册资金</td><td colspan="2"></td></tr>
<tr><td colspan="2">家庭地址</td><td colspan="2"></td><td colspan="2">行业类型</td><td colspan="2"></td></tr>
<tr><td colspan="2">年收入</td><td colspan="2"></td><td colspan="2">法人代表</td><td colspan="2"></td></tr>
<tr><td colspan="2">信用度</td><td colspan="2"></td><td colspan="2">市场占有率</td><td colspan="2"></td></tr>
<tr><td colspan="4">交易状况</td><td colspan="4">交易状况</td></tr>
<tr><td>年月日</td><td>产品</td><td>交易额</td><td>交易内容</td><td>年月日</td><td>产品</td><td>交易额</td><td>交易内容</td></tr>
<tr><td></td><td></td><td></td><td></td><td></td><td></td><td></td><td></td></tr>
<tr><td></td><td></td><td></td><td></td><td></td><td></td><td></td><td></td></tr>
<tr><td colspan="4">拜访记录</td><td colspan="4">拜访记录</td></tr>
<tr><td>年月日</td><td>电访</td><td>面访</td><td>其他</td><td>年月日</td><td>电访</td><td>面访</td><td>其他</td></tr>
<tr><td></td><td></td><td></td><td></td><td></td><td></td><td></td><td></td></tr>
<tr><td></td><td></td><td></td><td></td><td></td><td></td><td></td><td></td></tr>
</table>

经办人：　　　　　　　　　　　　　　　　客户服务主管：

3.6.2 客户信息数据库管理方案

方案名称	客户信息数据库管理方案	编　号	
		受控状态	

一、目的

为建立完善的客户信息数据库管理规程，提高信息数据库的利用效率，与本公司业务伙伴建立长期稳定的业务联系，特制定本方案。

二、适用范围

本方案适用于客户信息数据库的建立、完善及日常管理工作。

三、管理职责

1. 客户服务部经理负责客户信息数据库的总体规划与运行监督。

2. 客户服务部信息管理人员负责客户信息数据库的建设、更新及日常维护工作。

3. 客户信息调研人员负责客户信息的收集工作。

四、明确客户信息的内容构成

客户信息主要包括客户基础资料、客户特征、业务状况、交易活动现状等四个方面的内容。

（一）客户基础资料

调研人员通过对客户进行电话访问和电子邮件访问收集客户基础资料。客户基础资料主要包括客户的基本情况、所有者、管理者、资质、创立时间、与本公司交易时间、公司规模、行业、资产等。

（二）客户特征

客户特征包括客户销售能力、发展潜力、公司文化、经营方针与政策、公司规模（员工人数、销售额等）、经营管理特点等。

（三）业务状况

业务状况主要包括客户目前及以往的销售实绩，经营管理者和业务人员的素质，与其他竞争者的关系，与本公司的业务联系及合作态度等。

（四）交易活动现状

交易活动现状主要包括客户的销售活动状况、存在的问题、保持的优势、未来的对策、公司信誉与形象、信用状况、交易条件和以往出现的信用问题等。

五、确定客户信息收集方式

客户服务部根据公司规模、人力、物力、信息成本、保密要求及信息需求紧迫性等因素，在不同时期使用不同的客户信息收集方式，本公司主要采用的信息收集方式包括以下四种。

1. 信息购买。适用于目的性较强的营销活动。

2. 信息调研。适用于大公司或数据库营销类企业。

3. 信息共享。适用于自身拥有大量客户信息，同时需通过合作进行交叉销售或提高客户忠诚度的企业。

4. 信息租用。适用于目的性强的营销活动。

六、客户信息分类管理

客户信息管理员根据公司营销业务对客户信息的需求将客户信息进行分类管理。

（一）按客户等级分类

公司根据实际情况，确定客户等级标准，将现有客户分为不同的等级，以便于对客户进行渠道管理、销售管理和货款回收管理。

（二）按客户路序分类

为便于销售代表巡回访问、外出推销和组织发货，首先将客户划分为不同的区域，然后将各区域内的客

（续）

户按照经济合理的原则划分出不同的路序。

七、整理客户资料

客户服务部将不同类别的客户按其对公司的价值进行分类，并编制成册。

（一）划分客户等级

客户服务部根据客户现在或今后对公司将要或可能产生的价值将客户分为不同等级，具体方法是将客户连续____个月的每月交易额累计后求出客户的月平均交易额，并按照交易额的多少排序。

（二）区分客户名册等级

客户服务部将全部客户分级后应分列成册，具体有以下几种形式。

1. 按客户开拓的先后顺序排出“客户名册”。

2. 按客户的资信或规模等状况排出“客户等级分类表”。

3. 按客户地址排出“客户地址分类表”。

4. 对客户进行区域分析。

八、客户信息数据库的日常管理

客户服务部应做好信息数据库的日常管理工作，指派专人管理信息数据库，保证客户信息得到不断、有效、高质量的更新，并保证信息的安全性。具体工作内容如下。

（一）明确客户数据管理工作流程

基本的客户数据管理工作流程如下。

1. 数据转化，即将数据转化为一种标准操作格式。

2. 查看变化，即在现场和记录层级上确认变化，创建数据周期上的一致性。

3. 数据清理，即纠正并校验所有客户的姓名与地址信息。

4. 地理代码，即标明正确的地理信息联系方式。

5. 关系管理，即通过比较新的和正确的数据识别记录的关系。

6. 主要客户管理，即安排和维护重要客户的独特记录。

7. 关系改善，即应用业务规则，并增大附加的记录，以便形成更高质量、更全面的客户视图。

（二）分析客户数据价值

客户数据价值的三个特性如下所示。

1. 第一手客户智能的可靠性。

2. 在历史和与特定企业关系的基础上进行独特的对比。

3. 能够提供有洞察力和时效性的企业活动反馈。

（三）等级划分

客户信息管理人员将不同的客户群体按其对公司的价值及重要性的不同，对客户信息进行等级划分。

（四）规划信息质量

高质量的信息有助于企业有效分析客户行为，客户数据质量管理步骤如下。

1. 确定客户信息质量目标。

2. 明确客户数据质量现状。

3. 明确差异，突出工作重点。

4. 制订并实行数据质量改进计划。

5. 定期维护、审核客户信息数据库。

编制人员		**审核人员**		**审批人员**	
编制时间		**审核时间**		**审批时间**	

3.6.3 客户信息工作改善计划书

文书名称	客户信息工作改善计划书	编　号	
		受控状态	

一、目的

为配合公司本年度营销业务的开展，提高客户信息的使用效率及信息管理质量，客户服务部以客户信息管理制度为依据，并根据上年度工作中发现的不足及信息使用人员提出的意见及建议，特制定本年度工作改善计划。

二、发现的问题及原因

（一）问题

客户信息管理工作中存在的问题主要有以下三点。

1. 客户信息陈旧或不完善。

2. 信息查阅系统反应迟钝。

3. 信息管理制度执行不彻底。

（二）原因分析

1. 最近两个年度，公司进行业务拓展，客户服务部工作繁重未能及时完成客户信息的调研与收集工作，以致客户信息数据库未能得到及时、充分的更新。

2. 客户信息查阅系统为____年在 Windows XP 系统下安装的____信息查阅软件，公司在去年____月对客户服务部硬件系统进行更新并将电脑系统升级为 Windows 7，该系统不能与原查阅软件完美兼容，所以会导致系统反应迟钝。

3. 根据客户服务部员工反映并查实，信息管理员赵 ×× 曾将密级为“秘密”的客户信息口头告知业务人员钱 ××，而钱 ×× 并不具备知晓该密级信息的资格。

4. 据其他部门员工反映，信息管理人员对客户信息借阅管理较为松懈，借阅资料到期不提醒、逾期不催还、轻微损坏不罚金已成为惯例。

三、改善办法

根据客户信息管理工作中出现的问题以及问题产生的原因，提出以下改进办法。

（一）做好客户信息的收集工作

客户信息主管应在保质保量地完成本年度客户信息调研工作的前提下，对数据库中库存时间超过__年的客户信息进行审查，确认信息是否失效。

（二）对软件进行更新

客户信息主管已向客服经理提出信息查阅系统更新申请，该申请已获批，并已纳入本年度客户服务部预算。根据本年度客户服务部工作计划，新的信息查阅系统将于本年度____月____日前完成更新。

（三）严肃客户信息管理纪律

1. 客户服务部应组织所有信息管理人员重新学习《客户信息管理制度》《客户信息使用规范》《客户资料借阅规定》《信息管理工作考核办法》及相关管理条例。

2. 在加大对违规人员惩处力度的同时，公司也应加强对领导人员的管理，对于因监管不力造成的违规事件，相关领导人员视情节轻重，另外承担____% ~ ____% 的罚金，并追究领导责任。

四、惩处违规人员

对于赵 ×× 将秘密信息泄露给钱 ×× 的事件，由于未造成客户信息外泄，同时赵 ×× 在事发后的认错态度良好，故对二人作出如下处罚。

（续）

1. 对赵 ×× 处以____元罚金，因认错态度良好，暂不辞退，按留岗查看处理并停发____个月奖金。 2. 对钱 ×× 处以____元罚金，并由营销部进行内部行政处罚。					
编制人员		**审核人员**		**审批人员**	
编制时间		**审核时间**		**审批时间**	

第 4 章　客户信用管理

4.1　客户信用职能管理

4.1.1　客户信用任务目标

客户信用管理工作的任务目标包括以下 5 个方面，具体如图 4-1 所示。

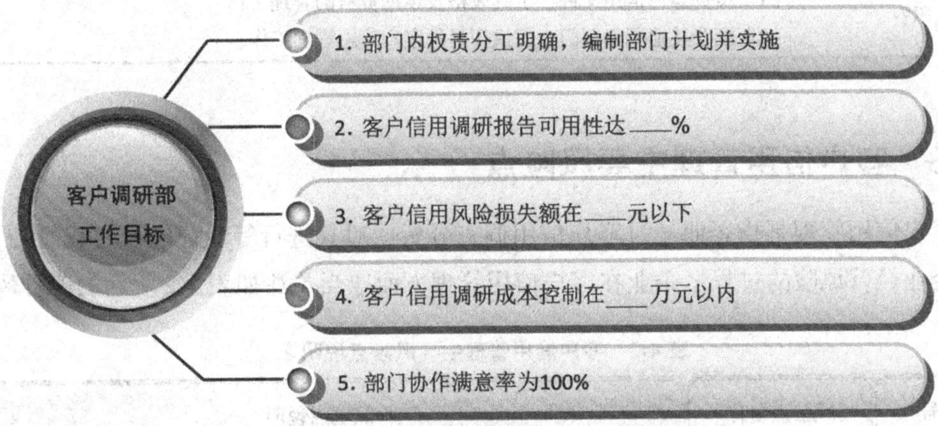

客户调研部
工作目标
1. 部门内权责分工明确，编制部门计划并实施
2. 客户信用调研报告可用性达____%
3. 客户信用风险损失额在____元以下
4. 客户信用调研成本控制在____万元以内
5. 部门协作满意率为100%

图 4-1　客户信用管理工作目标示意图

4.1.2　客户信用职能分解

对客户信用管理的职能进行分解，可以细化客户信用管理的各项职能。客户信用管理的职能分解说明如表 4-1 所示。

表 4-1　客户信用管理职能分解说明表

职能分项	职能细化
1. 客户信用计划管理	（1）根据企业运营计划做好客户信用管理的总体规划工作，制订客户信用管理计划 （2）监督客户信用管理计划的执行情况
2. 客户信用调研	（1）根据企业营销策略或发展方向，确定客户信用调研主题，制订信用调研计划 （2）设计客户信用调研方案，确定调研方法（探索性调研、描述性调研、因果性调研），确保客户信用调研计划得到顺利实施 （3）利用观察法、询问法、实验法等多种方法收集客户资料，确保客户信用资料的准确性和有效性

（续表）

职能分项	职能细化
3. 客户信用分析	（1）遵循由浅入深、由少到多、由一般性资料到专题性资料的原则，收集、整理客户信用资料，将有效的资料整理成统一的形式，供进一步分析之用 （2）通过分析客户信用资料，初步筛选符合企业要求的客户，编制《客户信用分析报告》，提交上级领导审批
4. 客户分级管理	（1）制定科学的企业客户信用分级管理工作规划 （2）在客户分级管理过程中，应作出正确、合理的客户分级管理决策，并适时调整客户的级别
5. 客户信用成本管理	（1）做好成本效益的分析核算工作，真实地反映客户信用管理成本，并找出成本浪费的原因，为成本控制提供依据 （2）制定客户信用管理成本控制措施，并具体实施，以达到成本控制目标
6. 其他职责	（1）负责客户信用文件、工具表格及单据资料的管理工作 （2）配合其他职能部门，完成项目的客户信用管理工作

4.1.3 客户信用管理主要风险点

客户信用管理是指企业通过客户信用调查分析，对其进行等级评定及过程管控，以降低企业经营风险的过程。企业在客户信用管理方面应当关注如表4-2所示的四种风险。

表4-2 客户信用管理主要风险点说明表

序号	风险点名称	风险点说明
风险点1	客户信用调查风险	1. 没有做好客户信用调查的计划，导致调查工作实施起来毫无章法、效率低下，没有达到预期的目的 2. 调查人员收集的资料和数据不准确、不全面，直接影响企业对客户信用的准确分析与评估
风险点2	客户资信评级风险	1. 没有明确客户资信评级要素，直接影响客户资信等级的客观评定 2. 客户资信评估的内容不全面，导致客户资信评估结果失去意义 3. 客户资信评级的维度及指标设置不合理、不科学，直接影响企业对客户资信的等级评定 4. 客户资信等级划分界限不明确或不合理，可能会造成客户的不满，直接影响企业与客户的合作，给企业造成损失
风险点3	客户信用控制风险	1. 客户信用条款制定不合理，直接影响客户信用审核工作的顺利开展 2. 未明确客户授信过程中相关人员的责任及监督职责，导致企业的客户信用管理工作出现漏洞，可能会给企业带来经营风险 3. 未严格按照权限程序确定客户信用额度，可能导致信用额度不合理，违背了企业的客户信用管理目标

（续表）

序号	风险点名称	风险点说明
风险点 4	客户信用等级调整风险	1. 没有遵守客户信用等级调整原则，导致客户信用等级不符合企业相关规定 2. 没有明确客户信用等级调整的原因，直接影响客户信用等级管理工作

4.2　客户信用岗位职责

4.2.1　客户信用主管职责说明

岗位名称	客户信用主管	所属部门	客户服务部
上　　级	客服总监	下　　级	客户调研专员
职责概述	全面负责客户信用调研工作，并对调研资料进行分析汇总，确认客户信用等级，为企业领导及相关部门制定决策提供参考		
工作职责	职责细分		
1. 起草客户信用调研计划、细则及规范	（1）根据客户调研的总体计划，制定客户需求调研总体规划、年度计划和费用预算，获得客服经理及上级领导批准后组织实施 （2）制定企业客户需求调研的详细工作规程和细则，经客服经理批准后，监督部门人员按程序作业，保证调研计划得到顺利开展		
2. 客户信用调研准备	（1）配合客服经理选择信用调研机构，即聘请外部的专业机构或内部人员完成信用调研工作 （2）根据信用调研计划及目标，确定调研内容，选择信用调研方法，审定调研问卷		
3. 客户信用调研实施	（1）组织、监督并指导客户信用调研计划的实施 （2）制定调研质量控制点，确保调研结果的质量和可信度 （3）收集、整理、分析相关客户的资料，确定客户资料密级，并妥善保管 （4）将客户需求调研费用控制在预算之内		
4. 客户信用评估	（1）根据客户信用调研资料及数据，组织相关人员对客户信用进行分析和评估 （2）制定各信用等级客户的评定条件、标准及认定程序，对调研客户进行信用分级		
5. 沟通协调管理	（1）接受企业各部门的市场信息咨询，或主动提供定期的信息服务 （2）定期向总经理报告生产管理工作情况，并定期召开生产管理工作例会，将企业的政策、策略等信息，快速、清晰、准确地传达给下级人员		
6. 人员管理	（1）督导员工做好日程安排，对员工的工作情况进行监督 （2）对所属人员进行心态、形象等方面的培训		

4.2.2 客户信用专员职责说明

岗位名称	客户信用专员	所属部门	客户服务部
上　　级	客户信用主管	下　　级	
职责概述	负责客户信用调研工作，并对调研资料进行分析汇总，确认客户信用等级，为企业领导及相关部门制定决策提供参考		
工作职责	职责细分		
1. 客户信用调研准备	（1）配合客服经理选择信用调研机构，即聘请外部的专业机构或内部人员完成信用调研工作 （2）根据信用调研计划及目标，确定调研内容，选择信用调研方法，审定调研问卷		
2. 客户信用调研实施	（1）组织、监督并指导客户信用调研计划的实施 （2）制定调研质量控制点，确保调研结果的质量和可信度 （3）收集、整理、分析相关客户的资料，确定客户资料密级，并妥善保管 （4）将客户需求调研费用控制在预算之内		
3. 客户信用评估	（1）根据客户信用调研资料及数据，组织相关人员对客户信用进行分析和评估 （2）制定各信用等级客户的评定条件、标准及认定程序，对调研客户进行信用分级		
4. 其他工作	（1）配合完成与客户信用调研工作相关的信息提供、客户信用调整等任务 （2）领导安排的其他临时性工作		

4.3 客户信用岗位考核量表

4.3.1 客户信用主管考核量表

考核项目	指标名称	权重	指标说明及考核标准	得分
客户信用调研计划与进度	客户信用调研计划完成率	20%	1. 调研计划完成率 = $\frac{\text{客户调研计划实际完成量}}{\text{客户调研计划应完成量}} \times 100\%$ 2. 考核期内，目标值为____%；指标值每减少____个百分点，该项扣____分；指标值低于____%，该项不得分	
客户信用调研质量	客户信用风险损失额	20%	考核期内，因客户信用风险导致企业损失的额度不高于____万元；每高于指标值 1 万元，该项扣____分	
	客户信用调研频率	20%	考核期内，目标值为____%；指标值每减少____个百分点，该项扣____分	

（续表）

考核项目	指标名称	权重	指标说明及考核标准	得分
客户成本控制	客户信用调研成本预算达成率	20%	1. 客户信用调研成本预算达成率 = $\frac{\text{客户信用调研实际消耗成本}}{\text{客户信用调研预算成本}}\times 100\%$ 2. 考核期内，目标值为 100%；指标值每高____%，该项扣____分；指标值高于____%，该项不得分	
	单位客户信用调研成本	10%	单位客户信用调研成本不高于____元，每高____元，扣____分，单位成本高于____元，该项不得分	
学习培训	培训计划完成率	5%	考核期内，目标值为____%；指标值每减少____个百分点，该项考核扣____分；指标值低于____%，该项不得分	
	员工绩效考核达标率	5%	1. 员工绩效考核达标率 = $\frac{\text{绩效考核达标人数}}{\text{考核总人数}}\times 100\%$ 2. 考核期内，目标值为____%；指标值每减少____个百分点，该项考核扣____分；指标值低于____%，该项不得分	

4.3.2 客户信用专员考核量表

考核项目	指标名称	权重	指标说明及考核标准	得分
客户信用调研计划与进度	客户信用调研计划完成率	20%	1. 调研计划完成率 = $\frac{\text{客户调研计划实际完成量}}{\text{客户调研计划应完成量}}\times 100\%$ 2. 考核期内，目标值为____%；指标值每减少____个百分点，该项扣____分；指标值低于____%，该项不得分	
	调研计划方案通过率	20%	考核期内，目标值为____%；指标每减少____个百分点，该项扣____分；指标值低于____%，该项不得分	
客户信用调研质量	客户信用信息准确性	20%	考核期内，准确性目标值为____%；指标值每减少____个百分点，该项扣____分；指标值低于____%，该项不得分	
	客户信用风险损失额	20%	考核期内，因客户信用风险导致企业损失的额度不高于____万元；每高于指标值 1 万元，该项考核扣____分	
	客户信用调研频率	10%	考核期内，目标值为____%；指标值每减少____个百分点，该项扣____分	
学习培训	培训计划完成率	5%	考核期内，目标值为____%；指标值每减少____个百分点，该项考核扣____分；指标值低于____%，该项不得分	
	员工绩效考核达标率	5%	1. 员工绩效考核达标率 = $\frac{\text{绩效考核达标人数}}{\text{考核总人数}}\times 100\%$ 2. 考核期内，目标值为____%；指标值每减少____个百分点，该项考核扣____分；指标值低于____%，该项不得分	

4.4 客户信用管理流程与节点说明

4.4.1 客户信用调研流程与节点说明

1. 客户信用调研流程

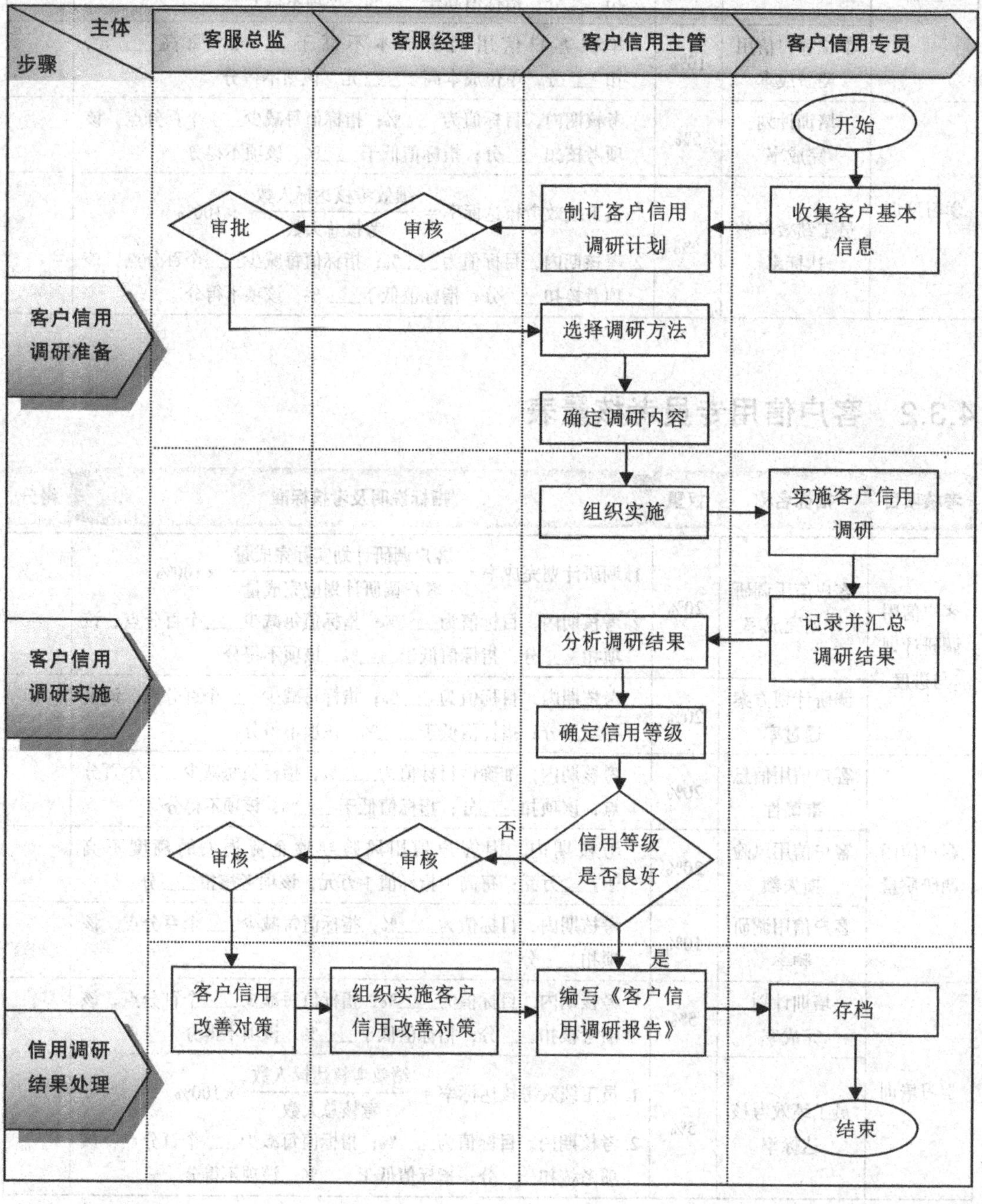
主体
步骤
客服总监
客服经理
客户信用主管
客户信用专员
客户信用调研准备
客户信用调研实施
信用调研结果处理
开始
收集客户基本信息
制订客户信用调研计划
审核
审批
选择调研方法
确定调研内容
组织实施
实施客户信用调研
记录并汇总调研结果
分析调研结果
确定信用等级
信用等级是否良好
否
审核
审核
是
客户信用改善对策
组织实施客户信用改善对策
编写《客户信用调研报告》
存档
结束

2. 流程节点说明

文件名称		客户信用调研业务节点说明	版本号		页　数	
文件编号			编制人		审批人	
节点	节点名称	节点业务操作说明	时长		适用单位	责任部门
1	制订客户信用调研计划	◆ 组织客户信用专员收集客户的基本信息，并对各项信息进行分析 ◆ 制订客户信用调研计划，交客服经理、客服总监审核、审批 ◆ 客户信用调研计划通过审批后，客服主管要选择恰当的调研方法	__个工作日		客户服务部	客户服务部
2	确定调研内容	◆ 客户信用主管根据客户信息调研计划和调研方法，确定客户信用调研内容，主要包括客户经营状况调研、客户财务状况调研、客户支付情况调研、客户负债情况调研、客户信用等级调研等 ◆ 根据确定的调研内容，客户信用主管要组织客户信用专员实施客户信用调研	__个工作日		客户服务部	客户服务部
3	实施客户信用调研	◆ 在客户信用主管的指导下，客户信用专员开展客户信用调研工作，调研客户的各类信息，并对各类信息进行记录和汇总，反馈给客户信用主管	__个工作日		客户服务部	客户服务部
4	分析调研结果	◆ 根据客户信用专员收集的客户基本信息和客户信用调研信息，客户信用主管对客户信用情况进行分析和评价	__个工作日		客户服务部	客户服务部
5	确定信用等级	◆ 客户信用主管按照客户信用调研的结果，划分信用等级 ◆ 客户信用主管根据客户信用调研结果，确定客户的信用等级	__个工作日		客户服务部	客户服务部
6	信用等级是否合格	◆ 客户信用主管确定各客户的信用等级范围，若客户信用等级良好，则可编制《客户信用调研报告》 ◆ 若客户信用等级不合格，客户信用主管应将客户信用调研结果上报客服经理，并附带客户信用调研的相关资料 ◆ 客服经理审核客户信用调研结果未出现错误后，将审核结果上报客服总监，由客服总监作进一步审核 ◆ 客服总监对客户信用调研结果没有异议后，应确定客户信用改善的相关对策和措施，并组织下属人员实施 ◆ 客服经理应组织实施客户信用改善措施，客户信用主管监督相关措施的执行状况，并编制《客户信用调研报告》 ◆ 若客户信用等级合格，客户信用主管应直接编制《客户信用调研报告》，并组织客户信用专员对资料进行存档保存	__个工作日		客户服务部	客户服务部

4.4.2 客户资信评估流程与节点说明

1. 客户资信评估流程

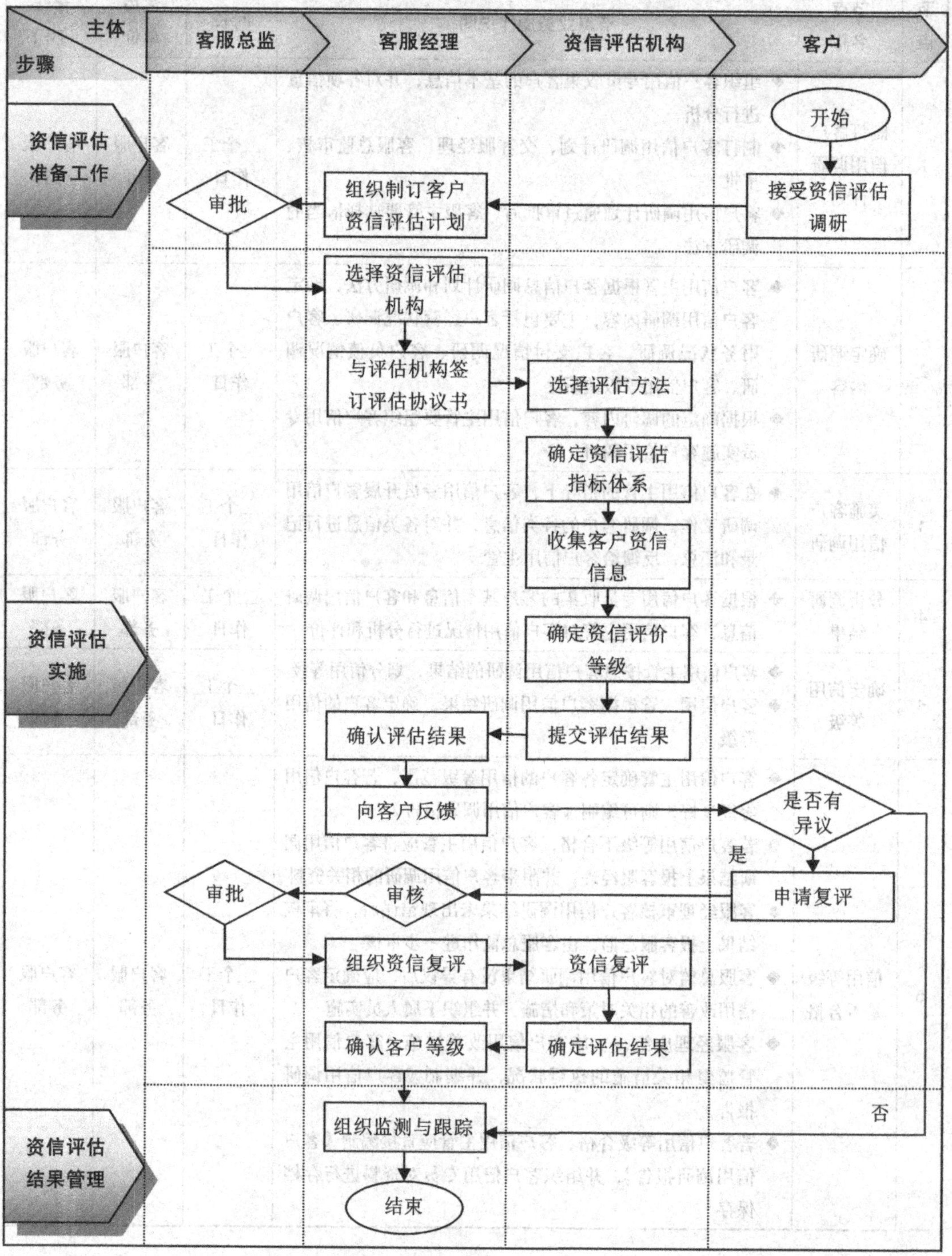
主体
步骤
客服总监
客服经理
资信评估机构
客户
资信评估准备工作
开始
接受资信评估调研
组织制订客户资信评估计划
审批
选择资信评估机构
与评估机构签订评估协议书
选择评估方法
确定资信评估指标体系
收集客户资信信息
资信评估实施
确定资信评价等级
提交评估结果
确认评估结果
向客户反馈
是否有异议
是
申请复评
审核
审批
组织资信复评
资信复评
确认客户等级
确定评估结果
否
资信评估结果管理
组织监测与跟踪
结束

2. 流程节点说明

文件名称		客户资信评级业务节点说明	版本号		页　数	
文件编号			编制人		审批人	
节点	节点名称	节点业务操作说明		时长	适用单位	责任部门
1	接受资信评估调研	◆ 根据企业的资信调研要求，客户应配合客服经理做好资信调研工作，提供资信评估所需要的各项文件、资料等		__个工作日	客户	客户
2	制订客户资信评估计划	◆ 客服经理要组织下属人员制订客户资信评估计划，对计划审核确认无误后，交由客服总监审批 ◆ 客服总监应对客户资信评估计划进行审批，指导客服经理完善评估计划		__个工作日	客户服务部	客户服务部
3	与评估机构签订评估协议书	◆ 客户资信评估计划审批通过后，客服经理应根据资信评估机构的诚信度、评估业绩、评估效率和客户的具体要求等筛选资信评估机构，确定合适的资信评估机构，开展客户资信评估工作 ◆ 资信评估机构确定后，客服经理应与资信评估机构签订资信评估协议书，约束协议双方的资信评估行为，保证双方的合法权益		__个工作日	客户服务部、资信评估机构	客户服务部
4	确定资信评估指标体系	◆ 资信评估协议书签订后，资信评估机构应确定恰当的评估方法，保证评估数据的有效性 ◆ 资信评估方法确定后，资信评估机构应根据客户的要求、特点等确定合理的资信评估指标体系，确定的资信评估指标应全面反映客户的信用状态、财务状况、经营现状等		__个工作日	资信评估机构	资信评估机构
5	收集客户资信信息	◆ 确定资信评估指标体系和评估方法后，资信评估机构要收集客户的资信信息，客户的资信信息主要从客服经理和客户处获得 ◆ 客服经理应提供本企业所掌握的客户资信信息和资料，并向资信评估机构做好资信评估交底 ◆ 客户应向资信评估机构提供资信评估过程中所需要的各类资料		__个工作日	资信评估机构、客户服务部	资信评估机构
6	提交评估结果	◆ 资信评估机构应确定资信评价等级 ◆ 资信评估机构应对收集到的信息资料进行分析和汇总，分析客户的资信状态，确定客户所处的资信评价等级，并将客户的资信评估结果反馈给客服经理		__个工作日	资信评估机构	资信评估机构

（续表）

节点	节点名称	节点业务操作说明	时长	适用单位	责任部门
7	向客户反馈	◆ 客服经理接收到资信评估机构反馈的资信评估结果后，应对评估结果进行确认 ◆ 确认完毕后，客服经理应将资信评估结果反馈给客户，听取客户意见	__个工作日	客户服务部、资信评估机构	客户服务部
8	是否有异议	◆ 客户接收到客服经理反馈的资信评估结果后，应对结果进行确认，明确对评估结果是否存有异议 ◆ 若没有异议，客户应反馈给客服经理，由客服经理组织对客户资信进行监测与跟踪 ◆ 如有异议，客户应向客服经理申请资信复评 ◆ 客服经理受理客户的复评申请，审核后交由客服总监审批 ◆ 客服总监审批后，客服经理组织资信评估机构对客户资信进行复评 ◆ 资信评估机构对客户资信进行复评，确定评估结果 ◆ 客服经理最终确定客户资信等级	__个工作日	客户、资信评估机构、客户服务部	客户服务部
9	组织监测与跟踪	◆ 资信评估结果确定后，客服经理应组织下属人员对客户的资信进行监测和跟踪，便于及时发现客户信用异常，调整客户信用等级等 ◆ 客服经理应将最终确认的客户资信评估结果上报客服总监	__个工作日	客户服务部	客户服务部

4.4.3　客户信用等级调整流程与节点说明

1. 客户信用等级调整流程

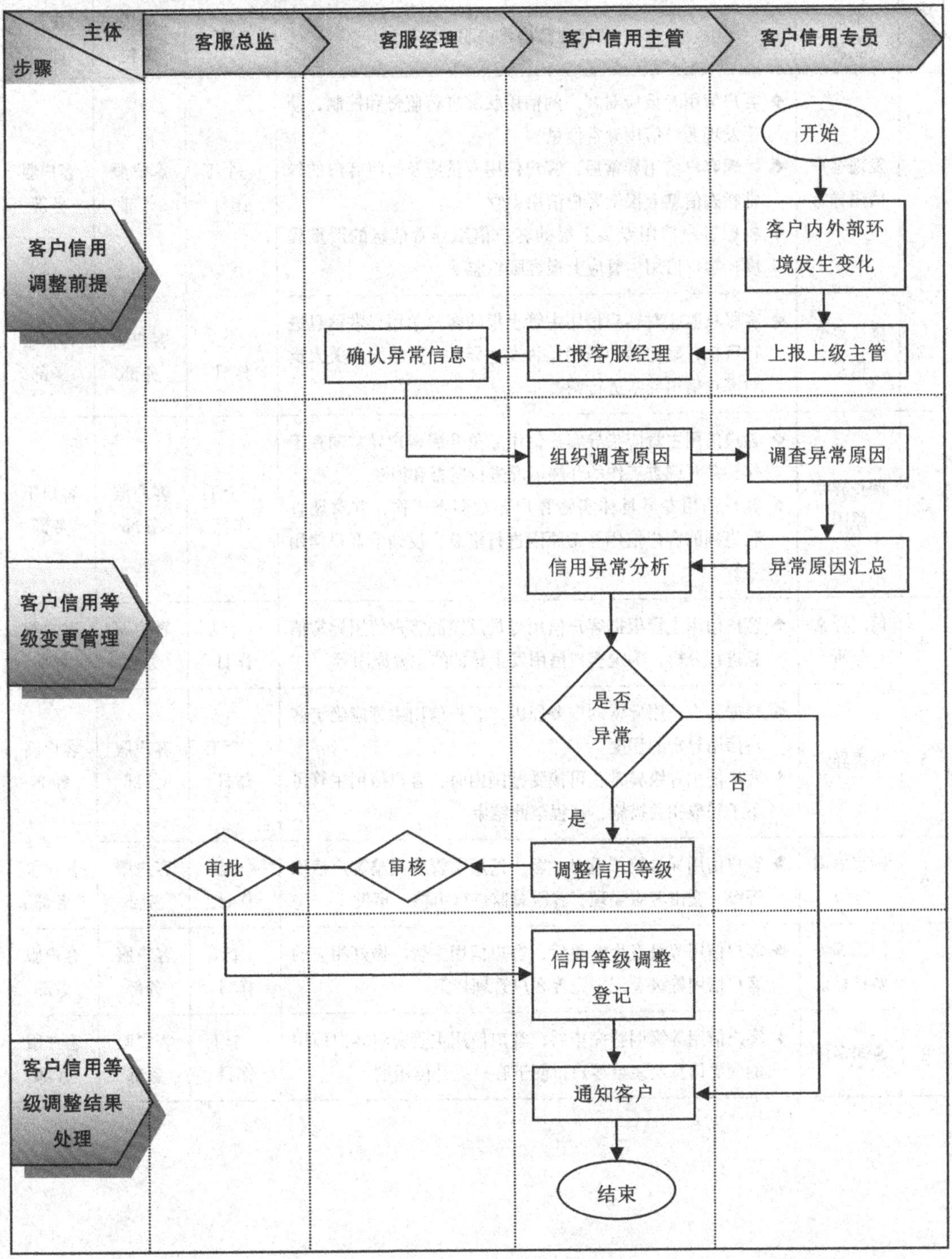
主体
步骤
客服总监
客服经理
客户信用主管
客户信用专员
客户信用调整前提
客户信用等级变更管理
客户信用等级调整结果处理
开始
客户内外部环境发生变化
上报上级主管
上报客服经理
确认异常信息
组织调查原因
调查异常原因
异常原因汇总
信用异常分析
是否异常
否
是
调整信用等级
审核
审批
信用等级调整登记
通知客户
结束

2. 流程节点说明

文件名称	客户信用等级调整业务节点说明		版本号		页　数	
文件编号			编制人		审批人	
节点	节点名称	节点业务操作说明	时长		适用单位	责任部门
1	发现客户信用异常	◆ 客户信用专员应对客户的信用状况进行监督和控制，便于发现客户信用异常信息 ◆ 发现客户信用异常后，客户信用专员应及时将客户的异常状态信息上报给客户信用主管 ◆ 根据客户信用专员上报的客户信用异常信息的严重程度，客户信用主管应上报客服总监	__个工作日		客户服务部	客户服务部
2	确认异常信息	◆ 客服总监应对客户信用主管上报的客户信用异常信息进行审核，确定客户信用是否发生异常，并组织相关人员对客户信用异常进行调查	__个工作日		客户服务部	客户服务部
3	调查异常原因	◆ 客户信用主管应指导客户信用专员开展客户异常调查工作，并对调查工作的开展情况进行监督和控制 ◆ 客户信用专员具体实施客户异常调查工作，并对调查收集到的客户信用异常原因进行汇总，反馈给客户信用主管	__个工作日		客户服务部	客户服务部
4	信用异常分析	◆ 客户信用主管根据客户信用专员反馈的客户信用异常信息进行分析，确定客户信用发生异常的主要原因等	__个工作日		客户服务部	客户服务部
5	是否异常	◆ 根据客户信用异常的主要原因，客户信用主管应确定客户信用异常的程度 ◆ 客户信用等级异常在可接受范围内时，客户信用主管可不予采取相关措施，流程至此结束	__个工作日		客户服务部	客户服务部
6	调整信用等级	◆ 客户信用异常较严重时，客户信用主管应调整客户信用等级，交由客服经理、客服总监进行审核、审批	__个工作日		客户服务部	客户服务部
7	信用等级调整登记	◆ 客户信用等级发生变更后，客户信用主管应做好相应的客户信用等级登记，完善客户管理档案	__个工作日		客户服务部	客户服务部
8	通知客户	◆ 客户信用等级调整完毕后，客户信用主管应将客户信用的变更信息反馈给客户，便于客户提升信用度	__个工作日		客户服务部	客户服务部

4.5　客户信用管理制度

4.5.1　客户资产评估管理制度

制度名称	客户资产评估管理制度		受控状态	
			编　　号	
执行部门		监督部门	编修部门	

第 1 章　总则

第 1 条　为规范公司客户资产评估工作，特制定本制度。

第 2 条　本制度适用于客户资产评估的相关管理工作。

第 3 条　管理职责

1. 客户服务部负责协调与组织客户资产评估管理工作。

2. 财务部、销售部等相关部门协助客户服务部进行客户资产的评估工作。

第 4 条　本制度中所称的“资产评估”是指公司专门机构和人员，依据国家规定和有关资料，遵循适用的原则，选择适当的评估方法，按照法定的程序，对客户资产进行评定和估价的过程。

第 2 章　客户资产评估的原则和前提

第 5 条　了解客户资产评估的原则

1. 独立性原则，一般由第三方执行。

2. 客观性原则，以客户资产的充分事实为依据。

3. 科学性原则，评估的目的、标准、方法准确合理。

4. 专业性原则，由专业技术机构负责。

5. 预测性原则，资产的价值基于对未来收益的期望值。

第 6 条　对客户资产进行评估，需满足以下三个前提条件。前提条件如下。

1. 继续使用假设，是指资产将按现行用途继续使用，或转换用途继续使用。

（1）客户资产能以其提供的服务或用途满足所有者经营上的期望收益。

（2）客户资产所有权明确，并保持完好。

（3）客户资产从经济上、法律上是否允许转作他用。

2. 公开市场假设，是指假定在市场上交易的资产，资产交易双方彼此地位平等，彼此都有获取足够市场信息的机会和时间，以便对资产的功能、用途及其交易价格等作出理智的判断。

3. 清算假设，是指客户在某种压力下被强制进行整体或拆零，经协商或以拍卖方式在公开市场上出售。

第 3 章　客户资产评估实施

第 7 条　客户资产评估机构可通过客户的产权证明、会计报表、合同、协议、各种证件及单据来收集客户资产评估信息。资产评估的信息如下所示。

1. 法律权属资料。有关客户资产权利的法律文件或其他证明。

2. 客户资产状况资料

（1）资产的性质、目前的状况信息。

（2）有关资产的剩余经济寿命和法定寿命信息。

（3）有关资产的适用范围和获利能力的信息。

（4）资产以往的评估及交易情况信息。

（续）

（5）资产转让的可行性信息。

（6）类似资产的市场价格信息。

3. 附加条件。客户承诺的保证、赔偿及其他附加条件。

4. 客户资产前景及状况

（1）可能影响客户资产价值的宏观经济前景信息。

（2）可能影响客户资产价值的行业状况及前景信息。

（3）可能影响客户资产价值的公司状况及前景信息。

5. 其他相关信息。

第 8 条　实施客户资产评估

1. 资产评估机构收集资料后，需进行客户资产评估。客户资产评估的程序如下图所示。

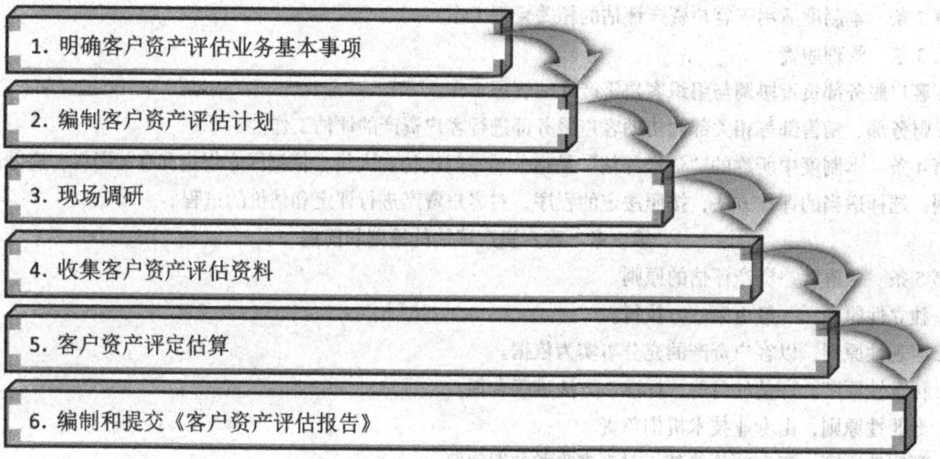
1. 明确客户资产评估业务基本事项
2. 编制客户资产评估计划
3. 现场调研
4. 收集客户资产评估资料
5. 客户资产评定估算
6. 编制和提交《客户资产评估报告》

客户资产评估程序

2. 资产评估机构在进行资产评估时，可根据不同的评估目的和对象，选用一种或几种评估方法。

3. 资产评估方法主要有收益现值法、重叠成本法、实体性贬值、现行市价法和清算价格法。

第 9 条　编制《客户资产评估报告》

客户资产评估机构及人员应根据评估过程中收集到的客户资产资料信息及国家法律相关规定，编制《客户资产评估报告》。《客户资产评估报告》包括评估机构名称、委托单位名称，评估资产的范围、名称和简单说明，评估基准日期、评估原则，评估所依据的法律、法规和政策，评估方法和计价标准、对具体资产评估的说明，评估结论（包括评估价值和有关文字说明）、评估起止日期和评估报告提出日期，评估机构负责人、评估项目负责人签名，以及评估机构公章。

第 10 条　客户资产评估资料存档

客户服务部应将客户资产评估过程中的相关资料进行整理、存档，根据需要进行保密保管。

第 4 章　附则

第 11 条　本制度由客户服务部制定及解释。

第 12 条　本制度上报公司总经理审批后实施。

编制日期		审核日期		批准日期	
修改标记		修改处数		修改日期	

4.5.2　客户信用分析管理制度

制度名称	客户信用分析管理制度			受控状态	
				编　号	
执行部门		监督部门		编修部门	

第 1 章　总则

第 1 条　目的

为了对客户的信用度进行准确分析，进一步了解客户，特制定本制度。

第 2 条　适用范围

本制度适用于客户信用分析管理工作。

第 3 条　职责

1. 客户信用主管负责客户信用分析的协调与组织管理工作。

2. 客户信用专员负责客户信用资料的收集与分析工作。

3. 销售及市场人员负责客户信用调研工作。

4. 公司其他相关部门积极配合客户服务部进行客户信用分析管理工作。

第 4 条　相关说明

1. 本制度所称“信用客户”是指依法经营、诚实守信、具有良好的开发前景和财务能力、经评定取得相应信用等级的客户。

2. 本制度所称“信用不良客户”是指违反公司规定的客户。

第 2 章　客户信用信息的调研与管理

第 5 条　客户信用资料的获取

客户服务部组织市场部、销售部等人员通过与客户的接触获取客户信用资料，具体内容如下图所示。

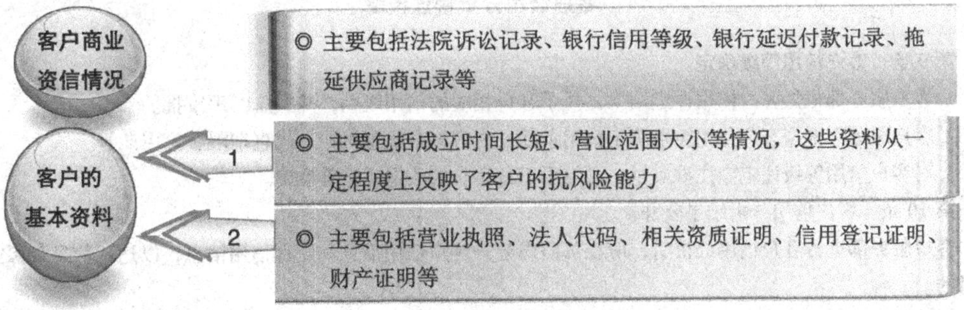
客户商业资信情况
◎ 主要包括法院诉讼记录、银行信用等级、银行延迟付款记录、拖延供应商记录等
客户的基本资料
1
◎ 主要包括成立时间长短、营业范围大小等情况，这些资料从一定程度上反映了客户的抗风险能力
2
◎ 主要包括营业执照、法人代码、相关资质证明、信用登记证明、财产证明等

客户信用资料

第 6 条　客户信用资料整理

1. 客户信用专员负责对客户信用资料进行整理、归类。

2. 客户信用专员应以客户信用数据为基础，为客户建立信用档案，记录客户存续期间的所有信用信息，并对信用信息资料的真实性负责。

第 3 章　客户信用分析

第 7 条　客户信用分析内容

客户服务部对收集整理好的客户信用资料进行分析，具体分析的内容如下所示。

（续）

1. 盈利能力，包括资产收益率、总资产收益率及销售利润率等。

2. 资产运营能力，包括总资产周转率、存货周转率、应收账款周转率等。

3. 偿债能力，包括资产负债率、流动比率、速动比率等。

4. 抗风险能力。成立时间长短、营业范围大小等情况从一定程度上反映了客户的抗风险能力。

第 8 条　客户信用分析管理模型

客户信用分析管理模型如下图所示。

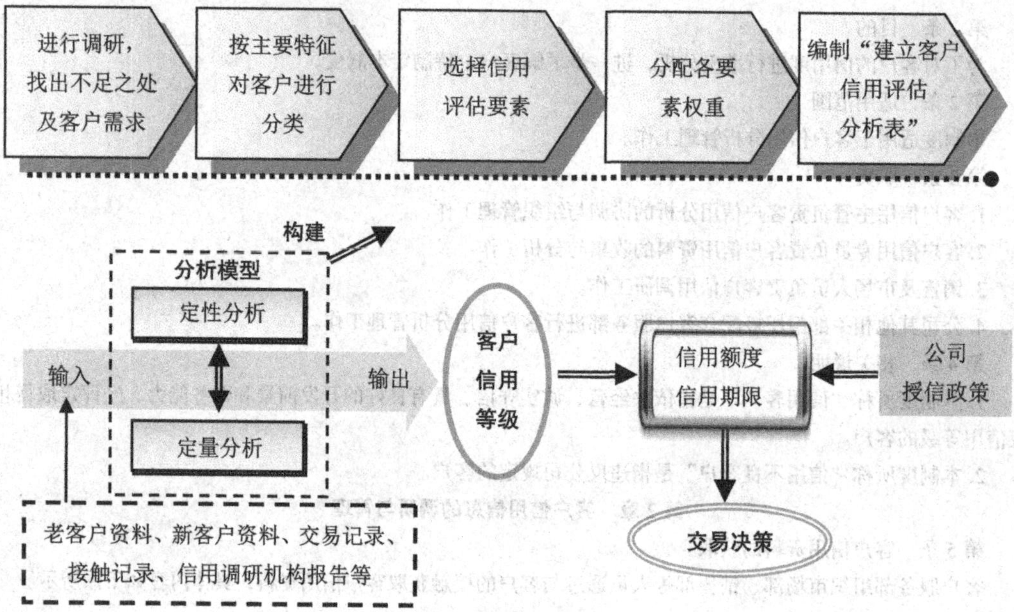
进行调研，找出不足之处及客户需求
按主要特征对客户进行分类
选择信用评估要素
分配各要素权重
编制“建立客户信用评估分析表”
构建
分析模型
定性分析
定量分析
输入
输出
客户信用等级
信用额度
信用期限
公司授信政策
交易决策
老客户资料、新客户资料、交易记录、接触记录、信用调研机构报告等

客户信用分析管理模型

第 9 条　客户信用等级确定

1. 客户服务部根据客户信用评定结果，授予客户相应的信用级别，并报总经理审批。

2. 客户服务部根据客户信用级别确定信用条款，内容包括优惠折扣、优惠期限、信用期等。

3. 对客户信用等级评定应注重质量，对信用不良客户的认定应注重准确。

第 10 条　客户信用分析结果公开

客户服务部进行客户信用分析后，应在部门内公开客户信用信息和不良信用信息，以达到信息资源共享的目的。

第 4 章　附则

第 11 条　本制度由客户服务部起草制定，解释权归客户服务部所有。

第 12 条　本制度经总经理批示后，自下发之日起实施。

编制日期		审核日期		批准日期	
修改标记		修改处数		修改日期	

4.5.3　客户信用评级管理制度

<table>
<tr><td rowspan="2">制度名称</td><td colspan="3" rowspan="2">客户信用评级管理制度</td><td>受控状态</td><td></td></tr>
<tr><td>编　号</td><td></td></tr>
<tr><td>执行部门</td><td></td><td>监督部门</td><td></td><td>编修部门</td><td></td></tr>
</table>

第 1 章　总则

第 1 条　目的

为进一步提高风险预测和控制能力，规范和完善风险评估体系，结合我司业务的实际情况，特制定本制度。

第 2 条　适用范围

本制度适用于公司客户信用评级管理工作。

第 3 条　相关职责

1. 客户服务部负责客户信用资料的收集、整理与分析工作。

2. 风险控制部、财务部等相关部门负责客户信用评级管理工作。

第 2 章　客户信用评定

客户信用评级工作程序分三个阶段，即准备初评阶段、级别审查和审定阶段、级别跟踪监测阶段。

第 4 条　准备初评

1. 业务部门根据客户实际情况，收集、审核客户基础资料和基础数据，对客户进行全面的实地调研。

2. 业务部门应收集客户连续两年以上经审计的年度财务报表及当期财务报表。

3. 企业成立不满两年或不能提供连续两个完整年度财务报表的，应根据企业上年度及当期财务报表数据折算，形成《客户信用等级报告》。

第 5 条　级别审查和审定

风险控制部对业务部报送的客户信用评级初评结果进行审查。在审查过程中，需要进一步了解客户相关情况、补充相关资料的，风险控制部应通过电话调研、实地考察等方式进行调研核实，以保证评定结果的准确性及真实性。风险控制部审查后报公司分管副总、总经理审定。

第 6 条　级别跟踪监测

客户经理应密切关注被评对象的情况，如发现被评对象的内外部因素发生重大变化，以至于现有信用等级需进行调整，客户经理应将情况及时汇报给风险控制部，由风险控制部对客户的信用等级进行调整审查并报请审定。

第 3 章　客户信用等级划分

第 7 条　等级评分说明

客户信用等级评定实行百分制：其中定性指标权重____%；定量指标权重为____%，即信用等级得分 = 定性分析得分 ×____%+ 定量分析得分 ×____%。

第 8 条　等级结果划分

客户信用等级用信用级别表示，分为 AAA 级、AA 级、A 级、B 级、C 级，共 5 级。

第 9 条　等级说明

1. 客户信用等级标准是衡量客户偿还债务能力的相对尺度。

客户信用等级分为 5 个标准，详见下表。

（续）

客户信用等级标准说明表

信用等级	标准分数（单位：分）	信用度
AAA	90 及以上	优秀
AA	80 ~ 89	良好
A	70 ~ 79	较好
B	60 ~ 69	一般
C	50 ~ 59	较差

注：未达到 50 分的不定级

2. 各信用等级级别的一般含义如下所示。

（1）AAA 级，表明客户各项经济指标完成很好，经营管理状况好，经济效益很好，有很强的清偿与支付能力，市场竞争力强，客户信誉度高。

（2）AA 级，表明客户各项经济指标完成良好，经营管理状况较好，经济效益良好，有较强的清偿与支付能力，客户信誉度良好。

（3）A 级，表明客户有一定的经济实力，经营管理状况一般，经济效益不太稳定，有一定的清偿与支付能力，客户信誉度一般。

（4）B 级，表明客户各项经济指标一般，经营管理状况一般，清偿与支付有一定难度，客户信誉存在风险。

（5）C 级，表明客户各项经济指标完成差，经营管理状况差，清偿与支付有很大的难度，客户信誉存在高风险。

第 10 条　出现以下情况之一的企业，直接认定为 C 级以下。

1. 发生了重大损失的事故或重大人事变动，可能或实际已经严重影响企业生存发展和债务清偿能力。

2. 因严重违法违纪受到税务、海关、工商、公安等部门的追究和处罚。

3. 被银监会等权威机构列入“黑名单”或取消有关资格。

4. 因较为严重的不良行为被新闻媒体曝光。

5. 影响公司债权实现的其他情况。

第 4 章　评级实施管理

第 11 条　评级方法说明

各类客户信用等级依照评定指标和计分标准所列指标、内容进行评分，汇总核定后确定不同的信用等级。

第 12 条　评级实施要求

1. 评级小组在进行客户信用评级时，应深入现场调研核实，获取第一手资料，经综合分析评价，如实填写评级表，完整编制信用评级报告，提出信用等级。

2. 初评为 AA 级（含 AA 级）以上的客户，评级小组形成审查意见，报客服总监审批，审批结果归入信用评级管理档案。

3. 其他级别的评级结果，经评级小组审核后直接归入信用评级管理库。

第 13 条　评级时间要求

1. 评级小组每年____月开始对客户进行信用评级，信用评级报告在一个月内完成。

（续）

2. 客户信用等级原则上_____年评定一次，评定的信用等级时效为 24 个月。 第 14 条　信用级别调整 业务部门应加强对客户信用状况的动态监控，客户出现下列情况之一的，应及时按规定调整其信用等级： 1. 行业或经济环境发生变化，对客户发生重大不利变化，下调一个等级； 2. 客户出现重大经营困难或财务困难时； 3. 有必要调整客户信用等级的其他情况。 **第 5 章　评级报告的编写与管理** 第 15 条　评级报告的编写要求 《客户信用等级报告》要清晰地描述客户的基本情况、竞争的优劣势、偿债能力、财务效益情况、营运情况、发展前景、信誉情况等信息。 第 16 条　有效期 《客户信用等级报告》有效期一年，自风险控制部审查后报公司决策部门审定之日算起。 **第 6 章　附则** 第 17 条　本制度由风险控制部负责解释。 第 18 条　本制度自颁布后执行，根据公司业务开展情况予以修订。					
编制日期		审核日期		批准日期	
修改标记		修改处数		修改日期	

4.5.4　信用风险控制管理制度

制度名称	信用风险控制管理制度			受控状态	
				编　　号	
执行部门		监督部门		编修部门	
第 1 章　总则 第 1 条　目的 为了规范公司客户信用风险控制管理工作，在为客户提供良好服务的同时，降低应收账款，减少潜在的坏账损失风险，特制定本制度。 第 2 条　适用范围 本制度适用于客户信用风险的控制管理。 第 3 条　管理职责 1. 客服主管负责客户日常风险的管控工作。 2. 客服经理、总经理负责对客户日常风险管控工作进行监督，并对客户信用风险评估结果进行审批。 第 4 条　术语解释 本制度所指的客户信用风险是指与本公司存在业务关系的客户，其在自身经营过程中由于经营者素质、管理方法、资本运营、生产水平、经营能力等各方面因素造成其在资金支付过程中出现危机，使本公司无法安全回收赊销款项，致使本公司出现损失的可能性。 第 5 条　信用风险的特征 客户信用风险具有以下特征。					

（续）

客观性	◎ 赊销业务将导致信用风险的出现
传染性	◎ 一个或少数客户经营困难或破产就会导致公司信用链条的中断和整个信用秩序的紊乱
可控性	◎ 其风险可以通过控制降到较低水平
周期性	◎ 资金富余时扩大信用额度，利于促进销售；资金紧张时缩减信用额度，可以保障业务的持续经营

客户信用风险的特征

第 2 章　客户信用风险评估

第 6 条　客户信用风险评定指标

1. 客户信用风险等级评定指标由客观评价指标（财务数据、非财务数据）和主观评价指标组成。

2. 其中财务数据指标权重占 50%、非财务数据指标权重占 30%、主观评价指标权重占 20%。

第 7 条　客户信用风险评定方法

各项指标分值为 10 分制，具体评分标准依据“客户信用风险评估表”设定分值参数，客服主管对其评分后将生成“客户信用风险考核分值表”。

第 8 条　客户信用风险等级

1. 客服主管根据“客户信用风险考核分值表”，确定客户信用风险的等级。

2. 客户信用风险级别反映了客户的偿债能力和资产的流动性，其等级由 5 个风险等级构成，即无风险级、低风险级、平均风险级、较高风险和高风险级。

（1）高风险级是指频频拖欠货款或财务状况不良以及那些因利息负担重而偿债能力不断下降的客户。有 30% ~ 40% 的客户属于这一类。

（2）较高风险是指客户出现拖欠货款或财务状况不良、偿债能力下降时的客户。

（3）平均风险级是指财务状况和发展前景一般的客户。

（4）低风险级是指财务状况和发展前景都很好的客户。

（5）无风险级一般是指政府部门、官方组织和那些破产也不会拖欠债务的蓝筹码企业（即信誉和前景十分看好的企业）。这一类客户的数量并不多。

第 3 章　客户信用风险控制

第 9 条　确定信用额度

总经理需依据客服经理上交的“客户信用风险等级评定表”及其附件，评定客户信用风险等级，确定客户的信用额度和信用期限。

第 10 条　信用额度的管理

在日常发货管理过程中，当客户申请发货量超过信用额度时，客服人员应立即与客户联系，要求客户首先归还前期欠款，否则不予发货。

第 11 条　赊销记录管理

1. 客服人员负责编制及维护客户赊销记录

（1）每天，客服人员根据每日销售情况及收款情况对“客户赊销记录表”进行更新。

（续）

（2）每月底，客服人员将客户赊销记录交给客服经理，请其对其负责的客户情况进行确认，并将确认后的客户赊销记录交总经理审阅及签字，签字后的客户赊销记录抄送财务部备案。

2. 总经理每季度对客户信用风险管理档案进行审阅，以确保不会出现错误的档案修改。

第12条 信用风险情况的定期评定

1. 每年年末，根据客户整年度的销售情况、信用额度的使用情况、还款情况，客服主管应该对客户的信用风险等级、信用额度、信用期限进行评定，编制“客户信用风险等级评定表”。

2. 如需调整信用额度，需附相关审批表，对于不良客户，则应将其纳入黑名单。

3.“客户信用风险等级评定表”及黑名单呈财务经理、总经理审阅批准。

第13条 信用额度、信用期限的调整及审批

1. 当客户经营状况、应收账款、资金回笼速度等产生了较大的变化，信用风险评级处在较高风险时，客户服务部可根据实际情况，提出调整客户信用额度及信用期限的申请。

2. 对于调整客户信用额度的申请，应该由客户提出，由客服主管填制“客户信用额度、信用期限调整申请表”，获得客户经理签字后，交财务总监、总经理审批同意后，即可进行调整。

第14条 客户黑名单管理

1. 当客户处于高风险，且无法偿还公司债务时，公司客户服务部应建立并维护公司客户黑名单。

2. 公司应将出现下述情况的客户列入黑名单。

（1）长期拖欠公司货款，要求公司中途给予不合理回款折扣或不按合同要求以实物方式抵消欠款，从而达到拖延付款或减少其债务目的的无赖客户。

（2）面临破产倒闭的客户。

（3）开始以良好的现款采购方式购买企业产品，然后利用企业已经为其建立的良好客户信誉，最后突然以支付有困难等为由，要求企业按赊销方式一次性向其发出大宗货物，从而侵占企业资产的客户。

（4）销售部认定应列入客户黑名单的其他情况。

3. 符合以上条件的客户，客户服务部每月根据情况向财务部作出书面汇报，并由财务经理、总经理审批后，列入黑名单中。

4. 对于被列入黑名单的客户，如果要取消其黑名单，必须在其还清所有欠款后，由客户经理上报财务经理、总经理审批后，可以取消黑名单。取消黑名单的客户在三个月内不能给予授权信用，必须在三个月后并达到授权的标准后才可以重新申请授权信用。

5. 对于被列入黑名单的客户，客户部、财务部应当采取如下措施控制和减少损失。

（1）立即无条件停止批准所有发货，基层客服人员向客户立即收回垫款。

（2）组织专人或公司清欠小组负责催收欠款。

（3）收集有关欠款证据，送交公司法律顾问或向律师咨询有关起诉事宜。

（4）应谨慎考虑或禁止与其关联公司发生业务往来。

第15条 停止赊销管理

属于下列情况之一的客户，均需现款现货交易，不得赊销。

1. 客户信用等级属于3级以上或未进行信用风险等级评定的客户。

2. 新建立业务关系的客户，原则上现款现货交易，如确有必要赊销的，依据客户信用额度、信用期限申请流程办理。

3. 业务往来虽没有突破授信额度，但最近业务中断超过三个月的客户。

4. 应收账款超过规定天数的客户。

5. 已列入黑名单的客户。

6. 有破产、改制、逃避债务迹象的客户。

（续）

7. 公司规定的其他禁止赊销的客户。 第 16 条　保密规定 1. 客户信用风险控制管理相关的所有文件，属公司的商业机密，上述文件仅印发给客户服务部、财务部、总经理。 2. 参与草拟、讨论、印发、使用、保管、回收和销毁者均应遵守保密规定。 3. 任何人不得向客户和竞争对手泄露公司的商业机密。 **第 4 章　附则** 第 17 条　本制度的解释和修改由客户服务部负责，报总经理审批。 第 18 条　本制度自____年__月__日起执行。					
编制日期		审核日期		批准日期	
修改标记		修改处数		修改日期	

4.6　客户信用管理工具

4.6.1　客户信用管理表单

1. 客户资产评估汇总表

项目	账面价值	评估价值	增减值	增值率（%）
资产项目				
1. 流动资产				
2. 非流动资产				
（1）长期应收款				
（2）固定资产				
（3）无形资产				
（4）长期股权投资				
（5）持有至到期投资				
（6）其他非流动资产				
资产总计				
负债项目				
1. 流动负债				
2. 非流动负债				
负债合计				
所有者权益				
净资产（所有者权益）				

2. 客户信用分析评估表

编号：　　　　　　　　　　　　　　　　　　　　　　　　　　　　　　　　　　日期：____年__月__日

客户名称		客户编号		客户类型	
分析评估要素		权重（%）	评价	得分	加权得分
基本要素	注册资金				
	与公司交易年数				
	经营年数				
	管理层能力与可信度				
财务要素	去年营业额				
	履约率				
	超期应收所占比重				
	是否有坏账				
	主营业务收入				
	平均总资产				
	偿债能力				
	经营现金流量				
	流动负债				
	主营收入增长率				
特殊要素	法院公告				
	银行信用记录				
总计		100%	—	—	

4.6.2　签约客户信用调研方案

方案名称	签约客户信用调研方案	编　号	
		受控状态	

一、目的

为加强对签约客户的管理，了解签约客户的信用状况，明确划分客户的信用等级，确保本公司的利益，特制定本方案。

二、适用范围

本方案适用于所有与签约客户的信用调研与管理工作。

三、管理职责

1．客服经理负责对签约客户的信用调研与管理工作进行全面监督和控制，并做好相应的指导和规划工作。

（续）

2．客服调研主管指导客服调研专员做好各项信用调研工作，对客户信用信息进行整理和汇总，并且交客服经理进行审核。

3．客户调研专员负责实施各项信用调研工作，将调研所得信息交由客服调研主管进行汇总、整理，并协助进行调研分析。

四、调研角度

（一）可靠性

签约客户的可靠性调研主要包括以下四个方面。

1．是否正当经营。

2．经营时间的长短。

3．企业性质（独资或合资）。

4．实际负责人及经营实权所属。

（二）可信度

可信度是指签约客户在财务方面的信用状况，主要包括以下两个方面。

1．签约客户以往的付款情况。

2．签约客户是否有过不良信用记录。

（三）经营状态

签约客户的经营状态调研主要包括以下四个方面。

1．现有营业状况。

2．销售能力。

3．营业额的大致范围。

4．付款能力及付款态度。

（四）经营理念

签约客户的经营理念调研主要包括以下四个方面。

1．经营方式。

2．经营态度和观念。

3．敬业程度。

4．是否投资其他行业。

（五）回款率

签约客户的回款率调研，是指调研该客户与本公司的所有交易中是否有欠款等不良记录。

（六）支付能力（还款能力）

签约客户的支付能力（还款能力）调研，是指调研客户支付货款的能力和速度，主要调研指标包括以下三个方面。

1．资产负债力。

2．经营能力。

3．是否有风险经营项目。

五、签约客户信用调研实施

（一）内部调研

内部调研是指本公司借助员工进行调研，或利用新闻报道等材料进行分析。

1．借助客户公司的内部员工进行调研，具体方式可包括以下三种。

（1）委托客户内部员工进行调研。

（续）

（2）利用与客户内部员工交往的机会，了解客户的信用状况。 （3）从公司派出调研小组获取调研资料。 2. 实地调研，即本公司的调研人员通过实地或现场走访的形式进行调研，可用来调研客户公司的办公环境和条件，以及员工的精神面貌、管理者的气质、团队工作氛围等。 3. 查询公共记录，指查询客户公司在法律诉讼、资产抵押、资本营运、收购合并以及上市筹资等方面的事件记录。 4. 分析新闻报道，可通过客户子公司经营不景气的消息判断母公司经营情况，或由某行业大公司经营危机判断客户公司的经营情况。 （二）选择客户信用调研机构 外部调研是指聘请外部的专业机构进行客户公司信用调研，具体方法有聘请金融机构、专业的资信调研机构等。 1. 通过金融机构（银行）掌握客户大概的资信情况。 2. 通过专业资信调研机构调研。 3. 通过客户或同行业组织调研。 **六、信用调研结果处理** （一）信用评分标准 公司主要从以下五个方面对客户信用等级进行评分。 1. 企业要素，主要包括签约客户的整体印象、行业地位、主要负责人的品德、业务关系持续期、合作诚意、员工人数、诉讼记录等，满分为____分。 2. 信用履约情况，主要包括信用履约率、按期履约率、呆坏账记录等，满分为____分。 3. 偿债能力，主要包括应付款周转天数、流动比率、速动比例、资产负债率等，满分为____分。 4. 经营能力，主要包括注册资本、年营业额、营业额增长率等，满分为____分。 5. 盈利能力，主要包括销售毛利率、销售净利润等，满分为____分。 （二）信用等级划分及信用管理 公司应根据签约客户的得分情况计算签约客户的信用得分，根据得分情况确定客户信用等级，具体由高到低为A、B、C、D四个等级。 1. 对于A类签约客户，公司可允许其有一定的赊销额度和回款宽限期，但赊销量以不超过一次进货量为限，回款宽限期可根据实际情况进行确定。 2. 对于B类签约客户，公司应在摸清客户确实准备付款的情况下，再通知公司发货。 3. 对于C类签约客户，公司应严格要求其先付款后发货，并且应想好若该类客户破产倒闭对公司的主要影响以及根据影响制定的补救措施等。此类客户不应作为公司的主要客户，应逐步以信用良好、经营实力强的客户取代。 4. 对于D类签约客户，公司应坚决要求先付款后发货，并在追回前期货款的情况下，逐步淘汰该类客户。

编制人员		审核人员		审批人员	
编制时间		审核时间		审批时间	

4.6.3 客户信用担保书

<table>
<tr><td rowspan="2">文书名称</td><td rowspan="2">客户信用担保书</td><td>编　号</td><td></td></tr>
<tr><td>受控状态</td><td></td></tr>
<tr><td colspan="4">

致________分行：

根据你行与________（下称借款人）在____年____月____日签订的贷款合同向借款人提供____的贷款。现我________（下称担保人）愿意担保：当借款人不论出于什么原因不能按与你行签订的贷款合同规定履行还本、付息及支付有关费用时，担保人愿承担借款人履行上述贷款合同的连带责任。

担保人在此声明和保证：

一、担保人是在________注册登记的经济实体，任何改变担保人本身性质、地位的事件、事项发生或有可能发生时，担保人保证及时通知你行。

二、本项担保金额最高额度为贷款合同中规定的贷款金额即________及由此而产生的利息和有关费用。如你行允许借款人的贷款到期后展期，只要担保金额不超过贷款合同的金额，担保人不会因此而解除或减少担保责任。

三、担保人在收到你行出具的要求担保人履行担保责任的付款通知书后，不管你行是否向借款人追索，保证按付款通知书规定的付款日、付款金额主动、一次性向你行付清全部应付款项。你行出具的付款通知书是终结性的，对借款人和担保人均有约束力。

四、如果担保人未按你行通知规定的期限及金额付款，担保人在此授权你行从担保人开立在你行____的账户中扣收，并可加收逾期息。

五、本担保是一项持续性的担保，只要借款人在贷款合同项下，按有关条款规定承担了任何现在的、将来的或可能发生的债务和责任，担保人就始终承担本担保项下的所有连带责任。你行给予借款人的任何宽限只要不增加担保人的担保金额，担保人在此担保书项下的责任均不会解除或减少。

六、只要不增加担保人的担保金额，本担保人不会因为借款人与你行同意对贷款合同条款的任何修改、补充、删除或因借款人与其他方面签订的任何合同而受影响或失效。

七、如果借款人将财产或权益抵押给担保人，在本担保项下的贷款金额没有全部偿还之前，担保人不会行使有关抵押书项目下的权利，也不会取代你行对借款人的债权人地位。

八、如果借款人破产或与其他公司合并，或更改名称等，并不解除担保人在此信用担保书下的责任。

九、担保人的继承人，包括因改组合并而继承，将受本担保书的约束，并继续承担本担保项下的责任。未得到你行事先书面同意，担保人不会转让其担保义务。

十、你行如将本担保项下的贷款合同的债权转让给他人，并不影响债权人向担保人要求履行担保的责任。

十一、本担保书是无条件不可撤销的担保。担保人与任何其他方面签订的任何合同、协议或契约，均不影响本担保的真实性、有效性和合法性。

担保人名称：____________________

担保人地址：____________________

开户银行证明：____________________

日期：____年____月____日

</td></tr>
</table>

编制人员		审核人员		审批人员	
编制时间		审核时间		审批时间	

第 5 章　客户关系管理

5.1　客户关系职能管理

5.1.1　客户关系管理任务目标

客户关系管理的工作目标包括以下 6 个方面，具体如图 5-1 所示。

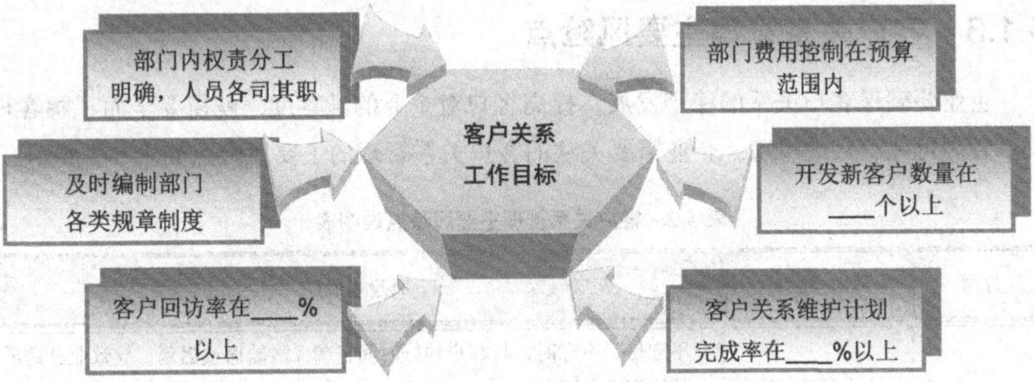
部门内权责分工
明确，人员各司其职
部门费用控制在预算
范围内
客户关系
工作目标
及时编制部门
各类规章制度
开发新客户数量在
____个以上
客户回访率在____%
以上
客户关系维护计划
完成率在____%以上

图 5-1　客户关系工作目标示意图

5.1.2　客户关系管理职能分解

对客户关系部的职能进行分解，可以进一步细化客户关系部的各项职能。客户关系部的职能分解说明如表 5-1 所示。

表 5-1　客户关系职能分解说明表

职能分项	职能细化
1. 客户关系规划管理	制定客户关系维护、改进、客户拜访与回访管理制度等
2. 客户关系计划与协调管理	（1）根据企业经营发展战略制订维护客户关系的各项计划 （2）执行各项计划，保证各类资源的有效整合 （3）以客户关系维护与促进为中心，与各部门保持良好的协作关系
3. 客户接待管理	（1）做好客户接待准备工作，制定客户接待标准和接待流程 （2）制定客户接待方案和接待标准，做好客户接待工作 （3）根据客户的来访要求，作出相应的安排和部署

（续表）

职能分项	职能细化
4. 客户拜访、回访管理	（1）根据客户的销售能力和开发潜力等，充分了解客户的需求 （2）制定客户拜访和回访标准，确保客户拜访和回访工作的顺利开展 （3）通过回访，收集客户对企业产品及服务的各类意见和建议 （4）对客户意见或建议进行整理和分析，制定相应的改进方案，提高客户满意度
5. 客户关系维护、促进管理	（1）评估现有的客户关系，根据评估结果制定相应的客户关系管理方案和改进措施 （2）执行客户关系管理方案和改进措施，对方案和措施的执行过程进行控制监督，保证客户管理方案和改进措施的积极效果
6. 成本费用管理	（1）做好客户关系管理的成本费用预算与核算工作，为成本控制提供依据 （2）制定成本控制改进措施或改进方案，并实施，以便有效控制成本

5.1.3 客户关系管理主要风险点

企业要确保客户关系的稳定发展，提高客户对企业的满意度，就需要全面了解客户关系管理可能存在的风险。企业需要关注的客户关系管理的主要风险点如表 5-2 所示。

表 5-2 客户关系管理主要风险点说明表

序号	风险点名称	风险点说明
风险点 1	客户拜访管理风险	1. 不守信、不守时，与客户约好时间，却无故缺席或迟到，导致业务达成的比例大大降低 2. 拜访时间过长，令客户感到不耐烦，导致与客户的合作失败 3. 仪容不整，给客户留下不好的印象，得不到客户的信任
风险点 2	客户回访管理风险	1. 企业对客户回访工作不重视，也没有对客户回访人员进行业务培训，在回访过程中难以掌握更多、更深入的客户信息 2. 回访客户时，忽视了客户的感受，使得客户感到没有得到尊重 3. 虽然收集了客户反馈的问题，却忘记向客户反馈问题解决进程及结果，使其对回访工作产生抵触，客户回访工作难以开展
风险点 3	客户关系维护风险	1. 客户关系维护理念不正确，只看到自己的利益，忽视了客户的感受，造成客户的大量流失 2. 维护客户关系的激励机制不完善，对客户的维护能力不足，客户流失趋势没有得到扭转 3. 客户关系维护流程不完善，缺少前瞻性的定位，造成客户群体不稳定
风险点 4	客户关系改善风险	1. 企业管理人员对客户关系改善工作不够重视，无法提高客户对企业的满意度和忠诚度 2. 客户关系改善不到位，无法增加客户数量，无法提高公司产品或服务的市场占有率

5.2　客户关系岗位职责

5.2.1　客服经理职责说明

岗位名称	客服经理	所属部门	客户关系部
上　　级	客服总监	下　　级	客户接待、维护主管
职责概述	协助客服总监做好各项客服工作，组织制定本部门各项规章制度，确定客户接待标准，组织分析客户服务管理系统，不断拓展新客户		
工作职责	职责细分		
1. 部门规章制度建设和规划建设	（1）组织编制本部门的各项管理规章制度和规范 （2）监督各项管理规章制度和规范的执行情况，并确保贯彻落实 （3）制定本部门的发展规划，并根据企业条件的变化不断作出调整 （4）组织实施客户关系建立和维护的各项工作		
2. 客户关系管理	（1）组织做好客户的接待工作，特别是大客户的接待工作 （2）组织做好客户的拜访和回访工作，不断发展新客户、巩固老客户 （3）组织制定各项客户关系维护战略，并监督执行 （4）及时向新老客户介绍企业的新产品，巩固客户关系		
3. 管理成本控制	（1）组织编制、审核部门成本费用预算，并监督下属人员严格执行预算方案 （2）组织对部门费用进行定期核算，将核算结果与预算进行对比分析，组织编制改进方案 （3）监督、审批并控制下级的费用支出情况，每月向营销总监提交费用报表		
4. 沟通协调管理	（1）依据管理制度做好与企业其他部门的横向联系，并处理好企业相关部门之间的沟通协调工作 （2）定期向客服总监报告部门管理情况，并定期召开部门工作例会，将企业的政策、策略等信息，快速、清晰、准确地传达给下级人员		
5. 部门人员管理	（1）指导、监督、检查下级的各项工作，掌握其工作情况，并对部门成员进行必要的培训与指导 （2）设计本部门组织结构，并根据实际情况，招聘任免相关业务人员，并对所属员工进行绩效考核 （3）查阅下属人员的工作业绩，并对其升迁调岗等人事变动提出建议		

5.2.2 客户接待主管职责说明

岗位名称	客户接待主管	所属部门	客户关系部
上　　级	客服经理	下　　级	客服接待员
职责概述	协助客服经理做好部门内部的各项日常工作，制定客户接待规章制度，确定客户接待标准，管理客户关系系统		
工作职责	职责细分		
1. 规章制度建设和规划建设	（1）编制本部门的各项接待管理规章制度和规范，并组织实施 （2）监督各项接待规章制度和规范的落实情况 （3）制定客户接待标准，划分各类接待服务等级		
2. 客户接待管理	（1）做好客户的日常接待工作 （2）做好重要客户的来访接待工作，包括接待计划、接待准备、接待人员安排、接待等级和客户送别工作等 （3）记录客户接待过程中的相关信息，便于满足客户需求，为客户提供良好的服务，提高企业的客户服务水平		
3. 接待成本控制	（1）编制客户接待成本费用预算，审核通过后，监督下属人员严格执行预算方案 （2）对接待成本费用进行定期核算，将核算结果与预算进行对比分析，编制成本控制方案，并监督执行 （3）监督并控制下级的接待费用支出情况，定期向上级领导提交费用报表		
4. 沟通协调管理	（1）根据建立客户关系的需要，与企业相关部门做好沟通协调工作 （2）定期向上级领导报告部门接待工作情况，听取上级领导的意见和建议		
5. 下属人员管理	（1）指导、监督、检查下级人员的各项工作，掌握其工作情况，并对其进行培训与指导 （2）对下属人员的工作业绩进行考核		

5.2.3 客户维护主管职责说明

岗位名称	客户维护主管	所属部门	客户关系部
上　　级	客服经理	下　　级	客户关系专员
职责概述	协助客服经理做好部门内部的各项日常工作，制定本部门各项客户关系维护规章制度，制定客户维护方案等		
工作职责	职责细分		
1. 规章制度建设和规划建设	（1）编制本部门的各项客户维护管理规章制度和规范，并组织实施 （2）监督各项客户维护规章制度和规范的落实情况 （3）制定客户维护标准及流程，划分各类服务等级		

（续表）

工作职责	职责细分
2. 客户关系管理	（1）做好客户的拜访和回访工作 （2）制订客户拜访和回访工作计划，做好各项准备工作、人员安排工作等 （3）记录客户拜访和回访过程中的相关问题，便于满足客户需求，为客户提供良好的服务，提高企业的客户服务水平，维护和巩固客户关系 （4）做好客户关系维护与促进的提案管理
3. 管理成本控制	（1）编制客户拜访、回访的成本费用预算，审核通过后，对下属人员执行预算方案的情况进行监督 （2）对客户拜访、回访的成本费用进行定期核算，将核算结果与预算进行对比分析，编制成本控制方案，并监督执行 （3）监督并控制下级的接待费用支出情况，定期向上级领导提交费用报表
4. 沟通协调管理	（1）为了维护客户关系，与企业相关部门做好沟通协调工作 （2）定期向上级领导报告部门客户拜访和回访工作进展，听取上级领导的意见和建议
5. 下属人员管理	（1）指导、监督、检查下级人员的各项工作，掌握其工作情况，并对其进行培训与指导 （2）对下属人员的工作业绩进行考核

5.2.4　客户关系专员职位说明

岗位名称	客户关系专员	所属部门	客户关系部
上　　级	客户维护主管	下　　级	
职责概述	协助客户维护主管做好各项客户关系维护工作		

工作职责	职责细分
1. 规章制度建设	（1）执行本部门各项客户关系管理规章制度和规范 （2）收集制度和规范存在的不合理之处，为制度的合理性提供依据
2. 客户关系管理	（1）协助上级主管处理客户提出的一般性问题和要求 （2）收集客户关系信息，并录入客户关系资料，完善客户关系系统 （3）对客户进行拜访和回访，实施客户的满意度调查 （4）完善客户提案工作机制，对客户提案进行汇总、分析和整理
3. 客户关系维护成本控制	（1）编制“接待费用申请表”，交客户维护主管审查 （2）定期汇总各项接待费用，将汇总结果与预算成本进行对比分析，查找偏差原因
4. 沟通协调管理	（1）为了维护客户关系，与企业相关部门做好沟通协调工作 （2）定期向上级领导报告客户接待工作情况，听取上级领导的指导意见

5.3 客户关系岗位考核量表

5.3.1 客服经理考核量表

考核项目	指标名称	权重	指标说明及考核标准	得分
部门计划管理	部门各类计划完成率	10%	1. 部门各类计划完成率 = $\frac{\text{实际完成的部门计划数量}}{\text{部门计划总数量}}\times 100\%$ 2. 考核期内，目标值为____%；指标值每减少____个百分点，该项扣____分；指标值低于____%，该项不得分	
制度建设及管理	制度完整性	5%	考核期内，指标值为____个，指标值每减少____个，该项扣____分，指标值低于____个，该项不得分	
	制度推行率	5%	1. 制度推行率 = $\frac{\text{已推行的制度数量}}{\text{期内制度推行总量}}\times 100\%$ 2. 考核期内，目标值为____%，每减少____个百分点，该项扣____分，指标值低于____%，该项不得分	
客户关系管理	客户投诉率	10%	1. 客户投诉率 = $\frac{\text{客户投诉的次数}}{\text{客户服务的总次数}}\times 100\%$ 2. 考核期内，目标值为____%；指标值每增加____个百分点，该项扣____分；指标值高于____%，该项不得分	
	客户回访率	10%	1. 客户回访率 = $\frac{\text{实际回访的客户数量}}{\text{计划回访的总数量}}\times 100\%$ 2. 考核期内，目标值为____%；指标值每减少____个百分点，该项扣____分；指标值低于____%，该项不得分	
	客户拜访率	10%	1. 客户拜访率 = $\frac{\text{实际拜访的客户数量}}{\text{计划拜访的客户总数量}}\times 100\%$ 2. 考核期内，目标值为____%；指标值每减少____个百分点，该项扣____分；指标值低于____%，该项不得分	
	新客户发展数量	10%	1. 在考核期内发展的新客户的数量 2. 考核期内，新客户的数量不得少于____个；每较指标值少____个，该项扣____分；指标值低于____个，该项不得分	
	部门协作满意度	10%	1. 协作部门对本部门的合作满意度评分的算术平均数 2. 考核期内，指标值不得低于____分，每降低____分，该项扣____分；指标值低于____分，该项不得分	
	客户满意度	10%	1. 客户对本部门的合作满意度评分的算术平均数 2. 考核期内，指标值不得低于____分，每降低____分，该项扣____分；指标值低于____分，该项不得分	

（续表）

考核项目	指标名称	权重	指标说明及考核标准	得分
部门费用控制	客户关系管理成本费用预算差异率	10%	1. 客户关系管理成本费用预算差异率＝$\left\| 1-\frac{\text{费用实际客户关系管理成本}}{\text{费用预算客户关系管理成本}}\times 100\% \right\|$ 2. 考核期内，目标值为____%；指标值每增加____个百分点，该项扣____分；指标值高于____%，该项不得分	
人员管理	核心员工保有率	10%	1. 核心成员保有率＝$\frac{\text{部门中未流失的核心成员数量}}{\text{核心人员总量}}\times 100\%$ 2. 考核期内，目标值为____%；指标值每减少____个百分点，该项扣____分；指标值低于____%，该项不得分	

5.3.2 客户接待主管考核量表

考核项目	指标名称	权重	指标说明及考核标准	得分
接待计划管理	客户接待计划及时编制率	15%	1. 客户接待计划及时编制率＝$\frac{\text{及时编制的客户接待计划数量}}{\text{客户接待计划的总数量}}\times 100\%$ 2. 考核期内，目标值为____%，每减少____个百分点，该项扣____分，指标值低于____%，该项不得分	
制度建设及管理	制度完整性	5%	考核期内，指标值为____个，指标值每减少____个，该项扣____分，指标值低于____个，该项不得分	
	制度推行率	10%	1. 制度推行率＝$\frac{\text{已推行的制度数量}}{\text{期内制度推行总量}}\times 100\%$ 2. 考核期内，目标值为____%，每减少____个百分点，该项扣____分，指标值低于____%，该项不得分	
客户接待管理	客户投诉率	10%	1. 客户投诉率＝$\frac{\text{客户投诉的次数}}{\text{客户服务的总次数}}\times 100\%$ 2. 考核期内，目标值为____%；指标值每增加____个百分点，该项扣____分；指标值高于____%，该项不得分	
	客户接待任务完成率	20%	1. 客户接待任务完成率＝$\frac{\text{已完成的接待任务数量}}{\text{接待任务的总数量}}\times 100\%$ 2. 考核期内，目标值为____%；指标值每减少____个百分点，该项扣____分；指标值低于____%，该项不得分	
	新客户发展数量	10%	1. 考核期内发展的新客户的数量 2. 考核期内，新客户的数量不得少于____个；每较指标值少____个，该项扣____分；指标值低于____个，该项不得分	

（续表）

考核项目	指标名称	权重	指标说明及考核标准	得分
客户接待管理	部门协作满意度	10%	1. 协作部门对本部门的合作满意度评分的算术平均数 2. 考核期内，指标值不得低于____分，每降低____分，该项扣____分；指标值低于____分，该项不得分	
	客户满意度	10%	1. 客户对本部门的合作满意度评分的算术平均数 2. 考核期内，指标值不得低于____分，每降低____分，该项扣____分；指标值低于____分，该项不得分	
部门费用控制	客户接待成本费用预算差异率	10%	1. 接待成本费用预算差异率 = $\left(1-\dfrac{\text{实际客户接待成本费用}}{\text{预算客户接待成本费用}}\right)\times 100\%$ 2. 考核期内，目标值为____%；指标值每增加____个百分点，该项扣____分；指标值高于____%，该项不得分	

5.3.3 客户维护主管考核量表

考核项目	指标名称	权重	指标说明及考核标准	得分
客户关系维护计划管理	客户关系维护计划完成率	5%	1. 客户关系维护计划完成率 = $\dfrac{\text{实际完成的接待计划数量}}{\text{接待计划总数量}}\times 100\%$ 2. 考核期内，目标值为____%；指标值每减少____个百分点，该项扣____分；指标值低于____%，该项不得分	
客户关系维护制度管理	制度完整性	5%	考核期内，指标值为____个，指标值每减少____个，该项扣____分，指标值低于____个，该项不得分	
	制度推行率	5%	1. 制度推行率 = $\dfrac{\text{已推行的制度数量}}{\text{期内制度推行总量}}\times 100\%$ 2. 考核期内，目标值为____%，每减少____个百分点，该项扣____分，指标值低于____%，该项不得分	
客户维护管理	客户投诉率	15%	1. 客户投诉率 = $\dfrac{\text{客户投诉的次数}}{\text{客户服务的总次数}}\times 100\%$ 2. 考核期内，目标值为____%；指标值每增加____个百分点，该项扣____分；指标值高于____%，该项不得分	
	客户回访率	15%	1. 客户回访率 = $\dfrac{\text{已回访的客户数量}}{\text{回访的总数量}}\times 100\%$ 2. 考核期内，目标值为____%；指标值每减少____个百分点，该项扣____分；指标值低于____%，该项不得分	

（续表）

考核项目	指标名称	权重	指标说明及考核标准	得分
客户维护管理	客户拜访率	15%	1. 客户拜访率 = $\frac{\text{已拜访的客户数量}}{\text{需要进行拜访的客户总数量}} \times 100\%$ 2. 考核期内，目标值为____%；指标值每减少____个百分点，该项扣____分；指标值低于____%，该项不得分	
	发展新客户	15%	1. 在一定时期内发展的新客户的数量 2. 考核期内，新客户的数量不得少于____个；每较指标值少____个，该项扣____分；指标值低于____个，该项不得分	
	大客户维护方案通过率	5%	1. 大客户维护方案通过率 = $\frac{\text{已通过的方案数量}}{\text{制定的大客户维护方案总数量}} \times 100\%$ 2. 考核期内，目标值为____%；指标值每减少____个百分点，该项扣____分；指标值低于____%，该项不得分	
	客户满意度	10%	1. 客户对本部门的合作满意度评分的算术平均数 2. 考核期内，指标值不得低于____分，每降低____分，该项扣____分；指标值低于____分，该项不得分	
部门费用控制	客户维护成本费用预算达成率	10%	1. 某一时期实际发生费用与预算费用控制标准之差，再与维护成本预算费用控制标准的比值 2. 考核期内，目标值为____%；指标值每减少____个百分点，该项扣____分；指标值低于____%，该项不得分	

5.3.4 客户关系专员考核量表

考核项目	指标名称	权重	指标说明及考核标准	得分
客户关系维护计划管理	客户关系维护计划率	15%	1. 客户关系维护计划率 = $\frac{\text{制订客户关系维护计划的次数}}{\text{客户关系维护的总次数}} \times 100\%$ 2. 考核期内，目标值为____%；指标值每减少____个百分点，该项扣____分；指标值低于____%，该项不得分	
	客户关系维护计划达成率	15%	1. 客户关系维护计划达成率 = $\frac{\text{实际完成的客户维护计划数量}}{\text{客户维护计划总数量}} \times 100\%$ 2. 考核期内，目标值为____%；指标值每减少____个百分点，该项扣____分；指标值低于____%，该项不得分	

（续表）

考核项目	指标名称	权重	指标说明及考核标准	得分
制度执行	制度完整性	5%	考核期内，指标值为____个，指标值每减少____个，该项扣____分，指标值低于____个，该项不得分	
	制度推行率	5%	1. 制度推行率 = $\frac{\text{已推行的制度数量}}{\text{期内制度推行总量}} \times 100\%$ 2. 考核期内，目标值为____%，每减少____个百分点，该项扣____分，指标值低于____%，该项不得分	
客户关系管理	客户投诉率	15%	1. 客户投诉率 = $\frac{\text{客户投诉的次数}}{\text{客户服务的总次数}} \times 100\%$ 2. 考核期内，目标值为____%；指标值每增加____个百分点，该项扣____分；指标值高于____%，该项不得分	
	客户回访率	15%	1. 客户回访率 = $\frac{\text{已回访的客户数量}}{\text{回访的总数量}} \times 100\%$ 2. 考核期内，目标值为____%；指标值每减少____个百分点，该项扣____分；指标值低于____%，该项不得分	
	客户拜访率	15%	1. 客户拜访率 = $\frac{\text{已拜访的客户数量}}{\text{需要进行拜访的客户总数量}} \times 100\%$ 2. 考核期内，目标值为____%；指标值每减少____个百分点，该项扣____分；指标值低于____%，该项不得分	
	客户满意度	15%	1. 客户对本部门的合作满意度评分的算术平均数 2. 考核期内，指标值不得低于____分，每降低____分，该项扣____分；指标值低于____分，该项不得分	

5.4　客户关系管理流程与节点说明

5.4.1　客户拜访工作流程与节点说明

1. 客户拜访工作流程

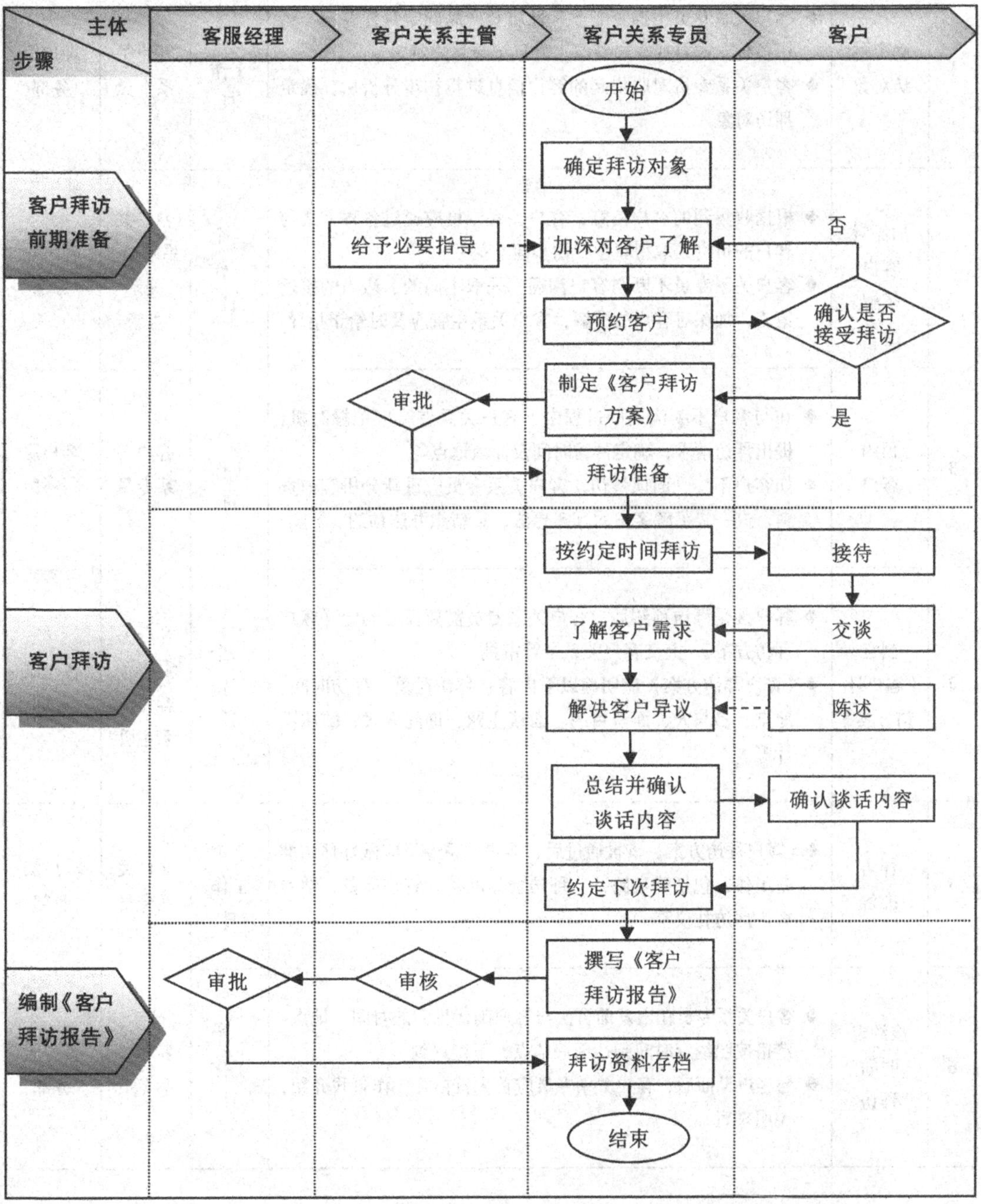
主体
步骤
客服经理
客户关系主管
客户关系专员
客户
客户拜访
前期准备
开始
确定拜访对象
给予必要指导
加深对客户了解
否
预约客户
确认是否
接受拜访
审批
制定《客户拜访
方案》
是
拜访准备
客户拜访
按约定时间拜访
接待
了解客户需求
交谈
解决客户异议
陈述
总结并确认
谈话内容
确认谈话内容
约定下次拜访
编制《客户
拜访报告》
审批
审核
撰写《客户
拜访报告》
拜访资料存档
结束

2. 流程节点说明

文件名称		客户拜访工作业务节点说明	版本号		页　数	
文件编号			编制人		审批人	
节点	节点名称	节点业务操作说明		时长	适用单位	责任部门
1	确定拜访对象	◆ 客户关系专员根据企业业务性质及产品确定目标客户，运用各种方式寻找客户资源，并且记录客户资料 ◆ 客户关系专员对收集到的客户信息进行初步分析后，确定拜访对象		一个工作日	客户关系专员	客户服务部
2	加深对客户了解	◆ 根据收集到的客户信息，客户关系专员应通过各种方式与客户的负责人取得联系，初步建立关系 ◆ 客户关系专员不断与客户沟通，采取不同的、适当的接近策略，加深对客户的了解，客户关系主管应及时给予指导		一个工作日	客户关系专员、关系主管	客户服务部
3	预约客户	◆ 在与客户不断沟通的过程中，客户关系专员应把握时机，提出拜访请求，确定拜访时间及面谈地点等 ◆ 如客户不接受面谈拜访，客户关系专员应重新分析客户资料，进一步了解客户的真实想法，重新想办法预约		一个工作日	客户关系专员	客户服务部
4	制定《客户拜访方案》	◆ 客户接受拜访预约后，客户关系专员需要及时制定《客户拜访方案》，上交客户关系主管审批 ◆《客户拜访方案》应明确以下内容：拜访对象、拜访时间、地点、参与人、面谈目的、面谈主题、询问方式、破冰设计等		一个工作日	客户关系专员、客户关系主管	客户服务部
5	拜访准备	◆《客户拜访方案》审批通过后，客户关系专员应做好拜访准备工作，包括确定路线、拜访物品准备、着装准备、学习客户拜访礼仪等		一个工作日	客户关系专员	客户服务部
6	按约定时间拜访	◆ 客户关系专员在出发前再次与客户确认见面的时间、地点，严格按照约定时间到达面谈地点，不得迟到 ◆ 与客户见面后，客户关系专员应首先打招呼，作自我介绍，说明来意		一个工作日	客户关系专员	客户服务部

（续表）

节点	节点名称	节点业务操作说明	时长	适用单位	责任部门
7	了解客户需求	◆ 会谈进入正题后，客户关系专员应按照谈话准备首先告知客户己方的服务范围、收费标准、运作优势，让客户充分了解自己及自己的企业 ◆ 客户关系专员需要通过询问、倾听等方式了解客户的真实想法、需求以及当前状况	__个工作日	客户关系专员	客户服务部
8	解决客户异议	◆ 客户关系专员应认真倾听客户的有关疑惑及异议，并使用专业知识作出解答和说明	__个工作日	客户关系专员	客户服务部
9	总结并确认谈话内容	◆ 客户关系专员应根据面谈的情况、客户的表现及态度，适时结束谈话 ◆ 结束谈话前，客户关系专员应总结此次面谈的主要内容及客户需求，经客户确认后，做好记录 ◆ 如有必要，此次面谈结束前，客户关系专员应与客户确定下次拜访时间及地点 ◆ 与客户告别时，客户关系专员应注意告别礼仪，给客户留下良好印象，为再次见面或沟通做好铺垫	__个工作日	客户关系专员	客户服务部
10	撰写《客户拜访报告》	◆ 面谈结束后，客户关系专员应及时总结此次拜访活动，查找不足之处，总结经验教训，撰写《客户拜访报告》，列明拜访结果，上交领导审批	__个工作日	客户关系专员、客服经理	客户服务部
11	拜访资料存档	◆ 客户关系专员须将客户资料及拜访有关资料归档保存，确保企业信息资料得到妥善保存	__个工作日	客户关系专员	客户服务部

5.4.2 客户接待工作流程与节点说明

1. 客户接待工作流程

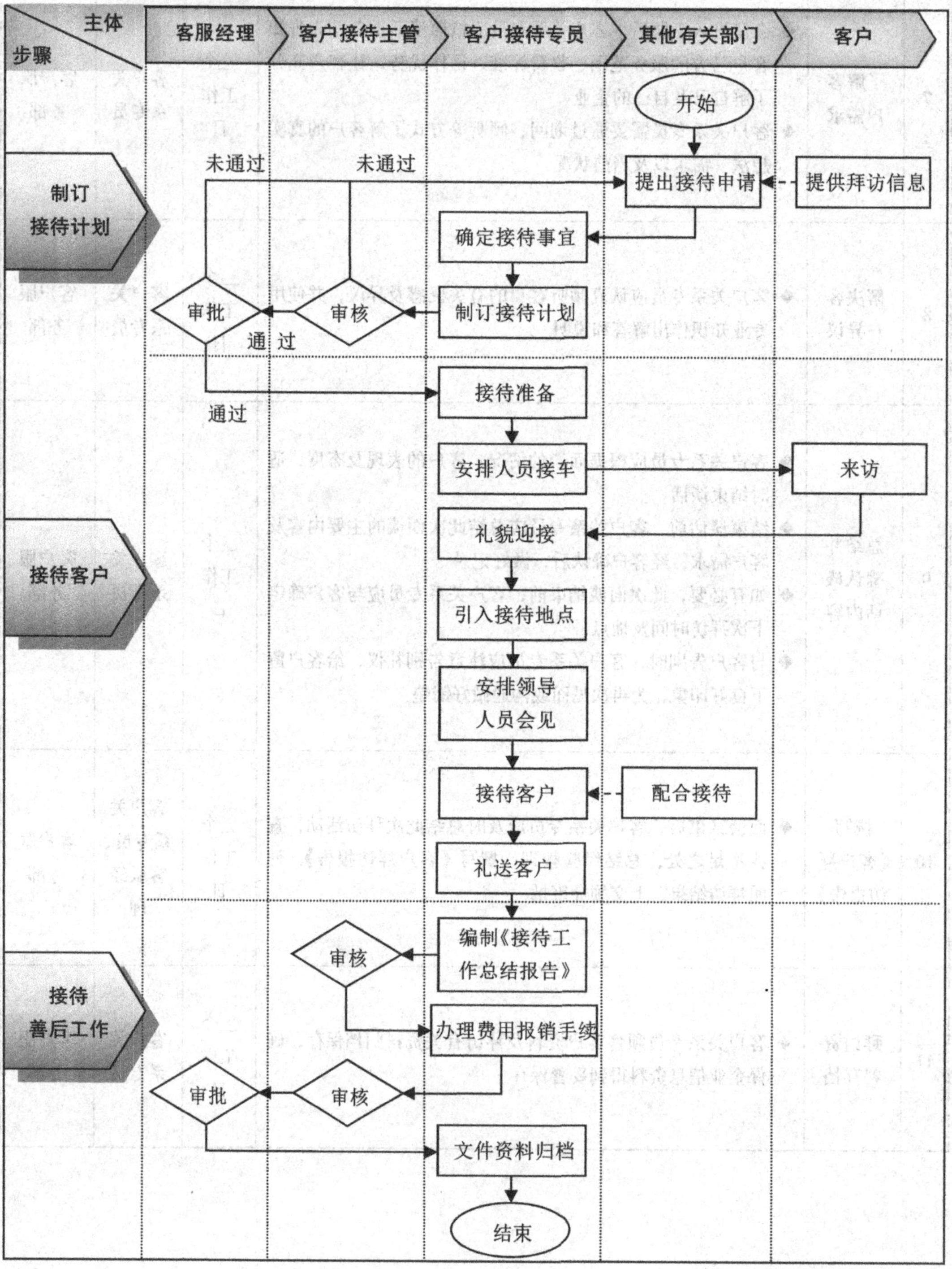
主体
步骤
客服经理
客户接待主管
客户接待专员
其他有关部门
客户
制订
接待计划
接待客户
接待
善后工作
开始
未通过
未通过
提出接待申请
提供拜访信息
确定接待事宜
审批
审核
制订接待计划
通过
通过
接待准备
安排人员接车
来访
礼貌迎接
引入接待地点
安排领导
人员会见
接待客户
配合接待
礼送客户
编制《接待工作总结报告》
审核
办理费用报销手续
审批
审核
文件资料归档
结束

2. 流程节点说明

文件名称		客户接待工作业务节点说明	版本号		页 数	
文件编号			编制人		审批人	
节点	节点名称	节点业务操作说明		时长	适用单位	责任部门
1	提出接待申请	◆ 因为工作需要，企业相关部门在收到客户拜访申请或需主动邀请客户来访时，可根据实际需要向客户服务部提出接待申请 ◆ 接待申请上须列明客户名称、来宾职务、来访具体时间、随行人数、来访目的和有关要求等		一个工作日	其他有关部门	客户服务部
2	确定接待事宜	◆ 客户关系专员受理接待申请后，应及时与提出申请人员核对来访人员的基本情况，确定接待有关事宜，包括来宾职务、来访具体时间、随行人数、本地逗留日期、目的和要求等		一个工作日	客户接待专员	客户服务部
3	制订接待计划	◆ 接待事宜确定以后，客户接待专员需要根据有关信息制订接待计划，列明接车（机）时间、接车（机）人员、接待安排、接待预算等内容，上交客户接待主管及客服经理审批		一个工作日	客户接待专员、客户接待主管	客户服务部
4	接待准备	◆ 接待计划审批通过后，客户接待专员需组织有关工作人员做好接待准备工作 ◆ 接待准备工作包括安排会场花卉、水果、茶叶、音响设备、投影设备、领导席签、横幅、欢迎牌、指示牌、安排礼仪人员，如有必要，则邀请新闻媒体，草拟新闻通稿，安排摄影摄像等		一个工作日	客户接待专员	客户服务部
5	礼貌迎接	◆ 在客户即将到达企业前，客户接待专员需提前一个小时打电话确认客户抵达现场时间和迎接地点，并告知接待人员提前十五分钟在指定地点接客户上车 ◆ 接车人员回来后，客户接待专员须组织礼仪人员按照有关礼仪规范迎接来访人员		一个工作日	客户接待专员	客户服务部

（续表）

节点	节点名称	节点业务操作说明	时长	适用单位	责任部门
6	安排领导人员会见	◆ 接待人员将来访客户迎入安排好的会场后，事先安排的有关领导人员须及时迎接、会见 ◆ 安排领导人员会见需注意，如果在接待过程中需要请相关部门领导人员协助或出席，需提前通知相关人员，以便其做好工作安排	一个工作日	客户接待专员	客户服务部
7	接待客户	◆ 企业有关领导在与来访客户会见洽谈时，接待人员要尽可能全程跟进，或定时去会场了解来访客户的各项需求和疑问，及时协调或解决	一个工作日	客户接待专员、其他人员	客户服务部
8	礼送客户	◆ 客户结束拜访后，接待人员应遵照有关礼仪规范送别客户 ◆ 如客户需要订返程车（机）票，接待人员需要提前确认并预订	一个工作日	客户接待专员、参与接待人员	客户服务部
9	编制《接待工作总结报告》	◆ 送别来访客户后，客户接待专员需要根据接待过程记录及实际接待状况编制《接待工作总结报告》，报客户接待主管审核，为之后的接待工作积累经验教训	一个工作日	客户接待专员、客户接待主管	客户服务部
10	办理费用报销手续	◆ 送别客户后，客户接待专员需尽快将接待工作有关票据报账核销借款，并向后勤人员退还用品，进行销账处理	一个工作日	客户接待专员、客服经理	客户服务部
11	文件资料归档	◆ 客户接待专员须将来访客户资料及接待有关资料归档保存，确保企业信息资料得到妥善保存	一个工作日	客户接待专员	客户服务部

5.4.3 客户招待管理流程与节点说明

1. 客户招待管理流程

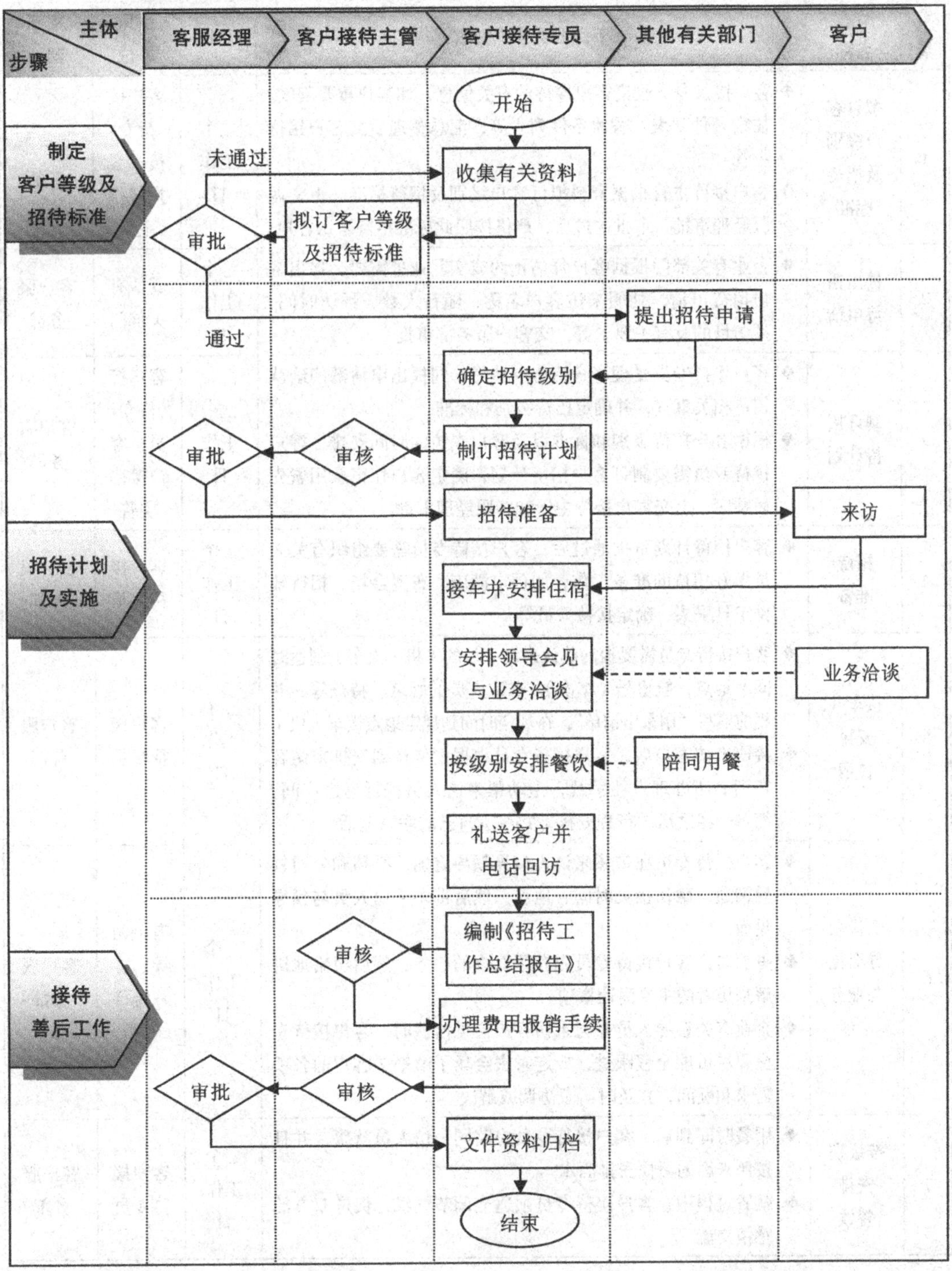
主体
步骤
客服经理
客户接待主管
客户接待专员
其他有关部门
客户
制定客户等级及招待标准
招待计划及实施
接待善后工作
开始
收集有关资料
未通过
拟订客户等级及招待标准
审批
通过
提出招待申请
确定招待级别
制订招待计划
审核
审批
招待准备
来访
接车并安排住宿
安排领导会见与业务洽谈
业务洽谈
按级别安排餐饮
陪同用餐
礼送客户并电话回访
编制《招待工作总结报告》
审核
办理费用报销手续
审核
审批
文件资料归档
结束

2. 流程节点说明

文件名称		客户招待管理业务节点说明	版本号		页　数	
文件编号			编制人		审批人	
节点	节点名称	节点业务操作说明	时长	适用单位	责任部门	
1	拟订客户级别及招待标准	◆ 客户接待专员收集客户接待的有关信息，如客户重要程度、住宿条件列表、餐饮条件列表等，汇总整理后交客户接待主管 ◆ 客户接待主管根据资料拟订客户级别及招待标准，上交客服经理审批，审批通过后，严格按照此标准招待来访客户	__个工作日	客户接待专员、客户接待主管	客户服务部	
2	提出招待申请	◆ 企业有关部门根据客户拜访预约或实际业务需要，提出客户招待申请，列明来访客户名称、随行人数、拜访时间、拜访目的及有关要求等，交客户服务部审批	__个工作日	其他有关部门	客户服务部	
3	制订招待计划	◆ 客户接待专员受理客户招待申请后，同提出申请部门确认招待相关事宜，并确定招待级别和标准 ◆ 根据客户招待级别和标准以及客户来访的时间安排，客户接待专员需要制订客户招待计划，确定客户住宿及用餐先后顺序，上交客户接待主管和客服经理审批	__个工作日	客户接待专员、客户接待主管	客户服务部	
4	招待准备	◆ 客户招待计划审批通过后，客户接待专员需要组织有关人员做好招待的准备工作，如预定酒店、布置会场、招待辅助工具采买、确定接待人员等	__个工作日	客户接待专员	客户服务部	
5	接车并安排住宿	◆ 客户接待专员需要提前确认来访人员的飞机（火车）到达时间及地点，航班号（车次），来访人员的姓名、特征等，并提前填写“用车申请单”，在规定时间到规定地点接车（机） ◆ 接回来访客户后，客户接待专员根据招待计划安排来访客户到酒店办理入住手续，主动帮来访人员提行李进房间，简单介绍之后的行程安排，并留下自己的联系电话	__个工作日	客户接待专员	客户服务部	
6	安排领导会见与业务洽谈	◆ 客户接待专员在带领来访人员见领导之前，必须和公司领导沟通，确认接见时间、地点，然后带领来访人员与领导见面 ◆ 见面时，客户接待专员先介绍双方的职务，然后粗略地讲解来访者的主要商谈事项 ◆ 企业有关领导人员在与来访客户会见洽谈时，客户接待专员要尽可能全程跟进，或定时去会场了解来访客户的各项需求和疑问，并及时给予协调或解决	__个工作日	有关领导、客户接待专员	客户服务部	
7	按级别安排餐饮	◆ 用餐时间到后，客户接待专员应陪同来访人员就餐，并且按照来客的习惯安排酒水 ◆ 就餐过程中，客户接待专员须适当调节气氛，促进双方的感情交流	__个工作日	客户接待专员	客户服务部	

（续表）

节点	节点名称	节点业务操作说明	时长	适用单位	责任部门
8	礼送客户并电话回访	◆ 业务洽谈完成，客户拜访结束后，客户接待专员应陪同送车，送车时，须等到来访人员离开自己的视线范围以后，才能离开 ◆ 客户接待专员按来访人员返程的航班号（车次），估算他们到达的时间，适时去电咨询接待工作的情况，了解客户对公司的产品和企业形象等方面的意见，并作记录	一个工作日	客户接待专员	客户服务部
9	编制《招待工作总结报告》	◆ 根据招待过程记录及电话回访记录，客户接待专员须及时编制《招待工作总结报告》，找出亮点，发现不足，并列明改进意见及措施，上报客户接待主管审批 ◆ 审批通过后，客户接待主管应组织落实招待工作改进措施，并严格监督落实情况	一个工作日	客户接待专员	客户服务部
10	办理费用报销手续	◆ 送别客户后，客户接待专员需尽快将接待工作有关票据报账核销借款，并向后勤人员退还用品，进行销账处理	一个工作日	客户接待专员	客户服务部

5.5 客户关系管理制度

5.5.1 客户拜访规范管理制度

<table>
<tr><td rowspan="2">制度名称</td><td rowspan="2" colspan="3">客户拜访规范管理制度</td><td>受控状态</td><td></td></tr>
<tr><td>编　　号</td><td></td></tr>
<tr><td>执行部门</td><td></td><td>监督部门</td><td></td><td>编修部门</td><td></td></tr>
<tr><td colspan="6">

第1章　总则

第1条　目的

为了规范客户拜访工作程序，加强企业与客户的关系，提高公司形象与服务水平，特制定本制度。

第2条　适用范围

本制度适用于公司已有客户或潜在客户的拜访管理工作。

第3条　拜访客户的基本任务

1. 了解客户需求。

2. 维护、增进公司与客户的关系。

3. 解决公司与客户之间的矛盾。

4. 收集客户信息，随时了解客户情况，监控客户关系动态。

5. 为客户的疑难技术问题等提供指导和帮助。

</td></tr>
</table>

（续）

<table><tr><td>

第 2 章　拜访前准备工作规范

第 4 条　客户服务部制订客户拜访计划，规范每个客户关系专员的拜访区域。

第 5 条　客户关系专员明确本次拜访的目的，确定拜访目标。

第 6 条　客户关系专员掌握拜访客户技巧，以专业的方法开展拜访工作。

第 7 条　客户关系专员熟悉公司当月的销售政策与促销活动措施。

第 8 条　客户关系专员整理好个人形象，以良好的个人形象向客户展示品牌形象和公司形象。

第 9 条　客户关系专员必须带全必备的拜访工具，主要包括以下几个方面。

1. 公司宣传资料、个人名片、笔记本、笔。

2. 客户信息一览表、宣传品、馈赠礼品、客户记录工具等。

第 10 条　拜访前，客户关系专员需要了解客户以下基本情况。

1. 客户的名称、负责人，接待者的职务、姓名。

2. 接受拜访者的性格、爱好和固有观念。

3. 客户对自己目前的需求和存在的问题的认识。

4. 客户的其他相关情况。

第 3 章　客户拜访工作规范

第 11 条　客户拜访流程规范

客户关系专员在执行客户拜访工作的过程中，应当按照以下步骤执行。

1. 客户关系专员按照约定的时间、地点对客户实施拜访，首先进行自我介绍并说明拜访目的。

2. 介绍本公司的产品或服务，通过各种沟通技巧了解客户对本公司产品的态度和需求，及时记录客户对公司的意见和建议。介绍公司产品或服务时，主要对以下内容进行介绍及说明。

（1）介绍公司信息：让客户了解公司的情况、最近的动态，向客户描述公司的发展前景，有助于帮助客户树立对公司的信心。

（2）介绍活动信息：向客户介绍公司的成功经验、向客户介绍公司的优惠政策。

（3）介绍产品信息：如产品的特色、功能等。

（4）介绍竞争对手信息：向客户了解竞争对手的情况，并向客户说明本公司的优点。

3. 对客户提出的需求或沟通过程中发现的问题提出解决办法，并向客户提供现场指导或帮助。对于不能现场解决的问题，应向客户说明，并承诺解决时间。

4. 对于客户的异议，应调查其产生原因，并进行详细记录。对于可以解释清楚的问题，应现场作出解释。

5. 根据情况赠送礼品，以加强与客户之间的关系。

第 12 条　客户拜访礼仪规范

客户关系专员在拜访客户时，应遵守如下礼仪规范。

1. 拜访客户必须守时，尽量提前 5 分钟到达约定地点。

2. 敲门时，要用食指敲门、力度适中，间隔有序地敲三下，等待回音。如无应声，可稍加力度，再敲三下；如有应声，则侧身立于右门框一侧，待门开时再向前迈半步，与开门者相对。

3. 拜访过程中，始终保持自信，面带微笑，主动与客户打招呼。

4. 进门后，客户不让座时不可随便坐下；客户让座之后，要说声“谢谢”，然后采用合适的坐姿坐下。

5. 沟通时，态度应诚实大方，避免傲慢、慌乱、卑屈、冷漠等不良态度。

6. 未受客户邀请，不可随意取用客户物品或进行参观。

7. 起身告辞时，要因打扰对方工作而向客户表示歉意。出门后，要主动伸手与客户握别，并请客户留步、挥手致意，说“再见”。

</td></tr></table>

（续）

第 4 章　客户拜访结束的相关工作规范 第 13 条　拜访客户结束后，客户关系专员应及时填写《拜访报告》及“拜访客户记录卡”，并落实对客户的承诺。 第 14 条　客户关系专员在落实对客户的承诺后，应及时进行客户回访，加深客户对本公司、客服人员的印象，提升客户对本公司的满意度。 **第 5 章　附则** 第 15 条　本制度由客户服务部负责制定、修订和补充。 第 16 条　本制度报总经理审批后执行。					
编制日期		审核日期		批准日期	
修改标记		修改处数		修改日期	

5.5.2　物流客户回访管理制度

制度名称	物流客户回访管理制度			受控状态	
				编　　号	
执行部门		监督部门		编修部门	

第 1 章　总则

第 1 条　目的

为了及时掌握本公司物流服务的真实情况，了解客户对本公司提供的相关服务的满意程度，加强对客户回访工作的管理，特制定本制度。

第 2 条　适用范围

本制度适用于公司的客户回访管理工作。

第 3 条　客户回访基本程序

客户回访工作严格按照以下程序进行。

1. 调取回访客户资料
2. 制订客户回访工作计划。
3. 实施回访工作。
4. 记录整理回访过程内容。
5. 编制《客户回访工作报告》。

第 2 章　职责分工

第 4 条　客服经理职责

客户服务部经理应指导、监督、检查下级的客户回访工作，掌握其工作情况，并对部门成员进行必要的培训与指导。

第 5 条　客服主管职责

客服主管需组织相关人员参与客户回访工作，并定期收集回访过程中的相关信息，以便了解客户需求，为客户提供更好的服务，提高公司的客户服务水平。

第 6 条　客户回访人员职责

客户回访人员主要为部门专员级别人员，负责调取所要回访客户的资料，并根据回访客户资料制订客户回访工作计划（包括回访目的、回访方式、回访时间和回访内容等），在权责范围内执行客户回访工作。

（续）

第 3 章　客户回访工作实施程序与规范

第 7 条　调取客户资料

1. 客户回访人员根据公司客户资料库和客户回访的相关规定，对客户信息进行分析。

2. 回访人员调取客户资料，筛选并确定需要回访的客户名单。

3. 客户回访人员根据客户资料确定回访目的。

第 8 条　制订回访计划

客户回访人员根据客户资料制订客户回访计划，包括客户回访的大概时间、回访目的、回访内容等，并根据公司业务情况结合客户特点选择适当的回访方式。

第 9 条　客户回访准备

客户回访人员根据客户回访计划准备相关资料，包括客户基本情况（姓名、联系方式等）、客户回访工作的相关记录和客户特殊需求等。

第 10 条　回访实施管理

客户回访主要有电话回访和现场回访两种形式。

1. 电话回访工作实施过程包括以下四点。

（1）回访时间：物流业务结束 7 天内。

（2）回访内容：了解客户对本次业务来往及提供的服务的满意程度。

（3）回访对象：客户方的负责人。

（4）回访具体措施：将回访结果填入已购客户数据库相应栏目，对于客户提出相关意见进行统计上报。

2. 现场回访工作实施过程包括以下五点。

（1）现场回访对象：大客户、电话回访时存在不能解决的问题的客户，主要回访客户方的负责人。

（2）回访时间规定：对大客户每年至少进行两次现场回访，对于特大型客户每个季度进行一次现场回访。不能通过电话回访解决问题的客户，原则上客户服务主管人员接到报告后即应着手安排现场回访。

（3）回访内容：详细了解服务满意度，了解客户的新需求和建议，寻求新的合作机会，沟通与巩固客户关系。

（4）回访的措施：将回访结果填入“客户回访记录表”中，并存档。

（5）每次回访后，回访人员要在“客户回访记录表”上签字。

第 11 条　编制《客户回访工作报告》

客户回访工作人员在作完客户回访工作后，整理相关回访资料，及时编制《客户回访工作报告》，“客户回访报告表”的具体形式及内容如下表所示。

客户回访报告表

编号：　　　　　　　　　　　　　　　　　　　　　　　填表日期：____年__月__日

客户姓名		回访时间		回访地点	
回访人员		回访方式		客户联系方式	
客户基本信息					
本公司业务优势					
客户近期物流需求情况					
客户建议					
备注					

（续）

第12条 回访结果处理

负责客户回访的相关责任人应作好客户回访结果的处理工作，具体包括以下三方面内容。

1. 对于回访中发现的问题要及时处理，原则上谁的问题谁负责处理。

2. 对于回访效果好的人员，公司要及时给予表扬，并作为年度表彰或晋级的依据。

3. 对于回访效果不好的人员，公司将视情况给予批评，对问题严重者进行罚款处罚。

第4章 附则

第13条 本制度由客户服务部制定，并保留对制度的解释权和修订权。

第14条 本制度自颁布之日起实施。

编制日期		审核日期		批准日期	
修改标记		修改处数		修改日期	

5.5.3 客户接待礼仪管理规范

制度名称	客户接待礼仪管理规范		受控状态	
			编　　号	
执行部门		监督部门	编修部门	

第1条 目的

为了规范客户接待人员的接待礼仪，提高客户服务人员的个人素质，更好地为客户提供服务，维护公司良好形象，特制定本规范。

第2条 适用范围

本规范适用于所有客户接待人员，包括面谈接待及电话接待人员。

第3条 穿着礼仪规范

公司客户接待人员应穿着公司统一制服，并随时注意自己的着装是否整洁。

第4条 倾听礼仪规范

1. 客户接待人员应利用各种语言或非语言的方式表示正在认真倾听客户讲话。

2. 客户接待人员不可随意打断客户讲话，要了解客户所表达的意思，找到谈话重点并适时作出反馈。

第5条 记录礼仪规范

随时记录客户谈话要点，体现对客户意见的重视和尊重，并鼓励客户继续谈话。

第6条 引见礼仪规范

针对不同情况，引见的前后顺序不同，具体礼仪规范如下表所示。

客户引见礼仪规范

引见情况	礼仪规范
职位的高低不同	◆ 首先将职位低的人介绍给职位高的人，然后将高职位的人介绍给低职位的人
不同年龄的人	◆ 首先将年少的人介绍给年长的人，然后才将年长者介绍给年少的人
其中有自己公司的人	◆ 首先将自己公司的人介绍给公司以外的人认识

（续）

（续表）

引见情况	礼仪规范
男性与女性	◆ 一般来说，先将男性介绍给女性，但如果男性的年龄较长或职位较高，则刚好相反
地位与年龄相仿的人	◆ 接待人员将与自己较熟的一方介绍给不太认识的对方
要求介绍的人	◆ 首先介绍那位要求介绍的人
客户人员众多	◆ 按职位高低，依次介绍来客

第 7 条　交换名片礼仪规范

1. 事前的准备

（1）前往会客室接见客人时，客户接待人员应携带足够的、干净的新名片。

（2）应把名片存放在名片夹内，禁止直接把名片放在上衣的口袋内或裤袋中。

2. 交换名片时的礼仪

（1）双手食指和拇指执名片的两角，以文字正面朝上，一边作自我介绍，一边递过名片。

（2）对方递过来的名片，应该用双手接过以示尊重和理解。

（3）对方人数较多时，应该从领导开始交换名片。

3. 事后的整理

当会客完毕送走客人后，返回自己座位，将刚才的名片拿出来整理后，再保存下来。

第 8 条　引领客户礼仪规范

场所的不同，引领访客时的要点也不同，具体如下表所示。

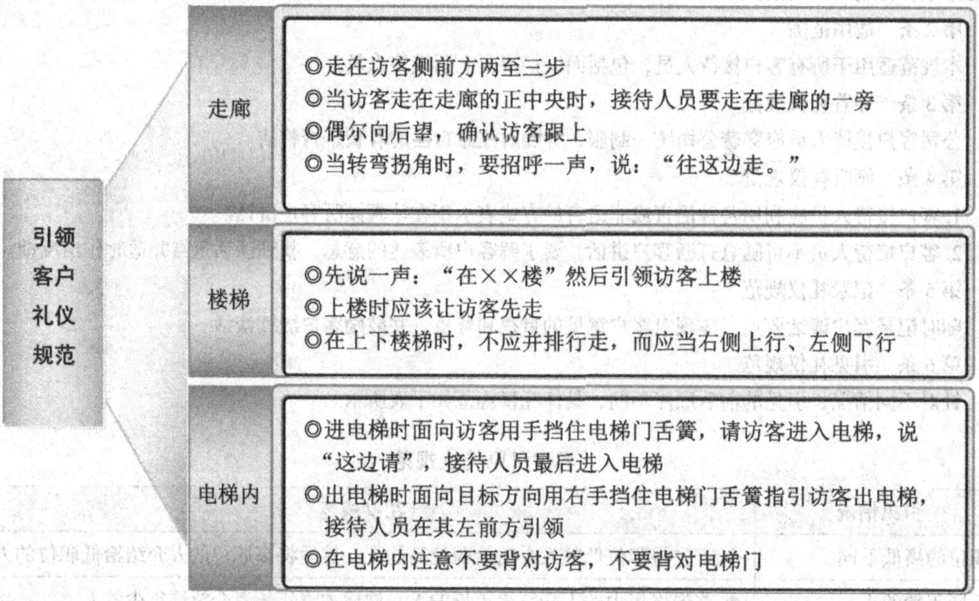
引领客户礼仪规范
走廊
◎走在访客侧前方两至三步
◎当访客走在走廊的正中央时，接待人员要走在走廊的一旁
◎偶尔向后望，确认访客跟上
◎当转弯拐角时，要招呼一声，说：“往这边走。”
楼梯
◎先说一声：“在××楼”然后引领访客上楼
◎上楼时应该让访客先走
◎在上下楼梯时，不应并排行走，而应当右侧上行、左侧下行
电梯内
◎进电梯时面向访客用手挡住电梯门舌簧，请访客进入电梯，说“这边请”，接待人员最后进入电梯
◎出电梯时面向目标方向用右手挡住电梯门舌簧指引访客出电梯，接待人员在其左前方引领
◎在电梯内注意不要背对访客，不要背对电梯门

引领客户礼仪规范

（续）

<table>
<tr><td colspan="6">第 9 条　送别礼仪规范
1. 送别时，客户接待人员主动安排交通工具，并陪同客户前往车站、码头或机场。
2. 临别时，客户接待人员应真诚感谢客户来访，与客户握手道别后挥手示意直至客户离开。
第 10 条　电话礼仪规范
1. 使用电话标准用语，如“您好，我是 × ×”“多谢，再见”“您随时可以联系我，再见”等。
2. 电话接待时姿势端正、面带微笑、态度热情、落落大方。
3. 电话谈论的内容要长话短说，音调、语速以对方能听清为准，必要时要给对方留出记录的时间，对关键内容应该要求对方重复以便确认。
4. 结束通话时，一般情况下应等客户先挂断电话，本公司接待人员再放下电话。
5. 断线发生后，客户接待人员应立即重新拨打。
6. 不得使用口头语、命令式语句，不得与客户争吵。
7. 无紧急情况，不得在他人休息时打电话，更不得在公共场所高声、长时间通话。
第 11 条　其他礼仪规范
1. 客户接待人员应尊重不同国家和民族来宾的风俗习惯和礼节。
2. 因故未能按约定接待客户的，客户服务部应尽早通知对方，并以适当方式致歉。
第 12 条　本规范由客户服务部负责制定、解释及修订。
第 13 条　本规范由客户服务部经理签字审批，自下发之日起执行。</td></tr>
<tr><td>编制日期</td><td></td><td>审核日期</td><td></td><td>批准日期</td><td></td></tr>
<tr><td>修改标记</td><td></td><td>修改处数</td><td></td><td>修改日期</td><td></td></tr>
</table>

5.5.4　客户招待费用管理制度

<table>
<tr><td rowspan="2">制度名称</td><td colspan="3" rowspan="2">客户招待费用管理制度</td><td>受控状态</td><td></td></tr>
<tr><td>编　号</td><td></td></tr>
<tr><td>执行部门</td><td></td><td>监督部门</td><td></td><td>编修部门</td><td></td></tr>
<tr><td colspan="6">第 1 章　总则
第 1 条　目的
为规范公司客户招待费用管理工作，节约招待开支，提高经营效益，特制定本制度。
第 2 条　适用范围
客户服务部有关客户的招待费用一律按本制度规定执行。
第 2 章　总则
第 3 条　基本原则
客户服务部既要以适量、节俭为原则，对客户的招待用餐进行管理，又要使客户感觉受到了热情、周到的餐饮招待服务。
第 4 条　接待过程中的客餐，应按规定安排份餐，特殊情况需要宴请时，须经客户服务部经理批准。
第 5 条　客户服务部经理出面接待的客人，由专门的客户接待专员负责客户接待工作的具体安排，包括订餐规格、陪餐人数等方面的安排。</td></tr>
</table>

（续）

第 6 条　由客户服务部接待的客人进餐时，客户服务部经理一般不陪同，特殊情况需要客户服务部经理作陪时，其费用仍由客户服务部负责结算。

第 3 章　标准

第 7 条　客户服务部宴请重要客户的标准（中、西餐采用同一标准）。

1. 由客户服务部经理出面举办的宴请，可到公司指定的 ××× 餐厅举行，每人每餐控制在 150 元～200 元。

2. 由客户服务部相关人员出面举办的宴请，每人每餐控制在 100 元之内，特殊情况可到公司指定的 ××× 餐厅举行。

3. 冷餐、酒会、茶会的招待标准，每人每次的费用标准分别为 100 元、85 元、60 元。

4. 客户服务部相关人员组织客户到郊区参观、游览，需要在外用餐时，每人每餐控制在 75 元以内。

5. 客户服务部宴请重要客户时，所花费的酒、饮料、水果等费用，不得超过全部费用的 1/3。

6. 客户服务部陪餐人员一般不得超过客户人数。客户在 5 人以下的，陪餐人员不得超过 3 人，客户在 10 人以内的，陪餐人员不得超过 5 人。

第 8 条　客户服务部宴请一般客户的标准。

1. 客户服务部经理出面举办的宴请，每人每餐控制在 100 元以内，遇到特殊情况，可到公司指定的 ××× 餐厅就餐。

2. 客户服务部相关人员组织客户到郊区参观、游览，需要在外用餐，每人每餐控制在 60 元～75 元。

3. 客户服务部相关人员出面举办的宴请，每人每餐控制在 50 元～55 元。

4. 客户服务部宴请一般客户时，所花费的酒、饮料、水果等费用可参照宴请重要客户时的标准灵活掌握。

5. 宴请客户时，客户服务部陪餐人数可参照宴请重要客户时的标准灵活掌握。

第 4 章　招待客户用餐的程序及核算

第 9 条　招待客户用餐的程序

1. 客户服务部安排客户招待用餐时，必须报客户服务部经理批准。

2. 客户服务部相关人员应提前将招待客户用餐的安排报告送交客户服务部经理审批。报告中，要列明招待客户单位、时间、标准、人数及餐厅名称。

3. 经客户服务部经理批准后，在公司食堂里招待一般客户用餐时，直接到客户服务部领取餐券用餐。

4. 在紧急情况下，客户服务人员可口头请示客户服务部经理，同意后先用餐，再补办手续。

第 10 条　客户招待用餐后的核算

1. 所有客户招待用餐和饮料的费用，客户服务部经理须及时注明并签字。

2. 客户接待用餐统一按照客户服务部经理批示的标准进行安排。

3. 每月底接待餐厅报来的客户招待用餐费用，须经客户服务部审核后报财务部结算。

4. 未办理客餐审批手续而自行安排的客餐，若不补办手续，财务部不予报销。

第 5 章　附则

第 11 条　本制度未尽事项，请参照相关规定执行。

第 12 条　本制度由客户服务部负责制定、修订和补充，并呈报公司总经理审批。

第 13 条　本制度自颁布之日起执行。

编制日期		审核日期		批准日期	
修改标记		修改处数		修改日期	

5.6　客户关系管理工具

5.6.1　客户关系管理表单

1. 客户回访记录表

编号：　　　　　　　　　　　　　　　　　　　　　　　　填表时间：____年____月____日

<table>
<tr><td>回访日期</td><td></td><td>回访客户</td><td></td><td>回访人</td><td></td></tr>
<tr><td>回访要点</td><td colspan="5"></td></tr>
<tr><td>满意度</td><td colspan="5">□ 满意　□ 较满意　□ 一般　□ 不太满意　□ 不满意</td></tr>
<tr><td rowspan="2">访问记录</td><td colspan="2">客户意见与要求</td><td colspan="2">对策与建议</td><td>备注</td></tr>
<tr><td colspan="2"></td><td colspan="2"></td><td></td></tr>
<tr><td rowspan="2">客户签字</td><td colspan="2" rowspan="2"></td><td colspan="2">主管领导意见</td><td></td></tr>
<tr><td colspan="2">审核日期</td><td></td></tr>
</table>

2. 招待费用报销表

编号：　　　　　　　　　　　　　　　　　　　　　　　　填表日期：____年____月____日

<table>
<tr><td>姓　名</td><td colspan="2"></td><td>职务</td><td colspan="2"></td><td rowspan="2">招待事由</td><td colspan="7" rowspan="2"></td><td rowspan="9">附件
张</td></tr>
<tr><td>部　门</td><td colspan="5"></td></tr>
<tr><td>招待对象</td><td></td><td colspan="2">招待人数</td><td colspan="3">客人__人，陪同__人</td><td colspan="2">备注</td><td colspan="5"></td></tr>
<tr><td rowspan="2">日　期</td><td rowspan="2">招待地点</td><td rowspan="2">餐饮费</td><td rowspan="2">住宿费</td><td rowspan="2">礼品
礼金</td><td rowspan="2">其他
费用</td><td colspan="8">金额合计（单位：元）</td></tr>
<tr><td>十</td><td>万</td><td>千</td><td>百</td><td>十</td><td>元</td><td>角</td><td>分</td></tr>
<tr><td></td><td></td><td></td><td></td><td></td><td></td><td></td><td></td><td></td><td></td><td></td><td></td><td></td><td></td></tr>
<tr><td></td><td></td><td></td><td></td><td></td><td></td><td></td><td></td><td></td><td></td><td></td><td></td><td></td><td></td></tr>
<tr><td></td><td></td><td></td><td></td><td></td><td></td><td></td><td></td><td></td><td></td><td></td><td></td><td></td><td></td></tr>
<tr><td>金额
（大写）</td><td colspan="4"></td><td>合计</td><td></td><td></td><td></td><td></td><td></td><td></td><td></td><td></td></tr>
<tr><td colspan="2">财务审批</td><td colspan="2">部门主管审批</td><td colspan="2">财务复核</td><td colspan="2">部门经理审核</td><td colspan="3">经办人签名</td><td colspan="4">报销人签名</td></tr>
<tr><td colspan="2"></td><td colspan="2"></td><td colspan="2"></td><td colspan="2"></td><td colspan="3"></td><td colspan="4"></td></tr>
</table>

5.6.2 重点客户接待管理方案

方案名称	重点客户接待管理方案	编　号	
		受控状态	

一、目的

为规范公司的重要客户接待工作，出色完成每一次重要客户的接待任务，提高公司的社会地位和社会影响力，特制定本方案。

二、重点客户范围

本公司的重要客户主要包括以下四类客户，具体如下图所示。

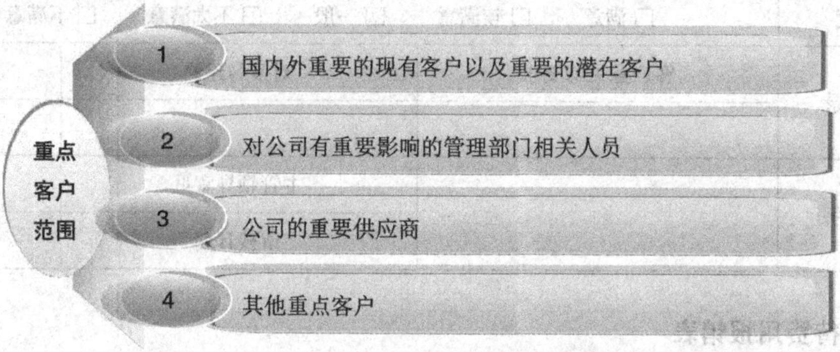

重点客户范围
1
国内外重要的现有客户以及重要的潜在客户
2
对公司有重要影响的管理部门相关人员
3
公司的重要供应商
4
其他重点客户

重点客户范围界定图

三、职责权限

1. 客服总监

客服总监负责接待重点客户。

2. 其他部门人员

客户服务部、营销部等其他相关部门配合客服总监完成接待任务。

四、接待程序

重点客户接待工作需严格按照以下程序进行，具体如下图所示。

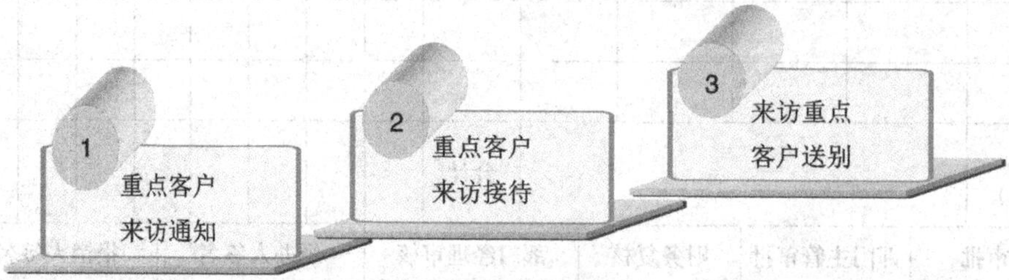

1
重点客户来访通知
2
重点客户来访接待
3
来访重点客户送别

重点客户接待程序

五、重点客户接待管理

（一）重点客户来访通知

1. 安保人员询问访客的来访理由，确认后及时通知客户服务部接待人员。

（续）

2. 公司本着礼貌、热情的原则接待来公司考察、洽谈、验收等事项的重点客户，重点客户接待工作须由客服主管事先安排，如有重要接待可提前通知客服总监、客户服务部经理，并统一安排接待。

3. 客户服务部接待人员需礼貌问询，根据公司来客进行分类，以确定是否重要，如为重点客户，须通知客户服务部接待中心做好接待准备，并报告客服总监。

（二）重点客户来访接待

1. 客服总监收到重点客户来访通知后，应立即赶往客户服务部接待中心进行接待，并根据重点客户的来访事由，通知相应的部门负责人以及公司相关领导。

2. 客户服务部接待中心根据重点客户来访日程预定返程车（船、飞机）票，并安排相应的食宿。对于重点客户的接待，公司客户服务部接待中心规定的接待费用标准如下表所示。

重点客户接待费用标准

接待项目	标准	费用
早餐		元/餐
午餐		元/餐
晚餐		元/餐
住宿		元/晚

3. 相关部门负责人与重点客户进行工作洽谈，洽谈完毕后，如重点客户提出参观公司的要求，客服总监应请示总经理，得到总经理批准后，由客服总监以及相关业务部门负责人陪同参观。

（三）送别来访的重点客户

重点客户接待工作结束后，相关接待人员（客服总监、相关业务部门负责人）礼貌相送，并根据公司的相关规定配车送站。

编制人员		审核人员		审批人员	
编制时间		审核时间		审批时间	

5.6.3 客户拜访计划书

文书名称	客户拜访计划书	编 号	
		受控状态	

一、目的

为达到以下6个目的，特制定本计划书。

1. 调查研究市场状况。
2. 了解竞争对手。
3. 加强与客户关系。
4. 开发新客户。
5. 推广新产品。
6. 提高本公司产品的覆盖率。

（续）

二、拜访时间

本次拜访计划开始时间为____年____月____日，结束时间为____年____月____日，共计____天。

三、管理职责

1. 客户服务部经理，负责客户拜访工作计划的审批工作。

2. 客户主管共____人，制订客户拜访工作计划，做好各项准备工作、人员安排工作等。

3. 客户关系专员____人，主要负责拜访客户，实施客户的满意度调研。

四、拜访对象

1. 业务往来客户。

2. 目标客户。

3. 潜在客户。

五、拜访前的工作准备

1. 确定拜访对象

在本次客户拜访工作开始前，拜访人员必须明确所要拜访的对象，是上述拜访对象中的哪类客户。

2. 编写拜访费用预算

拜访人员要编制客户拜访相关成本费用预算，做好拜访相关费用支出的申请工作，申请审核通过后，严格执行预算方案，并及时对成本费用进行定期核算。

3. 事先与拜访单位联系

对需要拜访的分销商，拜访人员应提前两天进行电话预约，并在电话中明确到达时间。推广、终端人员进行分销终端检查时，不需要进行提前预约。

4. 确定拜访内容

拜访人员需提前一天查看拜访记录，了解前次拜访情况，对于前次拜访及近期承诺要解决的事宜必须在拜访时予以回复，并准备好本次拜访所需的物品及相关材料。

六、客户拜访要求

1. 拜访人员须带好拜访物品与相关资料，准时到达预约地点（或提前 5 到 10 分钟到达）。

2. 保持自信，先自我介绍、递送名片，不要慌张，要对客户保持微笑。

3. 与客户保持有效沟通，拉近客户与公司之间的距离，妥善解决客户与公司之间的矛盾。

4. 拜访时，若拜访场合不止一个人，拜访人员对于在场的每个人都应表示尊重，可以说句“初次见面，请多关照”之类的客气话。拜访人员要简明扼要地介绍本公司产品的经营范围和优势，并在经过对方许可的前提下当场作演示，现场得到对方对产品的直接态度。在了解客户需求的基础上，发现问题，耐心指导，并作好服务工作。

5. 在谈话期间，客户拜访人员应作好相应的拜访记录工作，记录的具体内容如下表所示。

客户拜访记录表

编号：　　　　　　　　　　　　　　　　　　　　　　　　填表日期：____年__月__日

客户公司名称		客户公司地址	
拜访人		拜访日期	
拜访目的	（项目跟踪、合作回访、顺道拜访等）		

（续）

（续表）

客户公司概况	（客户公司性质、规模、行业、产品、产品性质、市场影响力、主要竞争对手、购销存流程等情况）		
公司类型		注册资本	
业务联系人		联系电话	
达成的意向			
客户对我公司产品的反馈意见			
下次拜访计划			

七、拜访工作注意事项

1. 服装仪容、言行举止要体现本公司的形象。

2. 与客户尽可能建立一定程度的私人友谊，使其成为核心客户。

3. 拜访过程中可以赠送物品及进行一些应酬活动（需提前申请）。

4. 拜访若是出差行为，须按相关规定管理。

八、拜访工作总结

客户拜访工作结束后，拜访人员需补充完善的客户信息档案，总结本次拜访工作的得失，写出拜访工作总结、下次拜访工作注意事项等，上交客户主管审核，审核通过后由客户主管安排后续拜访工作事宜。

编制人员		**审核人员**		**审批人员**	
编制时间		**审核时间**		**审批时间**	

第 6 章　客户抱怨与投诉管理

6.1　客户抱怨与投诉职能管理

6.1.1　客户抱怨与投诉任务目标

客户抱怨与投诉管理工作的目标包括以下 6 个方面，具体如图 6-1 所示。

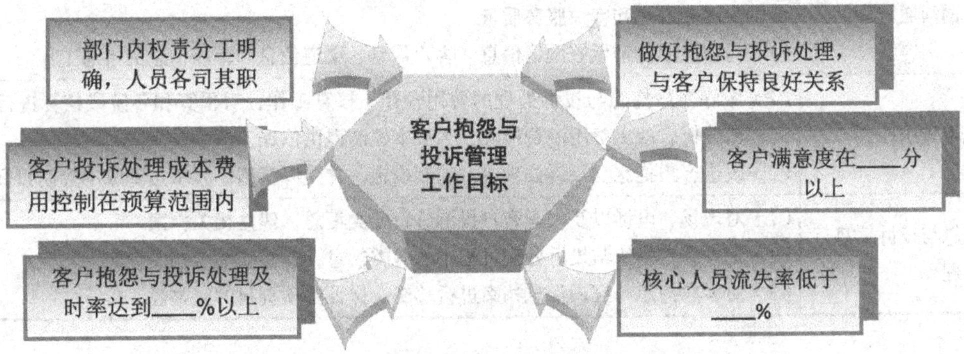

部门内权责分工明确，人员各司其职
做好抱怨与投诉处理，与客户保持良好关系
客户抱怨与投诉管理工作目标
客户投诉处理成本费用控制在预算范围内
客户满意度在____分以上
客户抱怨与投诉处理及时率达到____%以上
核心人员流失率低于____%

图 6-1　客户抱怨与投诉管理工作目标示意图

6.1.2　客户抱怨与投诉职能分解

对客户抱怨与投诉的职能进行分解，可以细化客户抱怨与投诉的各项职能。客户抱怨与投诉的职能分解说明如表 6-1 所示。

表 6-1　客户抱怨与投诉职能分解说明表

职能分项	职能细化
1. 客户抱怨与投诉规划管理	（1）制订部门工作计划，分配客户抱怨与投诉处理业务的各项资源 （2）以客户抱怨与投诉处理为中心，协调做好客户抱怨与投诉处理业务的规划工作 （3）建立健全各项管理制度和规章，不断完善客户管理体系和抱怨与投诉处理程序
2. 客户抱怨与投诉处理	（1）做好客户抱怨与投诉问题定位工作，对客户抱怨与投诉问题进行调研，界定问题性质 （2）分析客户抱怨与投诉的主要原因和主要问题，制定客户抱怨与投诉处理方案，保证处理方案既能满足客户的基本需要，又符合企业发展战略需要

（续表）

职能分项	职能细化
2. 客户抱怨与投诉处理	（3）对客户投诉的不同处理方案进行效果测定，选择适合企业发展方向的最优方案，及时准确有效地解决客户投诉，维护与客户的良好合作关系 （4）建立健全相关的客户抱怨与投诉机制，提高客户抱怨与投诉处理的速度和水平，提高客户满意度
3. 客户抱怨与投诉处理效果评估	（1）对客户抱怨与投诉处理效果进行预评估，分析客户抱怨与投诉处理效果的影响力度以及宣传效应，便于完善客户抱怨与投诉处理机制 （2）做好客户抱怨与投诉处理跟踪工作，及时发现各项投诉处理措施在执行中的不合理之处，并加以改进 （3）针对客户抱怨与投诉处理过程中出现的相关问题制定相应的整改工作，并跟踪整改结果，保证良好的社会效益
4. 协调沟通管理	（1）与企业其他职能部门协调处理客户抱怨与投诉的各类问题，不断提高企业的客户服务水平和客户服务质量 （2）与信息部协调做好网络信息、客户信息、渠道信息和市场信息的沟通工作
5. 成本费用控制	（1）做好客户抱怨与投诉处理的费用预算、核算工作，对预算和各阶段核算进行对比分析，找出费用浪费根源，为成本控制提供依据 （2）改进客户抱怨与投诉处理成本控制措施，并予以实施，以求达到成本控制目标
6. 抱怨与投诉信息管理	（1）对现场、电话以及来函客户投诉进行分类汇总，建立相关档案 （2）记录客户抱怨与投诉处理过程中的各类信息，并建立健全相关台账 （3）对客户抱怨与投诉信息档案进行移交，保证各项资料的完整性

6.1.3 客户抱怨与投诉主要风险点

为了妥善解决客户投诉，企业需要进行客户抱怨与投诉调查与分析，采取有效的措施处理客户投诉。在这个过程中，可能涉及的风险如表 6-2 所示。

表 6-2 客户抱怨与投诉处理主要风险点说明表

序号	风险点名称	风险点说明
风险点 1	抱怨与投诉应对管理风险	1. 投诉应对缺乏指导与管理，受理客户投诉时缺乏耐心和技巧，导致客户的不满情绪上升，直接影响客户投诉的解决 2. 未事先告知相关人员如何应对客户抱怨，导致客户抱怨问题没有得到解决而升级为投诉，直接影响企业的声誉 3. 未掌握客户抱怨应对技巧，直接影响客户对公司投诉处理的满意度
风险点 2	客户投诉调查风险	1. 缺乏对客户投诉的深入调查与分析，难以找出客户投诉的根源问题，直接影响后续的客户投诉处理工作 2. 客户投诉原因调查粗糙，可能出现责任误判，直接影响对客户投诉的准确分析和有效处理，甚至使投诉问题严重化，给企业造成损失

（续表）

序号	风险点名称	风险点说明
风险点 3	投诉妥善解决风险	1. 投诉处理方案不合理，只参考了客户要求而不符合企业规定，导致投诉处理效果违背了企业投诉处理的意义 2. 投诉处理对策考虑不全面，直接影响投诉的妥善解决 3. 未与客户协商解决投诉，导致客户投诉升级，给企业造成负面影响
风险点 4	投诉工作总结风险	1. 没有准确、全面地总结企业被投诉的起因，使得企业不能够及时发现存在的问题，导致同类投诉事件不断发生 2. 未对投诉过程进行全面分析与总结，没有提出改进意见，使得企业每次的投诉处理都没有改善，直接影响企业的发展

6.2　客户抱怨与投诉岗位职责

6.2.1　客户抱怨与投诉主管职责说明

岗位名称	客户抱怨与投诉主管	所属部门	客户抱怨与投诉中心
上　　级	客户抱怨与投诉经理	下　　级	客户抱怨与投诉处理员
职责概述	协助客户抱怨与投诉经理制定部门各项规章制度，组织制定各项客户抱怨与投诉处理标准，做好客户抱怨与投诉处理预算工作，控制投诉处理成本		
工作职责	职责细分		
1. 客户抱怨与投诉规划管理	（1）制订部门工作计划，交部门经理审核 （2）制定部门各项管理制度，交上级领导审批 （3）以客户投诉处理为中心，规划客户投诉处理流程		
2. 客户抱怨与投诉处理	（1）制定客户抱怨与投诉处理方案，交由客户抱怨与投诉经理审核 （2）对客户抱怨与投诉处理方案进行效果测定，提高客户的满意度 （3）完善客户抱怨与投诉处理机制，扩展客户关系网络		
3. 客户索赔管理	（1）根据客户投诉事项，确定索赔原因及依据，做好索赔调查工作 （2）做好客户索赔处理的后期跟踪服务工作		
4. 协调沟通管理	（1）与其他部门做好沟通和协调工作，提高客户服务水平 （2）定期向客户抱怨与投诉经理报告客户投诉处理工作的完成情况		
5. 客户投诉处理成本控制	（1）编制部门预算，做好部门预算与核算工作，对预算和各阶段核算进行对比分析，为成本控制提供依据 （2）制定客户索赔成本控制措施，并且监督执行		

（续表）

工作职责	职责细分
6. 客户安慰管理	（1）组织开展客户安慰工作，安抚客户不满情绪，弥补客户损失，树立、维护企业形象 （2）监督、控制客户安慰措施和安慰方法的执行情况，不断对客户弥补措施和方法进行改进，合理处理客户投诉
7. 客户投诉信息管理	（1）做好客户投诉信息的整理工作，并建立健全相关台账 （2）做好客户投诉信息档案的移交管理工作，保证各项资料的齐全性
8. 部门人员管理	（1）指导客户投诉处理员做好各项客户投诉处理工作 （2）对客户投诉处理员的工作业绩进行考核，交由上级领导审核

6.2.2 客户抱怨与投诉处理员职责说明

岗位名称	客户抱怨与投诉处理员	所属部门	客户抱怨与投诉中心
上　　级	客户抱怨与投诉主管	下　　级	
职责概述	协助客户抱怨与投诉主管做好客户投诉处理工作，执行各项客户抱怨与投诉处理标准，控制抱怨与投诉处理成本		
工作职责	职责细分		
1. 客户抱怨与投诉处理	（1）做好抱怨与投诉客户的接待工作，安抚客户情绪 （2）与客户协商抱怨与投诉问题的解决办法，报客户抱怨与投诉主管审核 （3）对客户的抱怨与投诉问题进行跟踪，监督解决效果		
2. 客户索赔管理	（1）根据客户提出的索赔原因及依据，做好索赔调查工作 （2）做好客户索赔处理的后期跟踪服务工作		
3. 协调沟通管理	（1）与其他部门做好沟通和协调工作，提高客户服务水平 （2）定期向上级主管报告各项客户投诉处理工作的完成情况		
4. 客户投诉处理成本控制	（1）协助客户投诉主管做好部门预算与核算工作，查找费用浪费的根源 （2）根据确定的部门费用浪费依据，制定费用控制措施，经审批后执行		
5. 客户投诉信息管理	（1）记录各项客户投诉信息，做好客户投诉信息的收集工作 （2）建立客户投诉信息管理台账，协助客户投诉经理做好客户投诉信息的移交管理工作，保证各项资料的齐全性		
6. 客户安慰	（1）做好客户安慰工作，缓解客户的不满和失落情绪，将客户投诉带来的负面影响降到最低 （2）根据客户的具体投诉事宜，制定客户损失的弥补方案，经审核后实施		

6.3　客户抱怨与投诉职能岗位考核量表

6.3.1　客户抱怨与投诉主管考核量表

考核项目	指标名称	权重	指标说明及考核标准	得分
客服计划与进度	客服计划完成率	10%	1. 客服计划完成率 = $\frac{\text{实际完成的客服计划数量}}{\text{客服计划总数量}}\times 100\%$ 2. 考核期内，目标值为____%；每减少____个百分点，该项扣____分；指标值低于____%，该项不得分	
客户投诉管理	客户投诉处理及时率	15%	1. 客户投诉处理及时率 = $\frac{\text{及时处理的客户投诉数量}}{\text{客户投诉的总数量}}\times 100\%$ 2. 考核期内，目标值为____%；每减少____个百分点，该项扣____分；指标值低于____%，该项不得分	
	客户投诉结案率	15%	1. 客户投诉结案率 = $\frac{\text{已经结案的客户投诉数量}}{\text{客户投诉的总数量}}\times 100\%$ 2. 考核期内，目标值为____%；每减少____个百分点，该项扣____分；指标值低于____%，该项不得分	
	客户二次投诉率	15%	1. 客户二次投诉率 = $\frac{\text{客户二次投诉的数量}}{\text{客户投诉的总数量}}\times 100\%$ 2. 考核期内，目标值为____%；每增加____个百分点，该项扣____分；指标值低于____%，该项不得分	
	客户投诉索赔率	15%	1. 客户投诉索赔率 = $\frac{\text{索赔的客户投诉数量}}{\text{客户投诉的总数量}}\times 100\%$ 2. 考核期内，目标值为____%；每增加____个百分点，该项扣____分；指标值高于____%，该项不得分	
	客户满意度	10%	1. 客户对本部门的合作满意度评分的算术平均数 2. 考核期内，指标值不得低于____分，每降低____分，该项扣____分；指标值低于____分，该项不得分	
客户投诉成本控制	单位客户索赔成本	20%	单位客户索赔成本不高于____元，每高出____元，扣____分，单位成本高于____元，该项不得分	

6.3.2 客户抱怨与投诉处理员考核量表

考核项目	指标名称	权重	指标说明及考核标准	得分
制度建设及管理	客户抱怨与投诉标准执行率	20%	1. 客户抱怨投诉标准执行率 = $\frac{已执行的客户抱怨与投诉标准数量}{客户抱怨与投诉标准总数量} \times 100\%$ 2. 考核期内，目标值为____%；每减少____个百分点，该项扣____分；指标值低于____%，该项不得分	
客户投诉管理	客户投诉处理及时率	20%	1. 客户投诉处理及时率 = $\frac{及时处理的客户投诉数量}{客户投诉的总数量} \times 100\%$ 2. 考核期内，目标值为____%；每减少____个百分点，该项扣____分；指标值低于____%，该项不得分	
	客户投诉结案率	20%	1. 客户投诉结案率 = $\frac{已经结案的客户投诉数量}{客户投诉的总数量} \times 100\%$ 2. 考核期内，目标值为____%；每减少____个百分点，该项扣____分；指标值低于____%，该项不得分	
	客户投诉索赔率	10%	1. 客户投诉索赔率 = $\frac{索赔的客户投诉数量}{客户投诉的总数量} \times 100\%$ 2. 考核期内，目标值为____%；每增加____个百分点，该项扣____分；指标值高于____%，该项不得分	
	客户满意度	10%	1. 客户对本部门的合作满意度评分的算术平均数 2. 考核期内，指标值不得低于____分，每降低____分，该项扣____分；指标值低于____分，该项不得分	
客户投诉成本控制	单位客户索赔成本	20%	单位客户索赔成本不高于____元，每高出____元，扣____分，单位成本高于____元，该项不得分	

6.4　客服抱怨与投诉处理流程与节点说明

6.4.1　客服抱怨与投诉管理流程与节点说明

1. 客服抱怨与投诉管理流程

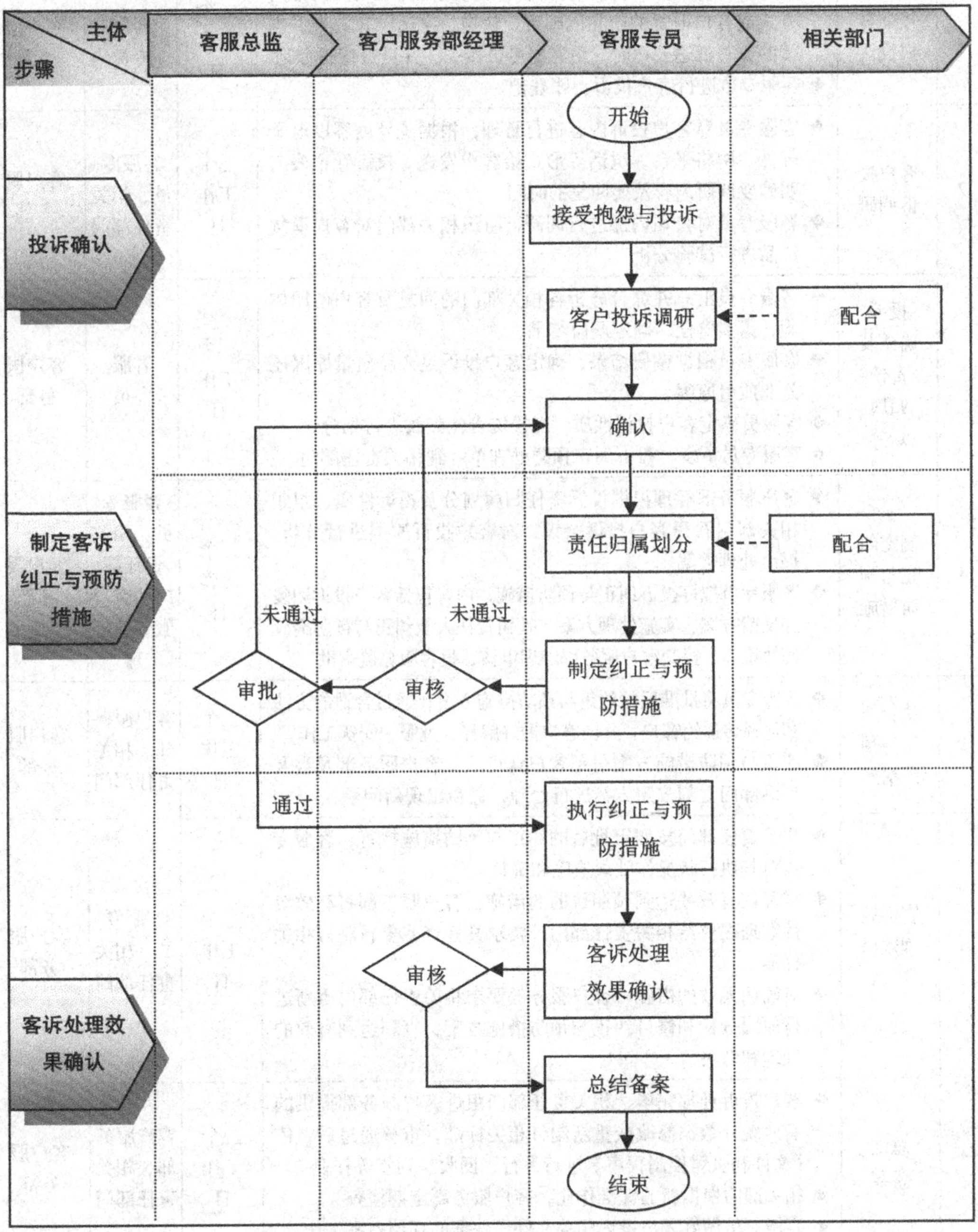
主体
步骤
客服总监
客户服务部经理
客服专员
相关部门
投诉确认
制定客诉纠正与预防措施
客诉处理效果确认
开始
接受抱怨与投诉
客户投诉调研
配合
确认
责任归属划分
配合
制定纠正与预防措施
审核
审批
未通过
未通过
通过
执行纠正与预防措施
客诉处理效果确认
审核
总结备案
结束

2. 流程节点说明

文件名称		客服抱怨与投诉工作业务节点说明	版本号		页　数	
文件编号			编制人		审批人	
节点	节点名称	节点业务操作说明	时长	适用单位	责任部门	
1	接受客户投诉	◆ 客户投诉以信函、传真、邮寄、拜访或由相关人员携带的方式或客户退货的产品以邮寄、快递、空运、相关人员携带的方式抵达公司时，由客服专员接受，并进行统一登记 ◆ 客服专员进行客户投诉台账登记	__个工作日	客服专员	客户服务部	
2	客户投诉调研	◆ 客服专员对客户投诉内容进行整理，根据统计内容以电子邮件、网络平台、电话等形式给客户发送“投诉登记表”，明确要调研内容及要回复的时间 ◆ 客服专员对公司内部进行调研，组织相关部门对客户退货产品进行试验分析	__个工作日	客服专员、相关责任部门	客户服务部	
3	投诉确认及责任归属划分	◆ 客服专员汇总并综合分析各相关部门的回复及客户使用体验，落实责任，确定调研结果 ◆ 客服专员根据调研结果，确定客户投诉是产品质量原因还是非质量原因 ◆ 客服员确定客户投诉性质，对投资责任归属进行划分 ◆ 客服专员下发“投诉纠正预防处理单”到相关责任部门	__个工作日	客服专员	客户服务部	
4	制定纠正与预防措施	◆ 客户服务部经理根据投诉责任归属划分及投诉性质，组织相关部门召开客户投诉会议，对客户投诉原因进行分析，提出处理方案 ◆ 客服专员拟订投诉纠正与预防措施，内容包括客户投诉回复并反馈方案、实施处理方案、处罚责任人及纠正与预防措施的执行等，提交客户服务部经理审核，报客服总监审批	__个工作日	客服专员、相关责任部门、客户服务部经理	客户服务部	
5	执行纠正与预防措施	◆ 客服专员将批准后的纠正与预防措施方案，通过合适的方法和途径传递给客户，并向客户做好解释、说服和安抚工作 ◆ 纠正与预防措施方案得到客户认可后，客户服务部及涉及投诉部门立刻按照方案进行处理，避免出现新问题	__个工作日	客户服务部、相关责任部门	客户服务部	
6	客诉处理效果确认	◆ 相关责任部门按照审批后的纠正与预防措施执行，客服专员对其执行状况作效果追踪和确认 ◆ 对确认有效并达到预期目的的措施，客户服务部将有效统计数据提供给相关责任部门，要求其修订或重新制订相关标准 ◆ 对确认无效的措施，客户服务部要求相关责任部门重新进行原因分析和修订纠正与预防措施方案，直到达到有效的处理和解决	__个工作日	客服专员、相关责任部门	客户服务部	
7	总结备案	◆ 客户投诉处理完毕，相关责任部门跟进客户服务部提供的有效统计数据修改或重新制订相关标准，审核通过后，依《文件和资料控制程序》进行发行、回收、列管等作业 ◆ 相关部门根据新的标准作业，客户服务部定期检查 ◆ 客服专员做好客户投诉相关文件、数据的存档备案工作	__个工作日	客户服务部、相关责任部门	客户服务部	

6.4.2 质量投诉处理流程与节点说明

1. 质量投诉处理流程

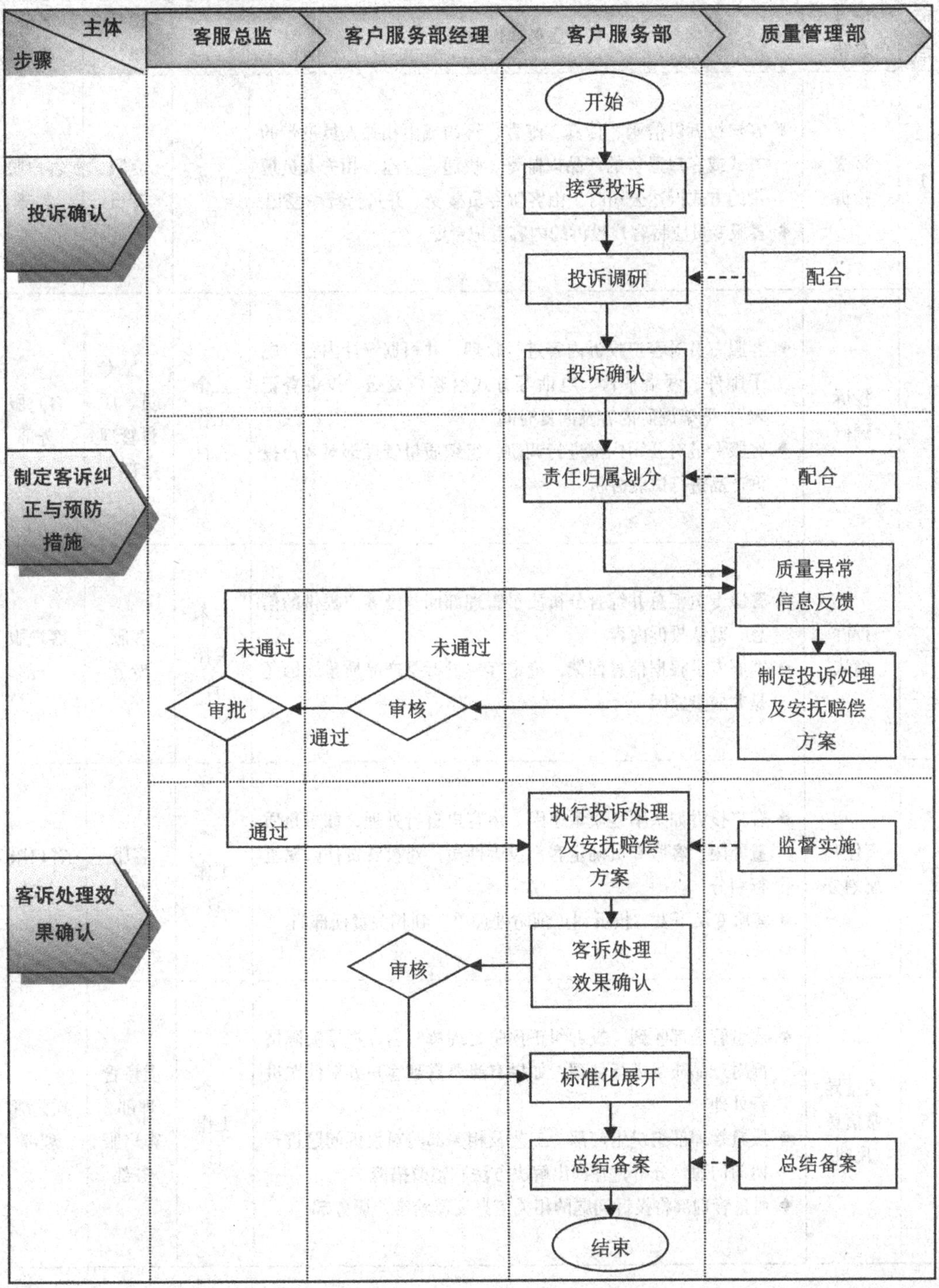
主体
步骤
客服总监
客户服务部经理
客户服务部
质量管理部
投诉确认
制定客诉纠正与预防措施
客诉处理效果确认
开始
接受投诉
投诉调研
配合
投诉确认
责任归属划分
配合
质量异常信息反馈
制定投诉处理及安抚赔偿方案
审核
审批
未通过
未通过
通过
通过
执行投诉处理及安抚赔偿方案
监督实施
客诉处理效果确认
审核
标准化展开
总结备案
总结备案
结束

2. 流程节点说明

文件名称		质量投诉处理业务节点说明	版本号		页　数	
文件编号			编制人		审批人	
节点	节点名称	节点业务操作说明	时长		适用单位	责任部门
1	接受投诉	◆ 客户投诉以信函、传真、邮寄、拜访或由相关人员携带的方式或客户退货的产品以邮寄、快递、空运、相关人员携带的方式抵达公司时，由客服专员接受，并进行统一登记 ◆ 客服专员应将客户投诉的内容登记台账	__个工作日		客服专员	客户服务部
2	投诉调研	◆ 客服专员对客户投诉内容进行整理，并根据统计内容以电子邮件、网络平台、电话等方式给客户发送“投诉登记表”，明确调研内容及回复时间 ◆ 客服专员对公司内部进行调研，组织质量管理部对客户投诉产品进行试验分析	__个工作日		客服专员、质量管理部	客户服务部
3	投诉确认	◆ 客服专员汇总并综合分析质量管理部回复及客户提供的信息，确认投诉内容 ◆ 客服专员根据信息回馈，确定客户投诉是产品质量原因还是非质量原因	__个工作日		客服专员	客户服务部
4	责任归属划分	◆ 客户投诉如果不是质量原因，由客户自行处理，如果是质量原因，客服专员确定客户投诉性质，对投资责任归属进行划分 ◆ 客服专员下发“投诉纠正预防处理单”到相关责任部门	__个工作日		客服专员	客户服务部
5	质量异常信息反馈	◆ 质量管理部收到“投诉纠正预防处理单”后，根据实际情况对产品质量进行处理，如果有必要需到客户处对问题进行处理 ◆ 质量管理部组织生产部、工艺及相关部门对投诉问题进行协商沟通、分析，并提出解决方法和整改措施 ◆ 质量管理部将投诉问题的相关信息反馈给客户服务部	__个工作日		质量管理部、客户服务部	质量管理部

（续表）

节点	节点名称	节点业务操作说明	时长	适用单位	责任部门
6	制定投诉处理及安抚赔偿方案	◆ 客户服务部根据质量管理部反馈单，组织相关部门召开客户投诉会议，对客户投诉原因进行分析，提出处理方案 ◆ 客服专员拟订客户投诉处理及安抚赔偿方案，内容包括客户投诉回复并反馈方案、实施处理方案、客户安抚或赔偿方案、处罚责任人及纠正与预防措施的执行等，方案要提交客户服务部经理审核，报客服总监审批	__个工作日	客服专员、质量管理部、客服经理	客户服务部
7	执行投诉处理及安抚赔偿方案	◆ 客服专员将批准后的投诉处理及安抚赔偿方案，通过合适的方法和途径传递给客户或组织部门相关人员到客户处进行实地处理，并向客户做好解释、说服和安抚工作 ◆ 投诉处理及安抚赔偿方案得到客户认可后或完成现场处理工作，客户服务部及涉及投诉部门立刻按照方案进行处理、执行，避免出现新问题	__个工作日	客户服务部、质量管理部	客户服务部
8	客诉处理效果确认	◆ 客户服务部及质量管理部根据审批后的纠正与预防措施执行，客服专员对执行状况作效果追踪和确认 ◆ 客服专员对客户投诉满意度进行调研并对效果进行确认 ◆ 若确认无效，客户服务部应要求相关责任部门重新进行原因分析和修订纠正或预防措施方案，直到有效处理和解决问题	__个工作日	客服专员、质量管理部	客户服务部
9	标准化展开	◆ 对确认有效并达到预期投诉处理目的的方案，客户服务部将有效统计数据提供给相关责任部门，要求其修订或重新制定相关的标准 ◆ 客户服务部组织质量管理部及相关部门修改或重新制定相关标准，审核通过后，依《文件和资料控制程序》进行发行、回收、列管等作业	__个工作日	客户服务部、质量管理部	质量管理部
10	总结备案	◆ 质量管理部及相关部门根据新的标准进行客户服务作业，客户服务部定期检查 ◆ 客服专员做好客户投诉相关文件、数据的存档备案工作	__个工作日	客户服务部、质量管理部	客户服务部

6.4.3 服务投诉处理流程与节点说明

1. 服务投诉处理流程

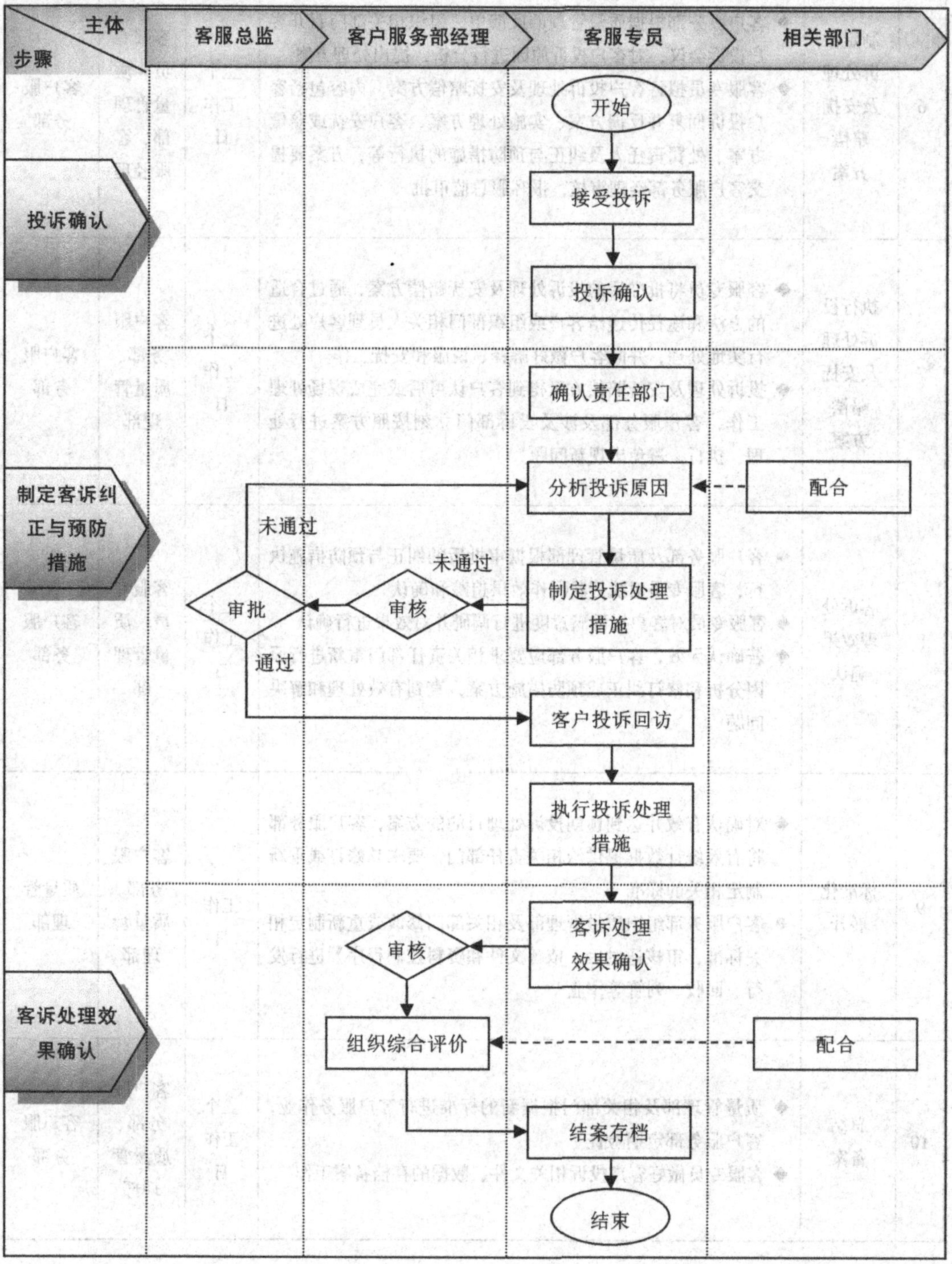
主体
步骤
客服总监
客户服务部经理
客服专员
相关部门
投诉确认
制定客诉纠正与预防措施
客诉处理效果确认
开始
接受投诉
投诉确认
确认责任部门
分析投诉原因
配合
未通过
未通过
审批
审核
制定投诉处理措施
通过
客户投诉回访
执行投诉处理措施
客诉处理效果确认
审核
组织综合评价
配合
结案存档
结束

2. 流程节点说明

文件名称		服务投诉处理业务节点说明	版本号		页　数	
文件编号			编制人		审批人	
节点	节点名称	节点业务操作说明		时长	适用单位	责任部门
1	接受投诉	◆ 客户投诉以信函、传真、邮寄、拜访等方式进行，由客服专员负责接收、接待，并进行统一登记，内容包括投诉人姓名、投诉时间、投诉对象、投诉要求等 ◆ 客服专员进行客户投诉台账登记		__个工作日	客服专员	客户服务部
2	投诉确认	◆ 客服专员对客户投诉进行分类，能立即答复的，在向相关责任部门问询核实后，于当天给予回复 ◆ 如果不能立即回复客户，客服专员通过了解投诉内容，判定客户投诉的理由是否充分，投诉要求是否合理，确认投诉		__个工作日	客服专员	客户服务部
3	确认责任部门	◆ 客服专员根据客户投诉的内容，确定具体受理部门和受理负责人，划分投诉责任归属 ◆ 客服专员将“客户投诉处理单”下发到相关责任部门，由相关责任部门根据实际情况进行处理		__个工作日	客服专员、相关责任部门	客户服务部
4	分析投诉原因	◆ 相关责任部门收到“客户投诉处理单”后，立即对客户投诉原因进行分析 ◆ 根据客户投诉对象，相关部门对责任人进行问询，了解其服务情况，确定客户投诉原因		__个工作日	相关责任部门、客户服务部	相关责任部门
5	制定投诉处理措施	◆ 如果发生重大投诉，客户服务部经理组织相关部门召开服务投诉会议，对客户投诉原因进行分析，提出处理方案 ◆ 客服专员拟订投诉纠正与预防措施，内容包括客户投诉回复及反馈方案、实施处理方案、处罚责任人及纠正与预防措施的执行等，方案要提交客户服务部经理审核，报客服总监审批		__个工作日	客服专员、相关责任部门、客户服务部经理	客户服务部
6	客户投诉回访	◆ 客服专员将批准后的纠正与预防措施方案，通过合适的方法和途径传递给客户，并向客户做好解释、说服和安抚工作 ◆ 如果客户对方案存有疑虑，客服专员可以采取电话、上门回访等形式，对客户作进一步的说明、说服工作 ◆ 如需要修改纠正与预防措施方案，客服专员依据方案拟订程序，重新更改方案并报领导批示后，组织实施新方案		__个工作日	客户服务部、相关责任部门	客户服务部
7	执行投诉处理措施	◆ 投诉处理措施方案得到客户认可后，客户服务部及涉及投诉部门立刻按照方案进行处理，避免出现新问题 ◆ 客户服务部根据造成的损失大小，按照公司相关规定对直接责任者及部门进行处罚		__个工作日	客户服务部、相关责任部门	客户服务部

（续表）

节点	节点名称	节点业务操作说明	时长	适用单位	责任部门
8	客诉处理效果确认	◆ 相关责任部门执行改善对策，客服专员对执行状况作效果追踪和确认 ◆ 对确认有效并达到预期目的的措施，由客户服务部将有效统计数据提供给相关责任部门，要求其修订或重新制订相关标准 ◆ 对确认无效的措施，客户服务部应要求相关责任部门重新进行原因分析，并修订纠正或预防措施方案，直到有效地处理和解决客户投诉	一个工作日	客服专员、相关责任部门	客户服务部
9	组织综合评价	◆ 客户服务部经理组织客户服务部及相关部门，对客户投诉进行总结，吸取经验教训，提出服务改进措施 ◆ 对各部门服务质量及流程进行综合评价，提高客户服务质量和水平，降低投诉率	一个工作日	客户服务部、相关责任部门	客户服务部
10	结案存档	◆ 客户投诉处理完毕，相关责任部门根据客户服务部提供的有效统计数据修改或重新制订相关标准，审核通过后，依《文件和资料控制程序》进行发行、回收、列管等作业 ◆ 相关部门根据新的标准作业，客户服务部定期检查 ◆ 客户专员做好客户投诉相关文件、数据的存档备案工作	一个工作日	客户服务部、相关责任部门	客户服务部

6.5 客户抱怨与投诉管理制度

6.5.1 客户抱怨分析处理制度

制度名称	客户抱怨分析处理制度		受控状态	
			编　号	
执行部门		监督部门	编修部门	

第 1 章　总则

第 1 条　目的

为了准确掌握客户抱怨的原因，及时妥善处理客户抱怨，维护公司的形象和客户关系，特制定本制度。

第 2 条　适用范围

本制度适用于客户抱怨分析处理工作。

第 3 条　职责划分

1. 客户服务部接到客户抱怨后，应及时了解概况，将相关信息记录并传递给相关部门，并配合相关部门分析处理。

2. 客户服务部组织质量管理部、生产部等分析抱怨产生的具体原因，并讨论对策，追踪处理。

（续）

3. 相关部门协助客户服务部进行客户抱怨分析。

第2章　客户抱怨原因分析

第4条　客户抱怨的实质

1. 客户服务部应根据客户抱怨的内容分析与判定抱怨的实质。

2. 客户抱怨的实质就是公司产品或服务依然存在的不足之处。

第5条　产品质量抱怨

产品质量是导致客户产生抱怨的直接因素，客户对公司产品质量的抱怨一般包括以下几种情况。

1. 产品性能或故障。

2. 客户对产品不了解。

3. 未按操作规范使用。

4. 销售时遗留的问题。

第6条　服务抱怨

1. 服务态度的抱怨。工作人员的态度不好，是客户抱怨最为普遍的原因。

2. 维修服务的抱怨。公司产品的维修服务也会影响客户的满意度，客户对维修服务的抱怨通常有以下几种情况。

（1）首次确定的问题不正确。

（2）同一问题多次出现。

（3）问题长时间没有得到解决。

（4）未按客户要求作业。

第7条　客户自身原因引起的抱怨

通常由于客户自身原因引起的抱怨也是比较多的，主要表现为以下几个方面，如下图所示。

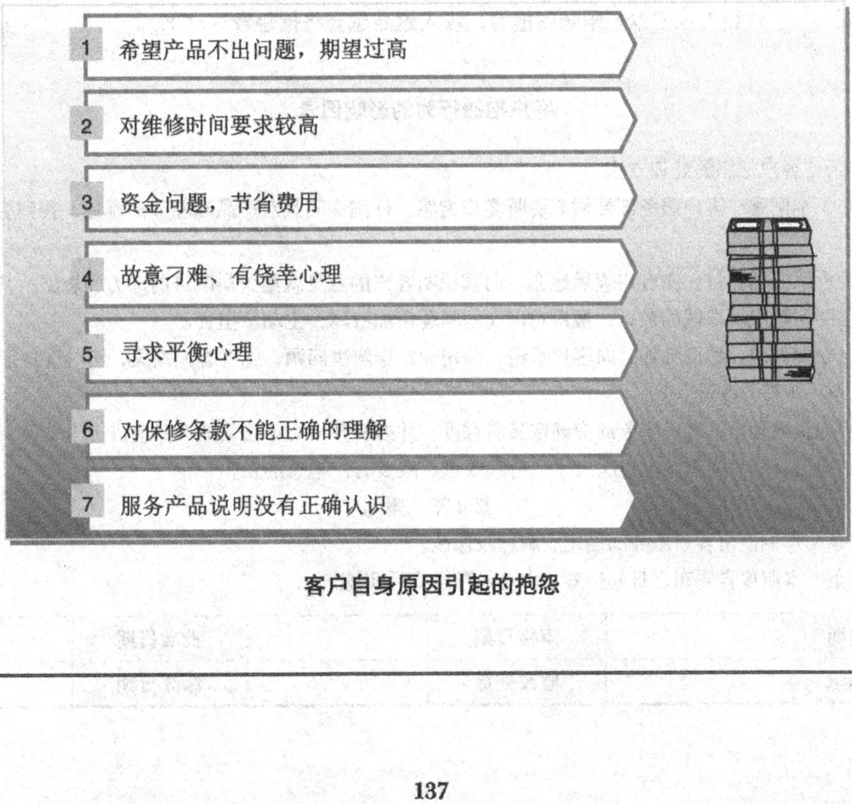
1 希望产品不出问题，期望过高
2 对维修时间要求较高
3 资金问题，节省费用
4 故意刁难、有侥幸心理
5 寻求平衡心理
6 对保修条款不能正确的理解
7 服务产品说明没有正确认识

客户自身原因引起的抱怨

（续）

第 8 条　抱怨分析的必要性

客户服务部及相关部门在分析客户抱怨时，必须意识到对客户抱怨进行分析的必要性，认真做好分析工作，以便真正处理好客户抱怨。抱怨分析的必要性如下。

1. 公司经营发展的需要。客户的抱怨为公司提供了反馈信息，有助于公司迅速转换思路，了解自身在产品和服务方面的不足，以便改善服务质量，生产出符合客户需求的产品。

2. 有利于公司进步。公司对客户抱怨有了清晰的认识，就可以通过满足客户的需求，赢得客户的忠诚度，从而促进公司的生存与发展。

3. 抱怨会影响客户的二次购买，有效的服务补救措施会维系忠诚客户；而失败的抱怨处理则会让客户抱怨升级，向公司或第三方组织投诉。

第 3 章　客户抱怨的处理

第 9 条　掌握影响客户抱怨行为的因素

客户服务部及相关部门在进行抱怨处理时，应掌握影响客户抱怨行为的因素，以便有效处理客户抱怨。具体内容如下图所示。

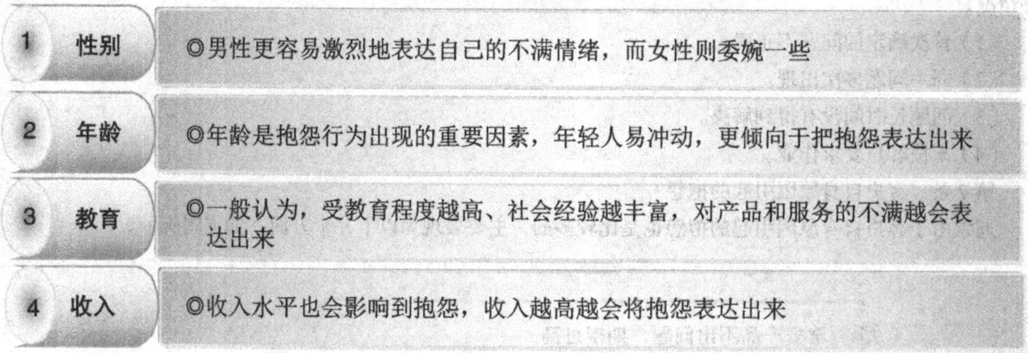
1
性别
◎男性更容易激烈地表达自己的不满情绪，而女性则委婉一些
2
年龄
◎年龄是抱怨行为出现的重要因素，年轻人易冲动，更倾向于把抱怨表达出来
3
教育
◎一般认为，受教育程度越高、社会经验越丰富，对产品和服务的不满越会表达出来
4
收入
◎收入水平也会影响到抱怨，收入越高越会将抱怨表达出来

客户抱怨行为的影响因素

第 10 条　客户抱怨的处理方法

1. 耐心识别问题。客户服务部要耐心聆听客户抱怨，仔细询问其对产品和服务的意见，找到客户抱怨的根源所在。

2. 主动承认问题。首先向客户表示感谢，向其说明客户的意见就是公司改进的动力和思路；其次对产品和服务存在的问题表示真诚的歉意；最后对出现的问题稍加解释，主动承担责任。

3. 承诺立即处理，积极弥补。向客户承诺，公司一定会解决问题，弥补客户损失，解决客户抱怨。

第 11 条　跟踪与改进

1. 客户抱怨处理后，客户服务部应确定其满意度，并鼓励其多对本公司的产品改进提出宝贵意见。

2. 总结检讨，避免类似情况再次发生，持续改进，减少客户抱怨的发生。

第 4 章　附则

第 12 条　本制度由客户服务部制定、解释及修改。

第 13 条　本制度自颁布之日起生效，由总经理批准后实施。

编制日期		审核日期		批准日期	
修改标记		修改处数		修改日期	

6.5.2　客户投诉分析管理制度

制度名称	客户投诉分析管理制度			受控状态	
				编　　号	
执行部门		监督部门		编修部门	

第1条　目的

为了准确分析客户投诉的原因，以便及时、有效地处理客户投诉，维护公司形象，特制定本制度。

第2条　适用范围

本制度适用于公司各类客户投诉的分析工作。

第3条　职责划分

1. 客户服务部负责客户投诉的记录、分类和整理，并组织讨论、分析客户投诉的原因，随时与客户保持联系，了解客户的需求。

2. 相关部门协助客户服务部分析客户投诉，并制定相关的纠正措施。

第4条　客户投诉类别分析

按照客户投诉的内容，可以将客户投诉分为以下两大类。

1. 产品质量类投诉

客户服务部在处理有关产品质量的客户投诉时应予以特别重视。在受理客户投诉之后，客户服务部必须根据“客户投诉记录单”进行整体分析、调研，制定对策和反馈。

2. 售后服务类投诉

（1）售后服务类投诉主要是内部管理和外部服务中的漏洞引起的，如商品数量不足、送货期限延迟、单价不同、商品编号和颜色不对、员工服务态度不当等，这些基本上可以归入售后服务类投诉。

（2）客户服务部要上报售后服务类投诉的统计结果，以促进管理体制的完善和服务质量的提高，从而减少售后服务类投诉的数量。

第5条　客户投诉级别分析

按客户投诉的影响程度进行划分，投诉可分为3个等级，具体内容如下图所示。

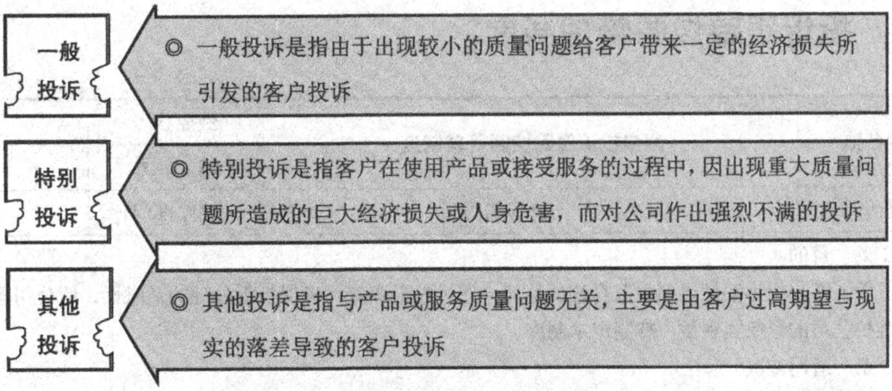
一般投诉
◎ 一般投诉是指由于出现较小的质量问题给客户带来一定的经济损失所引发的客户投诉
特别投诉
◎ 特别投诉是指客户在使用产品或接受服务的过程中，因出现重大质量问题所造成的巨大经济损失或人身危害，而对公司作出强烈不满的投诉
其他投诉
◎ 其他投诉是指与产品或服务质量问题无关，主要是由客户过高期望与现实的落差导致的客户投诉

客户投诉级别一览图

第6条　客户投诉产生过程分析

对客户心理进行分析，通过认知和感知的比较，可以得出如下客户投诉产生过程分析示意图。

（续）

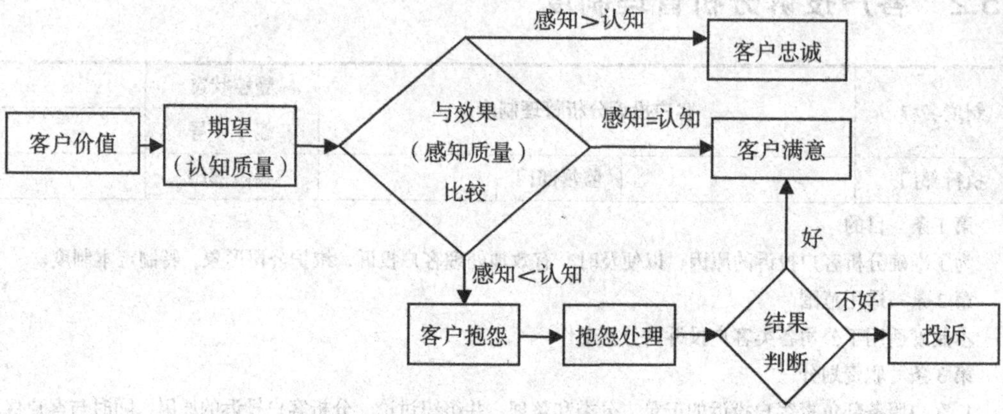
客户价值
期望
（认知质量）
与效果
（感知质量）
比较
感知＞认知
客户忠诚
感知=认知
客户满意
感知＜认知
客户抱怨
抱怨处理
结果
判断
好
不好
投诉

客户投诉产生过程分析示意图

第7条　客户投诉原因分析

一般情况下，可以从以下六个方面寻找客户投诉产生的原因。

1. 观察实物，调研现场，找出产品或服务质量问题的根源。
2. 将调研到的现场信息与过去的类似投诉进行比较，也可参考相关文献和其他企业的案例。
3. 仔细询问服务人员，调研产品生产流水线、供应商和服务作业的过程和环境。
4. 进行试验和实验分析，寻找管理和技术上的缺陷。
5. 列举投诉发生的可能原因，合理推测投诉发生过程。
6. 与客户沟通，了解客户的使用方法和个人意见。

第8条　本制度由客户服务部制定、修订和解释。

第9条　本制度自公布之日起施行。

编制日期		审核日期		批准日期	
修改标记		修改处数		修改日期	

6.5.3　投诉跟踪控制管理制度

制度名称	客户投诉跟踪控制管理制度			受控状态	
				编　　号	
执行部门		监督部门		编修部门	

第1条　目的

为了保证客户投诉案件得到规范合理的处理，通过投诉跟踪，确保投诉处理的及时性，使公司重获客户信任，维护公司的形象和利益，特制定本制度。

第2条　适用范围

本制度适用于公司的各种投诉案件跟踪处理管理工作。

第3条　相关职责

1. 客户服务部负责与客户进行沟通，追踪投诉案件的进展情况及客户对处理结果的满意度。

（续）

2. 接受投诉案件的相关部门积极配合客户服务部开展投诉跟踪工作。 第4条　客户服务部人员根据投诉处理信息进行投诉处理跟踪，了解投诉经过、处理结果及客户的满意度。 第5条　客户服务人员收集客户投诉处理过程中各方面的信息，尤其是客户的意见。 第6条　客户服务部根据收集到的客户投诉处理信息，对客户投诉处理结果进行评价，一旦发现公司提供产品和服务过程中存在的问题，要向相关部门和领导提出改进意见。 第7条　客户服务人员在投诉跟踪过程中，若发现公司存在各类内部隐患以及之前客户投诉的疑难问题时，应及时上报部门经理及公司相关领导，以便采取切实可行的措施，降低客户的投诉率。 第8条　在投诉跟踪过程中，客户服务人员若发现客户普通投诉有投诉升级的趋势时，应及时通知投诉处理负责人，以便公司及时采取处理方案，争取让客户投诉的问题在公司内部解决。 第9条　在投诉跟踪过程中，客户服务人员应将重复投诉、有投诉升级倾向的客户作为投诉处理管控工作的重点。 第10条　在跟踪因公司产品瑕疵、管理漏洞、服务不足而产生的投诉时，客户服务人员应监督相关责任部门做好处理方案。 第11条　若跟踪的投诉为投诉处理过程超时严重、内部多次流转却难以定位处理的投诉问题时，客户服务人员应及时上报，进行预警，以防投诉升级给公司造成严重影响。 第12条　在跟踪投诉处理过程中，客户服务人员若发现投诉处理责任部门存在敷衍了事、糊弄客户的情况时，应及时阻止，并且上报相关部门领导，以确保客户投诉处理的满意度。 第13条　在进行客户投诉处理满意度回访时，对于明确提出不满意处理结果的客户，客户服务人员应将其列入重点跟进对象，以防投诉升级。 第14条　对投诉跟踪过程进行总结和综合评价，总结经验，吸取教训，提出改进策略，不断完善公司的经营管理和业务运作，提高客户服务质量和服务水平，降低投诉率。 第15条　本制度由客户服务部制定、修改及解释。 第16条　本制度自颁布之日起实施。

编制日期		审核日期		批准日期	
修改标记		修改处数		修改日期	

6.5.4　客户投诉预防管理制度

制度名称	客户投诉预防管理制度			受控状态	
				编　　号	
执行部门		监督部门		编修部门	

第1章　总则

第1条　目的

为了预防客户投诉的发生，降低客户的投诉率，特制定本制度。

第2条　适用范围

本制度适用于公司预防客户投诉所进行的管理工作。

第3条　相关职责

1. 客户服务部负责收集、整理以往客户投诉的资料、信息，并组织讨论、分析。

2. 公司各相关部门在做好本职工作的同时，积极配合客户服务部实施客户投诉预防工作。

（续）

第 2 章　客户投诉预防管控

第 4 条　客户投诉预防管控内容

1. 研究客户的情绪发展生命周期，在客户可能出现投诉不满的前期对客户投诉事件进行预先处理，避免客户投诉的产生。

2. 全面收集与处理客户申诉情况，尽量确保客户的投诉信息的完整性与科学性，对分析与预防起到支撑作用。

3. 定义隐患投诉客户，及时发现沉默不满意的隐性投诉客户，主动对沉默不满意的客户采取预防处理措施，减少客户投诉的发生。

4. 协助各相关部门建立投诉预防机制，提前对可能导致客户不满意的流程与环节进行优化，减少服务流程中存在投诉隐患的环节，作到防患于未然。

第 5 条　客户投诉预防管控步骤

公司可以按全量采集、预防处理、部门协同三个步骤进行投诉的全面预防管控，具体如下图所示。

全量采集投诉
形成分析机制
开展聚类分析
定义投诉隐患
寻找投诉隐患
形成处理方案
协同相关部门
优化服务方式
预防再次发生
1.全量采集
2.预防处理
3.部门协同

客户投诉预警管控步骤示意图

第 3 章　预防客户投诉措施实施

第 6 条　提高产品质量

1. 销售部、仓储部、质量管理部相互配合控制产品质量，防止因不良产品引起客户投诉。

2. 生产部、技术部等相关部门协助进行生产过程的质量控制。

第 7 条　提高销售服务质量

公司销售部负责与客户购买产品相关的所有服务，避免因产品销售过程中的服务失误而引起客户投诉。

第 8 条　提供全面客户服务

客户服务部全面负责客户服务、管理及关系维护等工作，避免因无法满足客户服务需求而引起客户投诉。

第 9 条　进行客户投诉规避的培训

1. 销售人员培训。公司应对销售人员进行定期的产品知识培训、销售话术规范性培训、商务礼仪培训等，以避免因销售人员专业知识不足、销售语言存在欺诈、商务礼仪不规范而引起客户投诉。

2. 客户服务人员培训。公司应定期对客户服务人员进行服务现场管理培训以及接待、拜访、接听电话礼仪培训，降低投诉发生率。

第 4 章　附则

第 10 条　本制度由客户服务部制定、修改及解释。

第 11 条　本制度自颁布之日起实施。

编制日期		审核日期		批准日期	
修改标记		修改处数		修改日期	

6.6　客户抱怨与投诉管理工具

6.6.1　客户抱怨与投诉管理表单

1. 客户抱怨处理表

<table>
<tr><td>客户名称</td><td></td><td>抱怨类型</td><td>□ 申诉 □ 退货 □ 索赔</td><td>品名</td><td></td></tr>
<tr><td>型号</td><td></td><td>数量</td><td></td><td>交货批号</td><td></td></tr>
<tr><td colspan="2">出货日期</td><td></td><td>出货单号</td><td colspan="2"></td></tr>
<tr><td colspan="2">项目</td><td colspan="3">内容</td><td>责任负责人</td></tr>
<tr><td colspan="2">抱怨内容</td><td colspan="3"></td><td></td></tr>
<tr><td colspan="2">公司应急措施</td><td colspan="3"></td><td></td></tr>
<tr><td colspan="2">抱怨原因及不良率分析</td><td colspan="3"></td><td></td></tr>
<tr><td colspan="2">防止再发对策</td><td colspan="3"></td><td></td></tr>
<tr><td colspan="2">抱怨处理意见</td><td colspan="3"></td><td></td></tr>
<tr><td colspan="2">会签部门</td><td colspan="3"></td><td></td></tr>
<tr><td colspan="2">备注</td><td colspan="4"></td></tr>
</table>

2. 客户投诉处理记录表

编号：　　　　　　　　　　　　　　　　　　　　　　　　　　投诉时间：____年__月__日

<table>
<tr><td>投诉客户姓名</td><td></td><td>投诉记录人</td><td></td></tr>
<tr><td>客户地址</td><td></td><td>联系电话</td><td></td></tr>
<tr><td>责任部门 / 班组</td><td></td><td>责任人</td><td></td></tr>
<tr><td>回复时间</td><td></td><td>回复人</td><td></td></tr>
<tr><td>投诉事由</td><td colspan="3"></td></tr>
<tr><td>处理结果</td><td colspan="3"></td></tr>
<tr><td>部门领导意见</td><td colspan="3"></td></tr>
</table>

3. 客户投诉跟踪处理表

客户姓名		性别		联系电话	
客户投诉经过	接待人姓名：				
客户投诉调研结果	经手人签名：				
客户服务部处理意见	经手人签名：				
值班经理处理意见	签名：				
责任部门经理处理意见	签名：				

6.6.2 快递客户投诉处理方案

方案名称	快递客户投诉处理方案	编　号	
		受控状态	

一、目的

为缩短客户理赔过程，规范客户投诉程序，维护公司与客户的合法权益，特制定本方案。

二、客户投诉处理原则

1. 认真对待客户投诉，使客户投诉得到妥善而有效的解决。

2. 对客户投诉情况进行分析，首先缓解客户的情绪，而后耐心听取客户的建议。

三、提出解决方案

经办人充分了解情况，如确属公司操作或登记环节出现疏漏，除向主管报告外，应争取最有效的补救措施，并尽力使补救措施能够达成，必要时可能需要会同其他部门共同处理。

四、投诉处理过程处理

1. 经办人随时与投诉者保持联系，向其报告处理进展情况。

2. 经办人及时将补救措施通报给客户，即使最终快件仍被延误，也可赢得客户信任。

五、总结经验，提出改善方案

公司各级人员针对投诉案例，检讨改进措施，向部门主管、经理或其他网点、总部提出合理化建议或意见。

六、各营业网点投诉业务处理

1. 各网点接到客户投诉并要求理赔时，首先要向客户作出解释，并在事发____日内将“投诉案件索赔表”“客户理赔申请表”、理赔说明及价值证明交网点客户服务部备案。

2. 网点客户服务部与客户进行协商。

3. 经办人跟踪落实客户理赔情况，填写“理赔申请表”经各部门审核后，向财务部报销。

4. 涉及其他网点的索赔可向总部提交“索赔表”进行索赔。

5. 退还客户赔偿金时，需请客户在“赔偿协议书”上签字确认，上交客户服务部存档。

6. 网点出现涉及相关理赔的异常时，应告之客户理赔周期为____个月。

（续）

七、公司总部客户服务部投诉业务处理 1. 接到各网点或客户投诉、理赔时，建立“赔偿管理表”。 2. 针对事件进行调研分析，确定责任人，若是公司责任，要及时与客户联系，根据公司的赔偿规定和具体情况提出理赔方案，耐心与客户协商，将损失降到最低。 3. 客户服务部需于____天以内完成上述流程，在处理过程中，及时与各网点沟通，了解事件进展情况，以免产生不必要的损失。 4. 客户服务部对已结案的案件相关资料分区存档。 5. 对于重要客户、重要案件，网点经理协助客户服务部及时处理。 6. “赔付处理申请表”于一周内审批完成。					
编制人员		审核人员		审批人员	
编制时间		审核时间		审批时间	

6.6.3 客户抱怨汇总分析报告

方案名称	客户抱怨汇总分析报告	编　号	
		受控状态	

一、背景

自______年______月______日至______年______月____日的____个工作日内，公司共计接到客户投诉及报怨案件____件，投诉的主要问题体现在产品质量、供货时间、服务态度和销售欺瞒等方面。

二、目的

为真实反映客户投诉情况，以便提高公司客户服务质量，维护客户关系，特对客户报怨进行汇总和分析。

三、数据来源

本报告数据来源于客户服务部受理的投诉，经客户服务部经理审核，均为有效数据。

四、主要统计成果

（一）分析概况

2012年，客户服务部共受理投诉案件338件，比上年度增加72件，增长率为21.3%，具体各月度与上年度同期比较结果如下图所示。

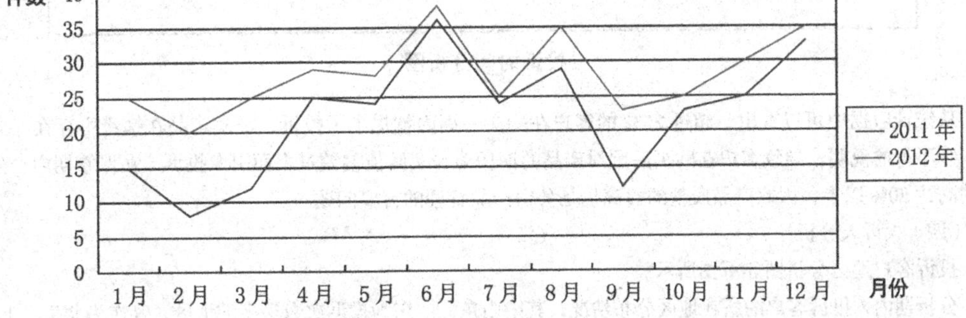
件数
40
35
30
25
20
15
10
5
0
1月 2月 3月 4月 5月 6月 7月 8月 9月 10月 11月 12月
月份
—2011年
—2012年

客户投诉趋势图

（续）

由上图可见，客户投诉数量较上年度有上升趋势。

（二）主要投诉问题分析

从客户服务部受理的 300 多起投诉案件来看，投诉的主要问题体现在产品质量、供货时间、服务态度和销售欺瞒等方面。具体统计数量及比例如下图所示。

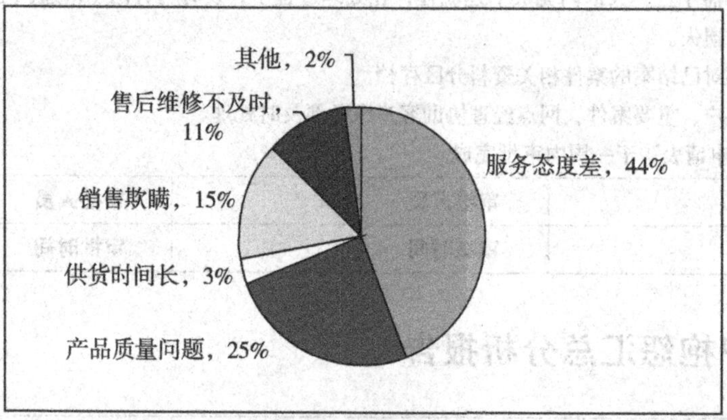
其他，2%
售后维修不及时，11%
服务态度差，44%
销售欺瞒，15%
供货时间长，3%
产品质量问题，25%

主要投诉问题比例图

由上图可见，服务态度差是重点投诉问题，同时针对产品质量问题和销售欺瞒现象都应制定相关管理制度，尤其是销售欺瞒，是与业务人员的销售业绩相连的，应引起公司管理人员的注意。

（三）投诉的时间分析

客户提出投诉的时间多集中在保修期内，具体情况如下图所示。

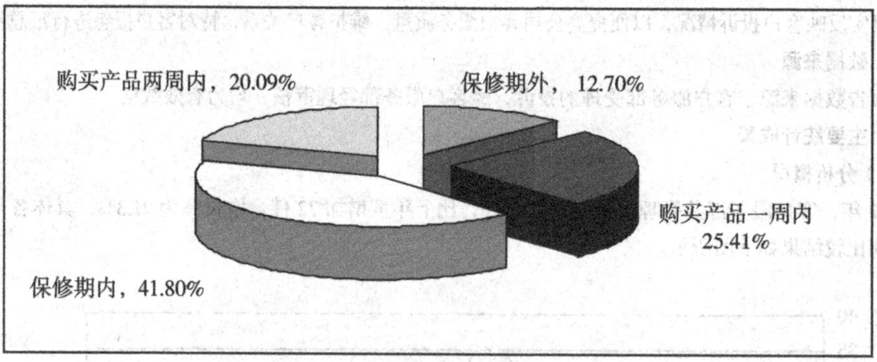
购买产品两周内，20.09%
保修期外，12.70%
购买产品一周内
25.41%
保修期内，41.80%

投诉时间分析图

从统计数据中可以看出，超过 25% 的客户在购买一周内就提出了投诉，证实产品在销售中存在一定的与实际不符的说明，导致客户在购买后因对产品的期望值与实际值偏差过大而引发投诉。在保修期内产生投诉的高达 80% 以上，因此产品质量的提高仍是公司产品管理的首要问题。

（四）投诉人分析

投诉客户地区分析图如下图所示。

分析期内，投诉客户的所在地区分布情况，其中山东、广东为投诉次数最多的地区，其次为北京、上海、福建、河北等地区，这与发货量的多少有关，但在山东、广东地区应加强销售、发货、服务等方面的管理。

（续）

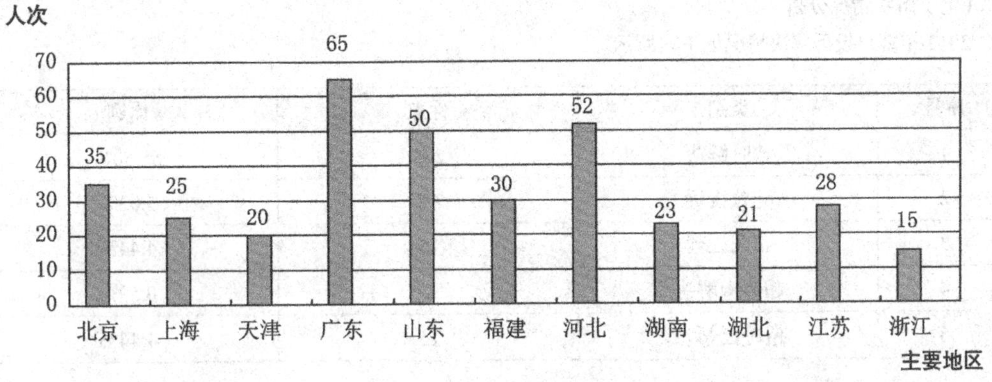
人次
70
60
50
40
30
20
10
0
35
25
20
65
50
30
52
23
21
28
15
北京
上海
天津
广东
山东
福建
河北
湖南
湖北
江苏
浙江
主要地区

投诉客户地区分析图

（五）投诉责任部门分析

投诉的主要责任部门集中在生产部、销售部和客户服务部，客户投诉主要责任部门的分析如下图所示。

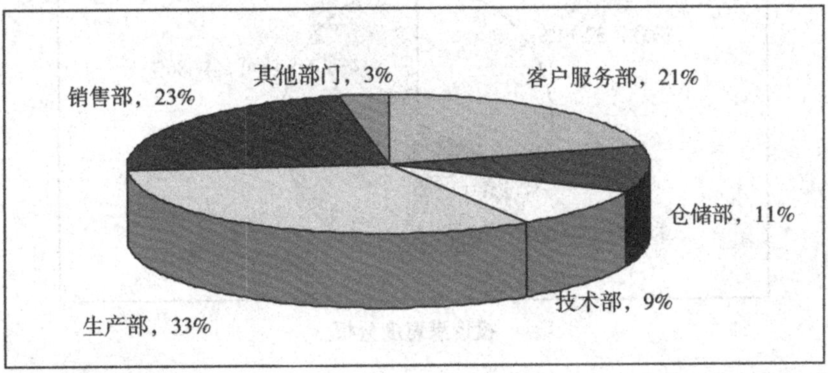
其他部门，3%
客户服务部，21%
销售部，23%
仓储部，11%
技术部，9%
生产部，33%

投诉责任部门分析图

（六）投诉要求分析

客户投诉的主要问题有产品维修、产品退换、改善服务、要求补偿等，具体数据分析如下图所示。

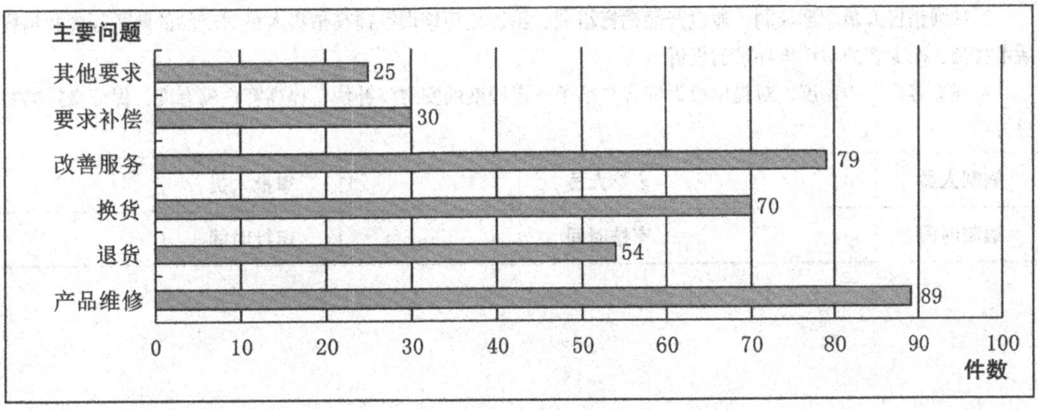
主要问题
其他要求
25
要求补偿
30
改善服务
79
换货
70
退货
54
产品维修
89
0
10
20
30
40
50
60
70
80
90
100
件数

投诉主要问题分析图

（续）

（七）解决情况分析

2012 年客户投诉解决情况如下表所示。

序号	类别	件数	比例
1	按时解决	289	85.50%
2	无效投诉	17	5.03%
3	正在处理	15	4.44%
4	超时未解决	2	0.59%
5	超时已解决	15	4.44%

（八）投诉结果满意度分析

通过对已解决投诉的回访结果进行分析，得出对投诉结果的满意度，如下图所示。

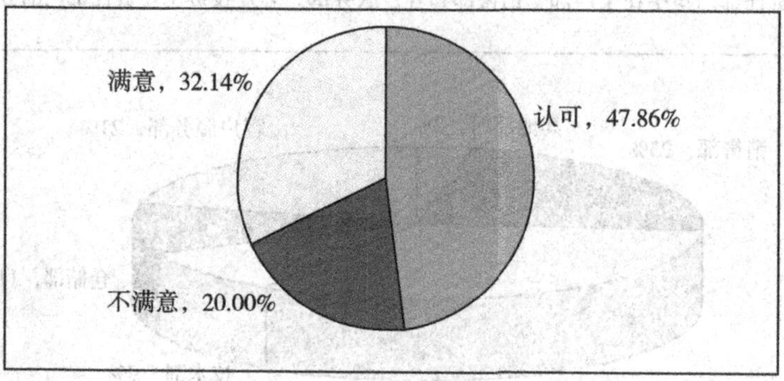
满意，32.14%
认可，47.86%
不满意，20.00%

投诉满意度分析

五、改善建议

1. 完善质量管理体系，提高产品质量管理，控制产品不良率。

2. 提高客户服务水平，通过客户服务人员培训、绩效考核提高客户服务人员的服务意识，以满足客户需求、尊重客户为服务原则，完善客户服务工作标准。

3. 加强销售人员管理控制，通过产品销售培训、销售技巧培训等提高销售人员对产品的熟悉程度和销售话术技巧，减少客户对销售环节的投诉。

4. 建立客户安慰制度，对提出投诉的客户给予一定程度的安慰与补偿，提高客户满意度，保证良好的客户关系。

编制人员		审核人员		审批人员	
编制时间		审核时间		审批时间	

第 7 章　售后服务管理

7.1　售后服务职能管理

7.1.1　售后服务任务目标

售后服务管理的工作目标包括以下 5 个方面，具体如图 7-1 所示。

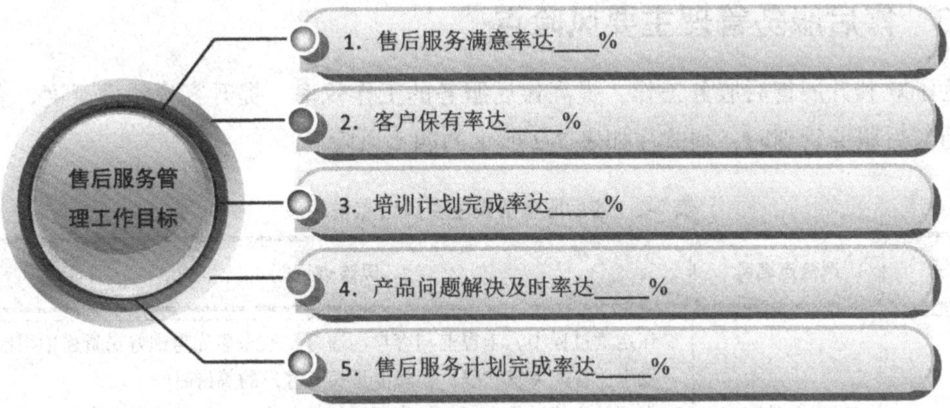

售后服务管理工作目标
1. 售后服务满意率达____%
2. 客户保有率达_____%
3. 培训计划完成率达_____%
4. 产品问题解决及时率达_____%
5. 售后服务计划完成率达_____%

图 7-1　售后服务管理工作目标示意图

7.1.2　售后服务职能分解

对售后服务部的职能进行分解，可以细化售后服务部的各项职能。售后服务部的职能分解说明如表 7-1 所示。

表 7-1　售后服务部职能分解说明表

职能分项	职能细化
1. 售后服务方案制定	根据售后服务过程中收集的客户服务问题及要求，制定售后服务方案
2. 售后客户跟踪	（1）根据客户交易信息制定《客户回访方案》，做好产品跟踪服务 （2）召开部门会议，分析、处理回访过程中出现的售后问题 （3）根据售后服务水平和客户意见，分析、总结原因并提出《售后服务改善方案》
3. 售后配送	根据客户配送要求及配送规定，做好配送工作

（续表）

职能分项	职能细化
4. 售后维修	（1）客户可在规定时间内到维修地点进行维修 （2）审核“报修单”，符合要求的客户方可享受维修服务 （3）售后服务部必须对售后维修质量进行回访，以提高客户对维修服务的满意度
5. 售后保养	（1）在产品保养期内，售后服务部根据产品性能及客户需求制订产品保养计划 （2）售后服务部通过上门或电话的方式对保养服务进行回访
6. 售后人员培训	（1）根据售后服务专员的实际情况开展岗前培训，培训内容包括售后服务流程、售后服务制度、产品知识等 （2）定期组织客户服务人员进行演练，提高服务人员素质 （3）协助人力资源部制订在岗售后服务人员的培训计划

7.1.3 售后服务管理主要风险点

为了顺利开展售后服务工作，提高售后服务的工作效率，提升客户的满意度，企业在进行售后服务管理时，须关注如表 7-2 所示的四大风险。

表 7-2 售后服务管理主要风险点说明表

序号	风险点名称	风险点说明
风险点 1	售后服务实施风险	1. 在送货过程中，未提前与客户沟通好，或未事先考虑好送货途中可能会发生的各类突发状况，客观上延长了客户的等待时间 2. 在产品安装过程中，未能全部了解安装事项，影响产品的安装进度，或损坏产品 3. 在产品维修过程中，未彻底维修好产品，或因其他原因造成维修时间延误等，给客户带来使用上的不便
风险点 2	售后服务培训风险	1. 在技术培训过程中，未明确技术要点，使客户只掌握了产品的基本技能，未全面掌握产品的使用技术等 2. 企业对售后服务知识培训不够重视，导致培训投入不足，员工服务技能不足
风险点 3	售后服务质量风险	1. 在上门服务过程中，未按时提供服务，或未准备好上门服务的相关事项，给客户留下不好的印象 2. 因售后服务质量低下，使得客户投诉增多，造成企业美誉度降低
风险点 4	售后服务跟踪风险	1. 未对客户进行及时的售后服务跟踪，不了解客户购买产品后的情况，客户有可能因此而流失 2. 未进行售后服务跟踪的详细记录，不利于日后查询

7.2　售后服务岗位职责

7.2.1　售后服务主管职责说明

岗位名称	售后服务主管	所属部门	售后服务部
上　　级	客服经理	下　　级	
职责概述	售后服务主管在客服经理的监督领导下，做好本部门的管理工作，并及时汇报客户反馈信息		
工作职责	职责细分		
1. 制订售后服务计划	（1）根据售后服务实际情况制订详细的售后服务计划，并上报客服经理审核 （2）负责售后服务计划的具体实施		
2. 售后服务管理	（1）汇总客户售后服务需求，依照售后服务流程制定《售后服务方案》，并报客服经理审批 （2）协助客户解决在产品使用过程中遇到的问题，安排售后服务人员提供技术支持 （3）安排售后服务专员做好客户回访工作，保证服务质量，提升企业形象		
3. 售后设备、资料的管理	（1）分析、整理售后服务反馈资料、信息，提出相应的改进意见，向上级领导汇报 （2）建立、健全客户及设备档案信息，并及时更新档案资料 （3）负责售后服务部的正常运转，监督售后服务设备的维护、保养、回收等		
4. 客户关系的维护	（1）负责售后服务工作的协调和管理，有效提升产品售后服务质量，维护企业形象 （2）及时处理客户的重大投诉及索赔事宜，监督售后服务质量并确保客户的满意度		
5. 培训管理	负责所属人员售后服务规范的培训工作，并将培训结果上报客服经理		

7.2.2　售后维修主管职责说明

岗位名称	售后维修主管	所属部门	售后服务部
上　　级	客服经理	下　　级	
职责概述	售后维修主管主要负责产品的售后维修工作，根据产品的相关指标做好维修的指导工作，提升客户的满意度，维护企业形象		
工作职责	职责细分		
1. 售后维修制度的建设	（1）制订并执行售后维修计划，根据客户要求安排工作人员进行产品维修工作，并根据实际情况对计划进行适当调整，妥善解决客户提出的售后问题 （2）参与制定维修设备管理制度，负责设备台账、备件等的计划工作，监督设备管理系统数据的正常运行，并督促该系统的日常维护和完善工作		

（续表）

工作职责	职责细分
2. 维修人员管理工作	（1）严格要求维修人员按照售后维修管理规章制度操作 （2）负责维修现场工作人员的安全，保障企业的人身及财产安全 （3）负责做好下属员工的培训、考核管理工作，提高维修服务质量
3. 维修质量管理工作	（1）记录每次售后维修工作，每月进行分析、总结，对发现的问题制定解决方案并整改和上报 （2）监督产品维修后的质量问题，确保产品维修质量
4. 售后维修特殊问题的管理	（1）按照售后维修要求，对有配件的问题产品要当天修复，对无配件的问题产品要及时申领配件并尽快通知客户，避免纠纷 （2）对于不能独自处理的重大维修问题，必须立即上报客服经理作最终决定 （3）协助维修人员解答客户提出的疑难问题，负责产品故障和维修的解释工作

7.2.3 售后技术工程师职责说明

岗位名称	售后技术工程师	所属部门	售后服务部
上　　级	客服经理	下　　级	
职责概述	售后技术工程师主要负责提供售后技术支持工作，向客户提供全方位的技术解决方案，并不断提高售后技术服务水平		

工作职责	职责细分
1. 技术服务工作	（1）根据售后维修日程合理安排技术指导工作 （2）主要负责相关管理设备、监控系统的布线、安装、调试等工作
2. 客户关系管理	在售后服务过程中维护并发展企业与客户之间的关系
3. 售后产品技术管理	（1）负责企业产品技术方面的日常服务工作，包括远程协助或现场解决客户在产品使用过程中的问题 （2）负责受理客户的业务咨询、投诉，并指导客户正确使用系统，向客户提供技术支持，解决常见问题
4. 技术服务信息管理	（1）及时接收、记录客户的反馈信息，定期提供售后技术支持报告 （2）收集客户信息，做好需求反馈，要求相关部门给予支持和协调，向客户提供全方位的技术支持
5. 培训管理	（1）负责产品交付过程中的安装指导、检查及操作保养培训 （2）负责对技术人员的培训、指导工作，提高售后技术服务水平 （3）负责对客户的技术培训、售后维护讲解工作，确保产品能够正常使用
6. 对产品反馈问题的处理	（1）记录并处理各种常见售后故障，记录、处理返修件测试，及时向售后经理提交返修件测试报告，汇报配件使用情况 （2）跟踪产品的质量运行状况，不断提出技术改进建议

7.3　售后服务岗位考核量表

7.3.1　售后服务主管考核量表

考核项目	指标名称	权重	指标说明及考核标准	得分
售后服务工作业绩	售后服务计划完成率	10%	考核期内，售后服务计划完成率目标值为____%，每减少____%，扣____分；低于____%，该项不得分	
	部门协作满意度	10%	考核期内，部门协作满意度目标值为____分，每减少____分，扣____分；低于____分；该项不得分	
	售后服务投诉解决满意度	15%	考核期内，售后服务投诉解决满意度目标值为____分，每减少____分，扣____分；低于____分，该项不得分	
	售后服务解决方案通过率	15%	考核期内，售后服务解决方案通过率目标值为____%，每减少____%，扣____分；低于____%，该项不得分	
	售后服务投诉件数	10%	考核期内，售后服务投诉件数不得多于____件，每增加____件，扣____分；高于____件，该项不得分	
文件管理	售后服务意见反馈报告提交及时率	10%	考核期内，售后服务意见反馈报告提交及时率目标值为____%，每减少____%，扣____分；低于____%，该项不得分	
	客户资料上交及时率	5%	考核期内，客户资料上交及时率目标值为____%，每减少____%，扣____分；低于____%，该项不得分	
教育培训	培训目标达成率	15%	考核期内，培训目标达成率目标值为____%，每减少____%，扣____分；低于____%，该项不得分	
	售后服务培训参加率	10%	考核期内，售后服务培训参加率目标值为____%，每减少____%，扣____分；低于____%，该项不得分	

7.3.2 售后维修主管考核量表

考核项目	指标名称	权重	指标说明及考核标准	得分
任务目标	售后维修目标达成率	15%	考核期内，售后维修目标达成率目标值为____%，每减少____%，扣____分；低于____%，该项不得分	
	售后维修及时率	10%	考核期内，售后维修及时率目标值为____%，每减少____%，扣____分；低于____%，该项不得分	
	部门协作满意度	5%	考核期内，部门协作满意度目标值为____分，每减少____分，扣____分；低于____分，该项不得分	
教育培训	培训目标达成率	15%	考核期内，培训目标达成率目标值为____%，每减少____%，扣____分；低于____%，该项不得分	
	售后维修培训参加率	10%	考核期内，售后维修培训参加率目标值为____%，每减少____%，扣____分；低于____%，该项不得分	
客户服务	售后维修服务满意度	20%	考核期内，售后维修服务满意度目标值为____分，每减少____分，扣____分；低于____分，该项不得分	
	售后维修服务改进方案通过率	5%	考核期内，售后维修服务改进方案通过率目标值为____%，每减少____%，扣____分；低于____%，该项不得分	
	售后维修服务投诉件数	10%	考核期内，售后维修服务投诉件数不得多于____件，每增加____件，扣____分；高于____件，该项不得分	
档案资料	售后维修服务反馈报告提交及时率	5%	考核期内，售后维修服务反馈报告提交及时率目标值为____%，每减少____%，扣____分；低于____%，该项不得分	
	客户资料上交及时率	5%	考核期内，客户资料上交及时率目标值为____%，每减少____%，扣____分；低于____%，该项不得分	

7.3.3 售后技术工程师考核量表

考核项目	指标名称	权重	指标说明及考核标准	得分
任务目标	售后技术服务目标完成率	15%	考核期内，售后技术服务目标完成率目标值为____%，每减少____%，扣____分；低于____%，该项不得分	
	售后技术指导及时率	5%	考核期内，售后技术指导及时率目标值为____%，每减少____%，扣____分；低于____%，该项不得分	
教育培训	培训目标达成率	10%	考核期内，培训目标达成率目标值为____%，每减少____%，扣____分；低于____%，该项不得分	
	售后技术培训参加率	10%	考核期内，售后技术培训参加率目标值为____%，每减少____%，扣____分；低于____%，该项不得分	
客户服务	售后技术服务满意度	25%	考核期内，售后技术服务满意度目标值为____分，每减少____分，扣____分；低于____分，该项不得分	
	售后技术改进方案通过率	5%	考核期内，售后技术改进方案通过率目标值为____%，每减少____%，扣____分；低于____%，该项不得分	
	售后技术服务投诉件数	15%	考核期内，售后技术服务投诉件数不得多于____件	
档案资料	售后技术服务反馈报告提交及时率	10%	考核期内，售后技术服务反馈报告提交及时率目标值为____%，每减少____%，扣____分；低于____%，该项不得分	
	客户资料上交及时率	5%	考核期内，客户资料上交及时率目标值为____%，每减少____%，扣____分；低于____%，该项不得分	

7.4 售后服务流程与节点说明

7.4.1 售后安装服务流程与节点说明

1. 售后安装服务流程

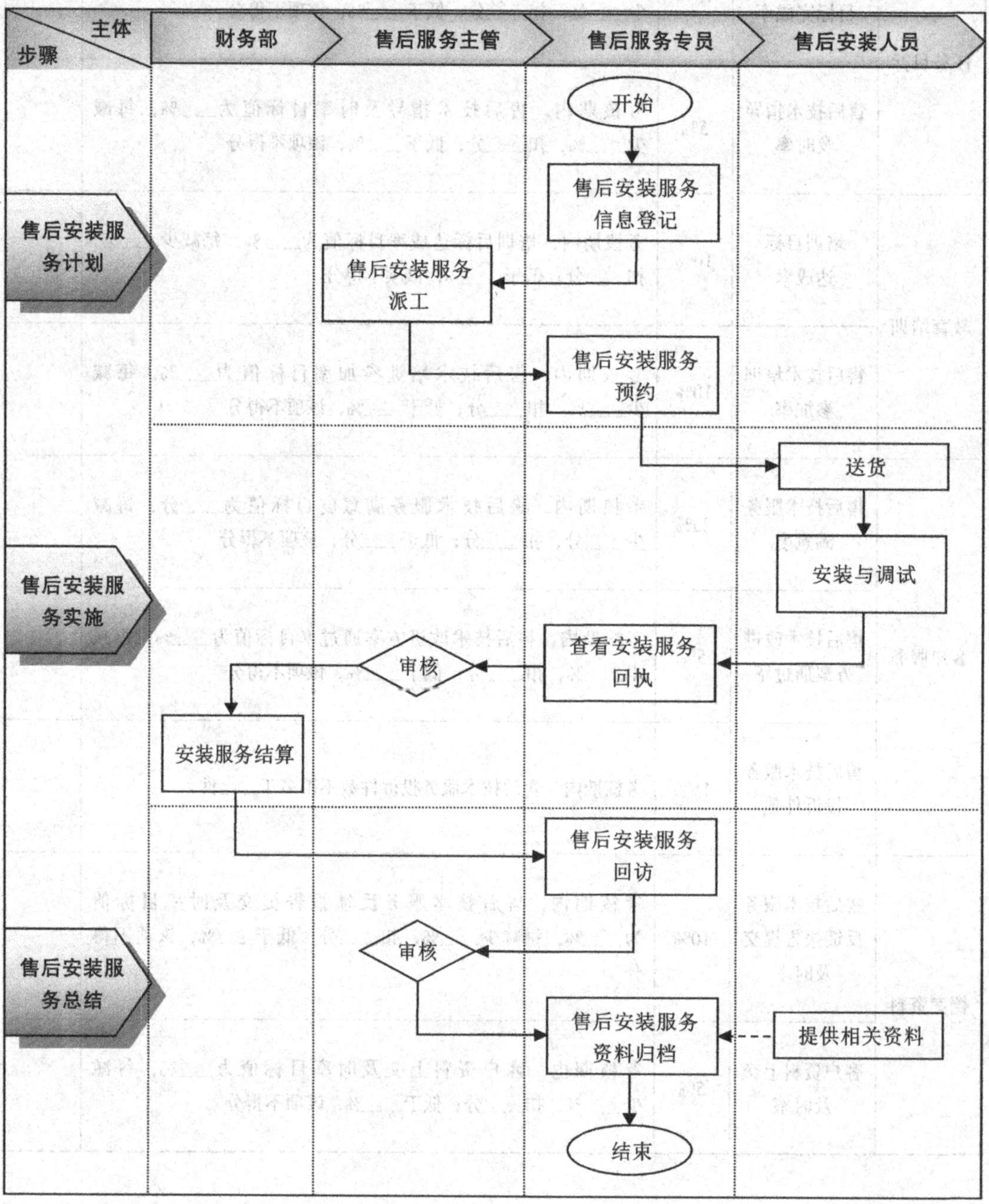
主体
步骤
财务部
售后服务主管
售后服务专员
售后安装人员
售后安装服务计划
售后安装服务实施
售后安装服务总结
开始
售后安装服务信息登记
售后安装服务派工
售后安装服务预约
送货
安装与调试
查看安装服务回执
审核
安装服务结算
售后安装服务回访
审核
售后安装服务资料归档
提供相关资料
结束

2. 流程节点说明

<table>
<tr><td colspan="2">文件名称</td><td>售后安装服务业务节点说明</td><td>版本号</td><td></td><td>页　数</td><td></td></tr>
<tr><td colspan="2">文件编号</td><td></td><td>编制人</td><td></td><td>审批人</td><td></td></tr>
<tr><td>节点</td><td>节点名称</td><td colspan="2">节点业务操作说明</td><td>时长</td><td>适用单位</td><td>责任部门</td></tr>
<tr><td>1</td><td>售后安装服务信息登记</td><td colspan="2">◆ 售后服务专员根据销售部提供的相关信息资料，对售后安装服务的信息进行登记
◆ 售后服务专员与客户进行沟通、协商，充分了解客户的需求及安装地点的详细信息，为实施安装服务计划做好准备</td><td>一个工作日</td><td>售后服务专员</td><td>售后服务部</td></tr>
<tr><td>2</td><td>售后安装服务派工</td><td colspan="2">◆ 售后服务主管应对售后安装服务的登记信息进行审核，确认无误后做好相应的工作安排
◆ 售后安装人员应及时接收安装信息，并根据客户的需求和产品的特性制订具体的工作计划
◆ 对于安装位置有一定要求的产品，售后安装人员应进行现场勘测
◆ 售后安装人员应汇总信息，为客户提供量身定制的方案，方案中应详细记录产品的型号规格、技术参数、效用、安装的位置、产品的报价等详细信息
◆ 售后服务主管应对售后安装工作计划和方案进行审核，并进行指导监督</td><td>一个工作日</td><td>售后服务主管、售后安装人员</td><td>售后服务部</td></tr>
<tr><td>3</td><td>售后安装服务预约</td><td colspan="2">◆ 售后服务专员应提前向客户介绍产品的安装计划和方案，征求客户的意见，并与客户确认安装时间和地点
◆ 预约结束后，售后服务专员应将相关信息及时传达给售后安装人员</td><td>一个工作日</td><td>售后服务专员</td><td>售后服务部</td></tr>
<tr><td>4</td><td>送货</td><td colspan="2">◆ 售后安装人员按照计划送货，出发前，售后安装人员应携带好纸、笔、“售后安装服务记录表”及安装所需的工具和备品备件
◆ 售后安装人员应提前通知客户，与客户确认相关信息，在抵达目的地后，再次通知客户</td><td>一个工作日</td><td>售后安装人员</td><td>售后服务部</td></tr>
</table>

（续表）

节点	节点名称	节点业务操作说明	时长	适用单位	责任部门
5	安装与调试	◆ 安装人员必须具备基本安装技能和实际经验 ◆ 在安装过程中，如需挪动客户的家具或物品，必须征得客户同意，要轻拿轻放，严禁在地板或地毯上推来推去 ◆ 售后安装人员必须严格按照国家相关规定及本企业规定的安装工艺要求进行操作，向客户讲解产品的使用方法和日常的维护、保养常识 ◆ 售后安装人员不得向客户吃、拿、卡、要，要爱护客户的家居或办公环境，不得损坏其他物品 ◆ 安装服务若需收费，安装人员应事先向客户声明并出示“服务项目与收费标准表”，属免费服务的不准巧立名目收取费用，严禁乱收滥收客户费用	一个工作日	售后安装人员	售后服务部
6	查看安装服务回执	◆ 安装完毕后，安装人员必须按要求逐项认真检查，填好“售后安装服务记录表”及保修卡的相关内容并请客户签名（单位客户请盖公章），并把工作现场清扫干净，使家具等物品归位 ◆ 售后安装人员在返回企业后，应及时将相关记录交给售后服务专员进行检查确认	一个工作日	售后服务专员、售后安装人员	售后服务部
7	安装服务结算	◆ 售后服务主管应对“售后安装服务记录表”及售后安装服务的回执单进行审核确认 ◆ 售后服务主管审核无误后，将相关资料转交财务部 ◆ 财务部应对售后安装服务的相关资料进行审核，办理相关的结算手续	一个工作日	财务部	财务部
8	售后安装服务回访	◆ 安装结束后，售后服务专员应进行客户回访，收集客户对服务的意见和建议 ◆ 在回访过程中若发生客户投诉等现象，售后服务专员应及时进行协调解决，维护企业形象 ◆ 售后服务专员应将回访信息整理汇总成《售后安装服务回访报告》交由主管审核	一个工作日	售后服务主管、售后服务专员	售后服务部
9	售后安装服务资料归档	◆ 售后服务专员应及时将主管审核通过的报告及售后安装人员提供的相关资料进行整理、归档，将安装服务的相关资料放入客户档案中备查	一个工作日	售后服务专员、售后安装人员	售后服务部

7.4.2 售后技术支持流程与节点说明

1. 售后技术支持流程

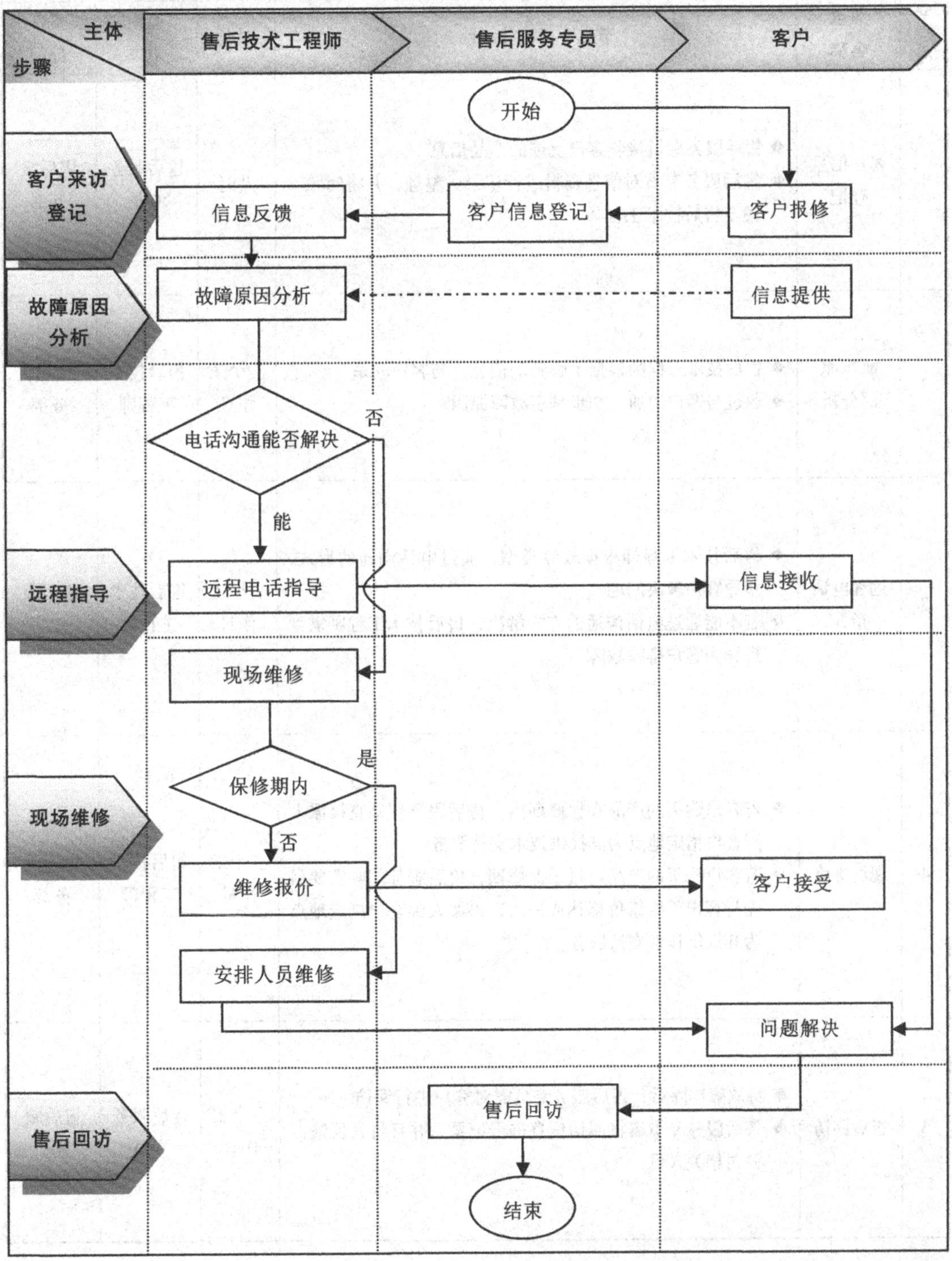

主体
步骤
售后技术工程师
售后服务专员
客户
开始
客户来访登记
信息反馈
客户信息登记
客户报修
故障原因分析
故障原因分析
信息提供
电话沟通能否解决
否
能
远程指导
远程电话指导
信息接收
现场维修
现场维修
是
保修期内
否
维修报价
客户接受
安排人员维修
问题解决
售后回访
售后回访
结束

2. 流程节点说明

文件名称		售后技术支持业务节点说明	版本号		页　数	
文件编号			编制人		审批人	
节点	节点名称	节点业务操作说明	时长	适用单位	责任部门	
1	客户信息登记	◆ 售后服务专员接收客户反馈的产品信息 ◆ 售后服务专员对信息资料进行记录、整理，并将问题反馈至售后技术工程师	及时	售后服务专员	售后服务部	
2	故障原因分析	◆ 售后技术工程师根据了解到的信息，与客户联系 ◆ 通过与客户沟通，初步判定故障原因	__个工作日	售后技术工程师	售后服务部	
3	远程电话指导	◆ 售后技术工程师根据故障类型，通过电话沟通的形式，指导客户解决问题 ◆ 若不能通过电话沟通的方式解决，售后技术工程师需到现场为客户排除故障	__个工作日	售后技术工程师	售后服务部	
4	现场维修	◆ 若客户购买的产品在保修期内，售后服务部则直接派人到客户指定地点为其提供技术支持服务 ◆ 若客户购买的产品已过了保修期，售后服务部则需要事先与客户就维修价格达成一致，再派人到客户指定地点为其提供技术支持服务	__个工作日	售后技术工程师	售后服务部	
5	售后回访	◆ 待故障排除后，售后服务专员需对客户进行回访 ◆ 售后服务专员需将回访信息进行记录，并且将其反馈至公司相关人员	__个工作日	售后服务专员	售后服务部	

7.4.3　售后保养服务流程与节点说明

1. 售后保养服务流程

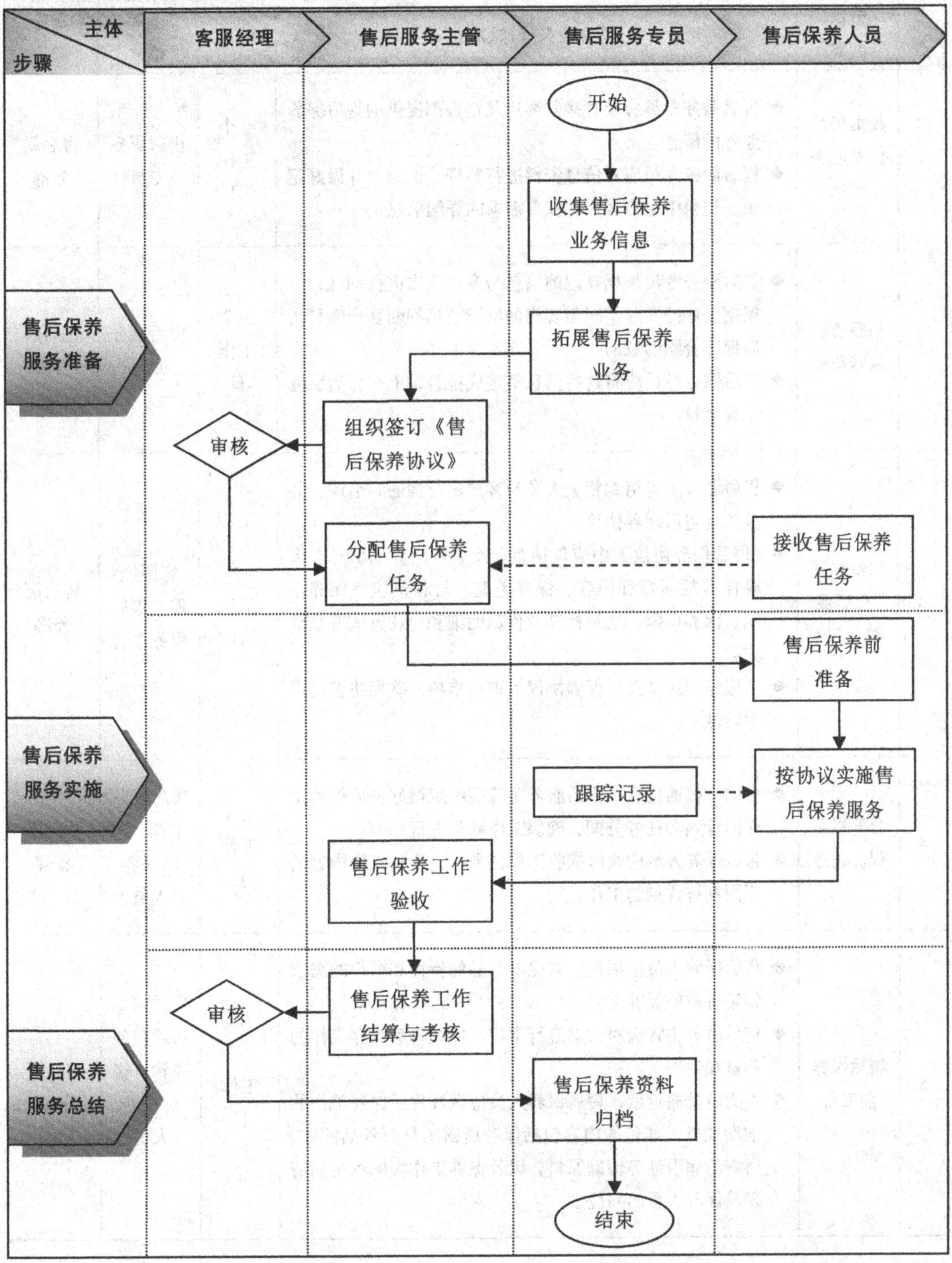
主体
步骤
客服经理
售后服务主管
售后服务专员
售后保养人员
售后保养服务准备
售后保养服务实施
售后保养服务总结
开始
收集售后保养业务信息
拓展售后保养业务
组织签订《售后保养协议》
审核
分配售后保养任务
接收售后保养任务
售后保养前准备
按协议实施售后保养服务
跟踪记录
售后保养工作验收
售后保养工作结算与考核
审核
售后保养资料归档
结束

2. 流程节点说明

文件名称		售后保养服务业务节点说明	版本号		页　数	
文件编号			编制人		审批人	
节点	节点名称	节点业务操作说明	时长		适用单位	责任部门
1	收集售后保养业务信息	◆ 售后服务专员应及时接收客户及销售部提供的售后保养业务的信息 ◆ 售后服务专员应对信息资料进行整理、汇总，并做好记录，记录中应有客户和保养需求的详细信息	一个工作日		售后服务专员	售后服务部
2	拓展售后保养业务	◆ 售后服务专员根据登记的信息与客户再次进行确认，并根据企业的实际情况与客户的反馈意见判断客户签订售后保养合同的意向 ◆ 售后服务专员应将这些信息整理成报告，上交售后服务主管审核	一个工作日		售后服务专员	售后服务部
3	组织签订《售后保养协议》	◆ 售后服务主管组织相关人员与客户进行沟通、洽谈，并签订《售后保养协议》 ◆《售后保养协议》中应包括企业及客户的详细信息、需要保养的项目和内容、保养类型、材料供应、保养范围、保养期限、质量标准及价款明细和付款方式等重要内容 ◆ 客服经理对《售后保养协议》进行审核，确保协议的可执行性	一个工作日		客服经理、售后服务主管	售后服务部
4	分配售后保养任务	◆ 合同审核通过后，售后服务主管应组织做好售后保养工作的计划和任务分配，确保工作顺利进行 ◆ 售后保养人员应及时接收工作任务，并根据工作内容的不同制订详细的工作计划	一个工作日		售后服务主管、售后保养人员	售后服务部
5	售后保养前准备	◆ 售后保养人员应根据所需保养产品的特性和客户的需求制定有效的保养方案 ◆ 售后服务主管应对方案进行审核，保证售后保养工作的质量和效率 ◆ 方案审批通过后，售后保养人员应做好售后保养工作的前期准备，准备的内容包括保养所需工具及备品配件、所需的润滑油等辅助原料，以及保养工作实施场所的清理及保养人员的到位	一个工作日		售后服务主管、售后保养人员	售后服务部

（续表）

节点	节点名称	节点业务操作说明	时长	适用单位	责任部门
6	按协议实施售后保养服务	◆ 售后保养人员应根据协议规定的内容和相关规范定期进行产品保养 ◆ 在工作过程中，售后保养人员应向客户讲解产品使用和日常维护知识，保养结束后，应请客户在售后保养实施记录上签字确认 ◆ 售后服务专员应对售后保养工作的实施过程进行跟踪、记录，为业务的验收、考核和结算提供依据	__个工作日	售后服务专员、售后保养人员	售后服务部
7	售后保养工作验收	◆ 保养工作结束后，售后服务主管应按协议中规定的事项和质量标准对保养业务的实施情况进行验收 ◆ 对于验收中发现的问题，售后服务主管应立即协调解决，并处理好客户的咨询和疑问，确保协议顺利执行 ◆ 验收结束后，售后服务主管应出具《售后保养工作验收报告》，上有客户的签章	__个工作日	售后服务主管	售后服务部
8	售后保养工作结算与考核	◆ 验收通过后，售后服务主管应与客户按协议规定做好结算等相关手续 ◆ 售后服务主管应根据保养工作的实施记录和验收情况对售后保养人员进行考核 ◆ 售后服务主管应根据考核结果编制相应的奖惩方案，并将方案和验收报告上交客服经理审核 ◆ 审核通过后，售后服务主管应根据奖惩方案对相关人员实施奖惩，并组织编制《售后保养工作总结》	__个工作日	客服经理、售后服务主管	售后服务部
9	售后保养资料归档	◆ 售后服务专员及时将售后保养工作的相关资料进行整理、归档 ◆ 售后服务主管应对资料的保管情况进行监督、检查	__个工作日	售后服务主管、售后服务专员	售后服务部

7.4.4 售后服务跟踪流程与节点说明

1. 售后服务跟踪流程

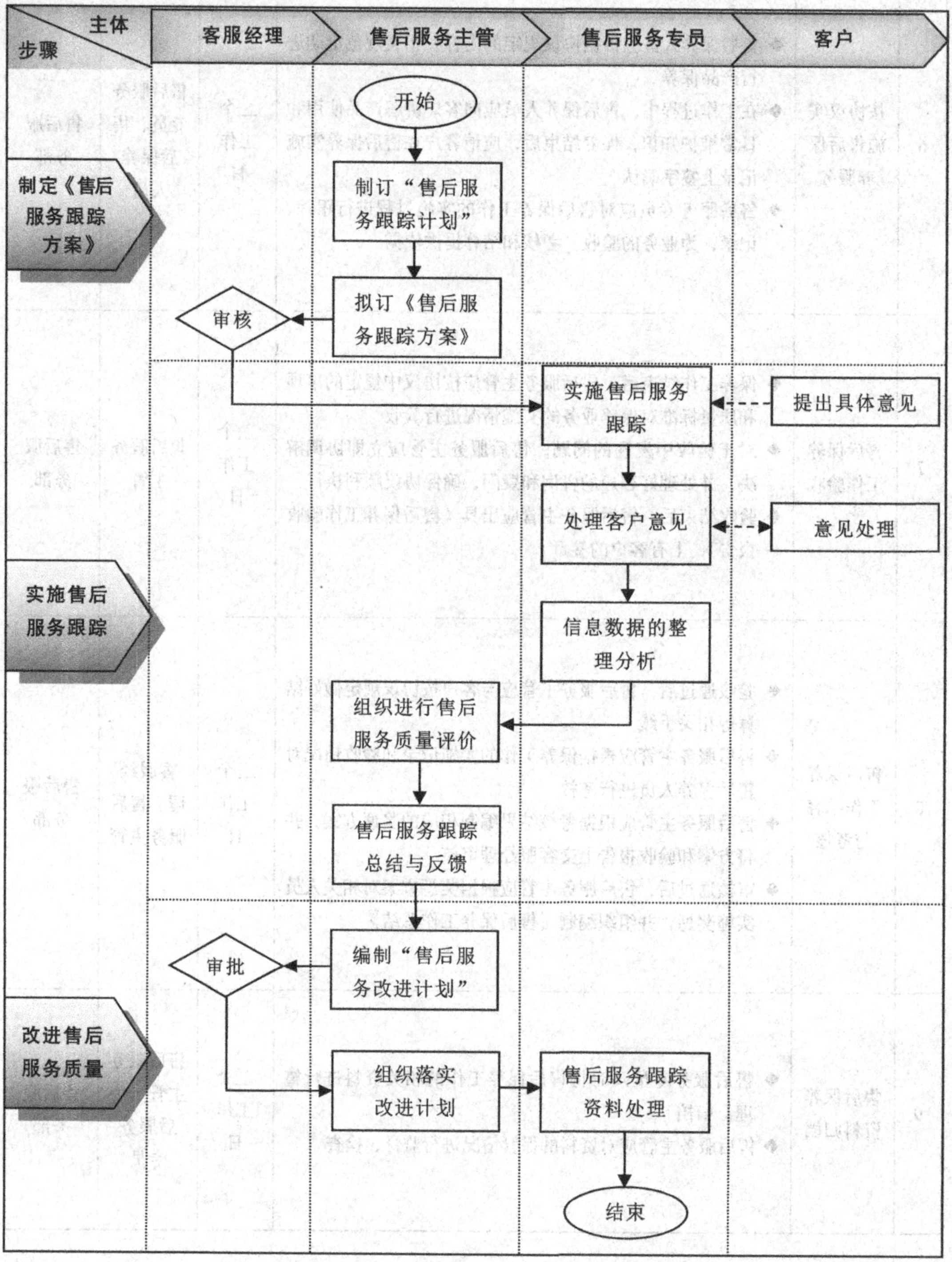
主体
步骤
客服经理
售后服务主管
售后服务专员
客户
制定《售后服务跟踪方案》
实施售后服务跟踪
改进售后服务质量
开始
制订“售后服务跟踪计划”
拟订《售后服务跟踪方案》
审核
实施售后服务跟踪
提出具体意见
处理客户意见
意见处理
信息数据的整理分析
组织进行售后服务质量评价
售后服务跟踪总结与反馈
编制“售后服务改进计划”
审批
组织落实改进计划
售后服务跟踪资料处理
结束

2. 流程节点说明

文件名称		售后服务跟踪业务节点说明	版本号		页　数	
文件编号			编制人		审批人	
节点	节点名称	节点业务操作说明		时长	适用单位	责任部门
1	制订“售后服务跟踪计划”	◆ 售后服务主管应根据企业的实际情况制订“售后服务跟踪计划”，计划中应包括计划实施的目的、完成期限、相关负责人等信息 ◆ 售后服务主管应做好人员和资源的调配，确保计划得以顺利实施		__个工作日	售后服务主管	售后服务部
2	拟订《售后服务跟踪方案》	◆ 售后服务主管组织相关人员根据“售后服务跟踪计划”拟订具体的行动方案 ◆《售后服务跟踪方案》中应包括售后服务跟踪实施的方式方法、客户意见的处理程序和技巧、常见问题的解决方式、具体的职责明细和预算金额及分配情况 ◆ 客服经理应对方案进行分析、论证，完善其中不合理的事项，并监督执行		__个工作日	客服经理、售后服务主管	售后服务部
3	实施售后服务跟踪	◆ 方案审批通过后，售后服务专员应按计划实施售后服务跟踪调研 ◆ 售后服务跟踪的常见方法有问卷调研法、电话访谈调研法、上门拜访调研法、典型调研法等，售后服务专员应根据客户类型选择科学、合理的方法进行跟踪调研 ◆ 客户可对企业的产品和售后服务的质量进行评价，提出合理的意见和建议，并在“客户售后服务跟踪记录单”上签字确认		__个工作日	售后服务专员、客户	售后服务部、客户
4	处理客户意见	◆ 售后服务专员应做好跟踪调研中客户意见的处理工作，及时为客户解决问题 ◆ 若出现客户抱怨、投诉的情况，售后服务专员应尽量安抚客户，并且立即上报，缩小事件的影响范围，同时提出有效的解决方法 ◆ 售后服务专员应及时向客户汇报事件的处理情况，征询客户的意见，确保问题得到圆满解决		__个工作日	售后服务专员、客户	售后服务部、客户

（续表）

节点	节点名称	节点业务操作说明	时长	适用单位	责任部门
5	信息数据的整理分析	◆ 售后服务专员应对售后服务跟踪及客户意见处理中的相关资料进行整理分析，为企业改进产品、提高售后服务质量提供依据 ◆ 售后服务专员应将资料数据整理成《售后服务跟踪记录报告》，并上交售后服务主管审核	__个工作日	售后服务专员	售后服务部
6	组织进行售后服务质量评价	◆ 售后服务主管应对售后服务的跟踪调研情况进行监控、分析，并对企业售后服务的质量进行评价 ◆ 在评价过程中，售后服务主管应对售后服务的跟踪记录进行分析、论证，查找企业售后服务管理中的优势与不足	__个工作日	售后服务主管	售后服务部
7	售后服务跟踪总结和反馈	◆ 售后服务主管应对售后服务的跟踪和评价情况进行总结、反馈，调研问题产生的原因，确定责任人，并及时处理 ◆ 售后服务主管应根据"售后服务跟踪计划"的完成情况编制《售后服务跟踪总结报告》	__个工作日	售后服务主管	售后服务部
8	编制"售后服务改进计划"	◆ 售后服务的评价和跟踪总结结束后，售后服务主管应组织编制"售后服务质量改进计划"，明确需改进的内容和原因、改进办法与预期效果 ◆ 客服经理应对计划的实用性和合理性进行审批，并做好计划实施所需资源的配置工作	__个工作日	客服经理、售后服务主管	售后服务部
9	组织落实改进计划	◆ 计划审批通过后，售后服务主管应组织落实改进计划中的有关措施，切实提高企业售后服务工作的质量 ◆ 售后服务专员应建立企业的售后服务跟踪资料索引系统，并不断更新、完善，方便企业查找和应用	__个工作日	售后服务主管、售后服务专员	售后服务部

7.4.5　售后退换货服务流程与节点说明

1. 售后退换货服务流程

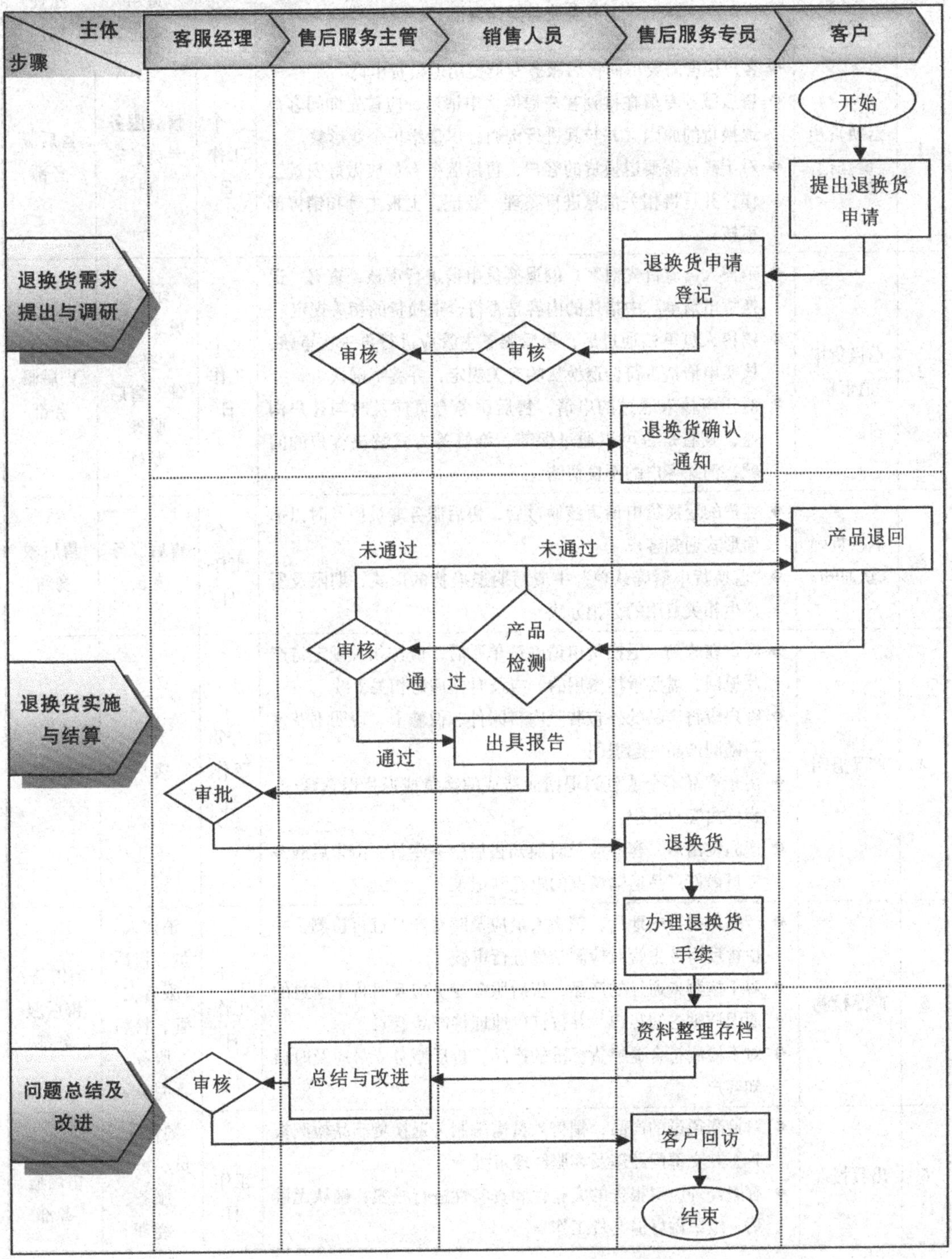
主体
步骤
客服经理
售后服务主管
销售人员
售后服务专员
客户
退换货需求提出与调研
退换货实施与结算
问题总结及改进
开始
提出退换货申请
退换货申请登记
审核
审核
退换货确认通知
产品退回
未通过
未通过
产品检测
审核
通过
通过
通过
出具报告
审批
退换货
办理退换货手续
资料整理存档
总结与改进
审核
客户回访
结束

2. 流程节点说明

文件名称		售后退换货服务业务节点说明	版本号		页　数	
文件编号			编制人		审批人	
节点	节点名称	节点业务操作说明	时长	适用单位	责任部门	
1	退换货申请登记	◆ 客户根据需要可向售后服务专员提出退换货申请 ◆ 售后服务专员在接到客户退换货申请后，应首先询问客户退换货的原因，并与其进行沟通，尽量维护企业形象 ◆ 对于确认需要退换货的客户，售后服务专员应做好安抚工作，并且将相关信息进行整理、登记，上报主管和销售部审核	__个工作日	售后服务专员、客户	售后服务部	
2	退换货申请审核	◆ 销售人员应首先对客户的退换货申请进行审核，查看“退换货申请单”中描述的内容是否符合退换货的相关规定 ◆ 销售人员审核通过后，售后服务主管应进行再一次审核，核实申请是否符合退换货的有关规定，并签字确认 ◆ 对于审核未通过的申请，售后服务专员应及时与客户沟通，查看是否可以通过保养、维修等方式解决客户的问题，消除客户的不良情绪	__个工作日	销售人员、售后服务主管、售后服务专员	销售部、售后服务部	
3	退换货确认通知	◆ 客户的退换货申请审核通过后，售后服务专员应及时以书面形式通知客户 ◆ “退换货申请确认单”中应写明退换货的形式、期限及所产生相关费用的分担办法	__个工作日	售后服务专员	售后服务部	
4	产品退回	◆ 客户在收到“退换货申请确认单”后，应按相关规定将产品退回，需要承担费用的，应及时办理好相关手续 ◆ 客户应将产品的外包装、内带附件、保修卡、说明书及发票随同产品一起退回 ◆ 由于产品不全或延迟退回而造成的换货或退货退款延误，责任由客户承担 ◆ 产品发出后，客户应及时通知售后服务专员，由售后服务专员做好产品运输情况的跟踪和记录	__个工作日	客户	客户	
5	产品检测	◆ 产品运抵目的地后，销售人员应及时对产品进行检测，并由售后服务主管对检测结果进行审核 ◆ 对于检测未通过的产品，售后服务专员应及时将未通过的原因详细告知客户，并按订单地址将产品返回 ◆ 对于检测符合退换货标准的产品，售后服务专员应及时通知客户	__个工作日	销售人员、售后服务主管、售后服务专员	销售部、售后服务部	
6	出具报告	◆ 对检测通过的产品，销售人员需编制《退换货产品检测报告》并交部门经理及客服经理审批 ◆ 客服经理应对报告的完整性和真实性进行核实，确认无误后，组织做好退换货工作	__个工作日	销售人员、售后服务经理	销售部、售后服务部	

（续表）

节点	节点名称	节点业务操作说明	时长	适用单位	责任部门
7	退换货	◆ 售后服务专员应根据相关规定为客户提供换货或退货退款服务 ◆ 售后服务专员应按相关规定填制好“退换货处理单”，并由客户签字确认	__个工作日	售后服务专员	售后服务部
8	办理退换货手续	◆ 对于需要退款的，售后服务专员应及时向财务部提供相关资料，财务部应在核实后及时将客户的货款转入客户的账户中 ◆ 对于退回的产品，售后服务专员应及时通知相关部门办理产品入库和相关账目的更新手续	__个工作日	售后服务专员	售后服务部
9	总结和改进	◆ 售后服务主管应组织对客户的退换货原因进行讨论、分析，提出有效的处理意见和预防措施，并编制完成《退换货总结与改进报告》 ◆ 客服经理应对报告进行审核，并且监督落实	__个工作日	客服经理、售后服务主管、售后服务专员	售后服务部
10	客户回访	◆ 退换货工作结束后，售后服务专员应进行客户回访，调研客户对企业产品和服务的满意度，及时处理客户反馈的问题，防止客户流失 ◆ 售后服务专员应将回访的资料进行整理、分析，将分析结果交由上级主管审核，并将退换货的相关资料进行整理、归档，为企业服务质量的改进提供依据	__个工作日	售后服务专员	售后服务部

7.5　售后服务管理制度

7.5.1　售后配送管理制度

制度名称	售后配送管理制度			受控状态	
				编　　号	
执行部门		监督部门		编修部门	

第1章　总则

第1条　目的

公司制定本售后配送管理制度的目的如下。

1. 确保售后部门根据销售协议，承担约定的售后配送服务。

2. 确保售后部门按时、保质、保量地将产品送至客户公司或客户指定地点。

第2条　适用范围

本制度适用产品销售之后的配送管理。

（续）

第 3 条　管理职责

1. 售后服务部负责产品的配送管理。

2. 仓储部负责产品的储备、分拣、包装等工作。

3. 售后服务部配送人员负责将产品送到客户公司或客户指定地点。

第 2 章　配送准备

第 4 条　备货

1. 销售部在与客户签订好销售协议或订单时，将销售协议或订单转换成“配送单”，交由仓储部进行备货，同时通知售后服务部准备送货。

2. 仓储部按照销售部提供的销售协议或订单内容，准备产品配件或成品。

3. 仓储部在备货过程中，需对产品进行质量检查，保证产品质量符合公司规定。

第 5 条　分拣

1. 仓储部需按照销售部出具的“配送单”，拣出需要使用的产品及配件并进行组装。

2. 仓储部分拣人员需采用适当的方式和手段，从储存的产品中取出需要的产品。具体的分拣方法如下表所示。

分拣方法说明表

方法	具体说明
摘取式分拣	◆ 仓储部分拣人员用分拣箱、集货箱，在货架间巡回走动，按照“配送单”上所列的品种、规格、数量等将产品拣出
播种式分拣	◆ 将数量较多的同种产品集中运到发货场，根据每个货位的产品发送量分别取出产品，并分别投放到代表不同客户的每个货位上，直到配送完毕

第 6 条　包装

1. 产品被分拣出来之后，为了便于识别，仓储部需安排包装人员对产品进行包装。

2. 包装人员需根据产品的包装要求，选择适当的包装材料、包装技术对其进行包装。

3. 常用的包装材料主要有纸质包装如牛皮纸、玻璃纸、沥青质、板纸、瓦楞纸等；塑料包装如聚乙烯、聚丙烯等；木材制品；金属包装等。

4. 包装人员可运用防震包装、防破损包装、防锈包装、防霉腐包装、防虫包装、真空包装等包装技术进行包装，避免产品受损。

第 3 章　配送管理

第 7 条　通知送货

1. 产品分拣、包装等准备工作完成之后，销售人员与客户联系，确定送货时间和地点。

2. 销售人员需制作“送货分领单”，交由售后配送人员进行送货。

第 8 条　配送线路设计

售后服务部需根据不同客户群的特点和要求，合理设计配送线路，确保及时、准确、方便、经济地将产品送达客户手中。

第 9 条　确定配送方式

售后服务部在设计线路的同时，需确定合适的配送方式，配送运输方式主要有两种，具体如下。

1. 直送式配送运输，是指由一个供应点对一个客户的专门送货。

2. 分送式配送运输，是指由一个供应点对多个客户的共同送货。

（续）

<table>
<tr><td colspan="6">第 10 条　车辆调集
售后服务部根据产品品种和数量，调派适宜的车型承运。
第 11 条　车辆装配
1. 送货时间和地点确定之后，售后配送人员需根据客户集中程度和送货距离，合理调配运力，进行产品装配。
2. 售后配送人员研究各类车厢的装载标准，根据不同货物和不同包装体积的要求，合理安排装载顺序。
3. 产品装车时必须以“分领单”上的送货户数为准，发现多货或少货时必须与仓储核对清楚，之后才能发货。
第 12 条　送货实施
1. 按照双方约定的地点和时间，安全准确地将产品运抵客户处，并组织相关人员卸货。
2. 如货物为委托代送的，委托代送人必须在两天内将产品送达客户手中，如遇特殊情况无法如期送货，必须预先告知公司售后服务部，经批准后才可以延期。
第 13 条　送货单据管理
1. 客户办理完产品验收手续后，需在送货单据上签字确认，交配送人员查验、带回。
2. 客户如使用 POS 机刷卡付款，必须在 POS 回单上签持卡人姓名。
3. 配送人员按送货顺序整理单据，并按要求装订成册，并交由财务部统一管理。
4. 委托代送人员收到被委托方的产品时，单据由委托代送人员代为签收。
第 14 条　配送监督
1. 售后服务部定期组织人员对其进行抽查，及时发现存在的问题并做好抽查记录。
2. 配送人员在送货完毕后需编写“送货日报表”，报售后服务部主管审核。
第 4 章　附则
第 15 条　本制度由客户服务部制定，其修订和解释权归客户服务部所有。
第 16 条　本制度由客户服务部经理审批，至颁布之日起执行。</td></tr>
<tr><td>编制日期</td><td></td><td>审核日期</td><td></td><td>批准日期</td><td></td></tr>
<tr><td>修改标记</td><td></td><td>修改处数</td><td></td><td>修改日期</td><td></td></tr>
</table>

7.5.2　售后安装管理制度

<table>
<tr><td rowspan="2">制度名称</td><td colspan="3" rowspan="2">售后安装管理制度</td><td>受控状态</td><td></td></tr>
<tr><td>编　　号</td><td></td></tr>
<tr><td>执行部门</td><td></td><td>监督部门</td><td></td><td>编修部门</td><td></td></tr>
<tr><td colspan="6">第 1 章　总则
第 1 条　目的
为保证产品安装符合要求，确保产品能正常运行，树立公司良好的售后服务形象，特制定本制度。
第 2 条　适用范围
本制度适用于公司所有产品的安装服务。
第 3 条　管理职责
1. 售后服务部主管负责安排安装人员的工作。</td></tr>
</table>

（续）

2. 售后服务部安装人员提供上门安装服务。

第 2 章　安装服务要求

第 4 条　明确安装服务标准

售后服务部相关人员需了解公司售后安装服务的标准，安装服务的具体标准如下。

1. 标准：标准服务，保证客户满意。

2. 效率：迅速快捷，提供一站式服务。

3. 安全：安全防护，客户无后顾之忧。

第 5 条　安装服务人员要求

售后服务部安装人员在安装过程中需做好以下要点。

1. 保持个人卫生。

2. 礼貌对待客户。

3. 不得使用客户私人设施。

4. 提供专业化的服务。

第 3 章　安装服务的安排

第 6 条　售后安装服务信息的收集和传递

售后服务部通过收集整理客户传来的信息、销售员反馈的信息，结合公司已交付产品的性质，确定售后安装服务项目的性质、方式。

第 7 条　制订安装工作计划

1. 产品交付后，由售后服务部主管制订安装工作计划，明确安装工作的人员安排、工作进程、使用设备、所需工具。

2. 必要时，售后服务部主管需要及时与客户沟通安装工作计划，得到用户确认。

第 8 条　安装人员派遣申请

1. 售后服务部主管制订安装工作计划后，填写“安装人员派遣申请表”。

2. “安装人员派遣申请表”的内容主要包括客户单位名称、客户单位地址、联系人姓名、联系人电话、到达客户公司的乘车方式、要求安装人员出发时间、预计返回时间、安装时需要携带的工具和备件、需要注意的其他事项等。

3. 售后服务部主管将“安装人员派遣申请表”填写完成后，签字确认，然后交售后服务部经理统一安排安装人员。

第 9 条　人员安排

1. 售后服务部经理收到“安装人员派遣申请表”后，根据安装人员的素质要求和现有工作的安排情况决定具体人员，并标明相关派遣意见，然后将申请书交售后服务主管派遣安装人员。

2. 若安装工作可在派遣当天完成，安装人员只需到公司前台填写“外出单”；否则，应办理有关外出或出差手续。

第 4 章　安装管理

第 10 条　出发前准备

1. 售后服务部安装人员在出发前，需穿着统一的标志性服装，佩戴工作牌，备足安装工具。

2. 常用的安装工具有电钻、螺丝刀、铁锤、胶锤、胶钳、扳手、锯子等。

第 11 条　确认客户身份

售后服务部安装人员到达客户处时，需先确认客户的身份，并出示身份证件。

（续）

第12条　确认安装细节

售后服务部安装人员需向客户确认安装位置和安装方式，并根据实施情况提供建议。

第13条　开箱验货

1. 产品包装外观检查。在产品开箱之前，售后服务部安装人员进行产品包装检查。检查的内容如下。

（1）包装箱封条是否牢固，是否有人为撕裂现象。

（2）包装箱名称与包装箱数是否正确。

（3）包装箱是否有破损，若有破损，作出记录。

2. 开箱。用专用工具开启包装箱，避免损坏产品。

3. 箱内检查。售后服务部安装人员打开包装后，作开箱检查，检查内容如下。

（1）检查包装箱中的产品包装袋是否完好。

（2）对照装箱清单，检查箱中的产品及附件，是否与装箱清单上的数量和名称一致。

（3）检查包装箱内是否有异物。

4. 取出产品。在开箱检查确认无误后，可以取出产品，检查主件、附件、资料的正确性。

第14条　实施安装

1. 仔细阅读产品说明书和安装指导文件，了解产品的安装要求、安装方法和操作方法。

2. 售后服务部安装人员按照产品结构图，逐步安装各个部件，安装过程中，避免产品及零部件、附件受损。

3. 安装过程中遇到问题时要冷静想办法解决，实在不能解决的要立即与相关人员取得联系，争取在最短的时间内妥善处理。

4. 安装完成之后，安装人员应进行产品定位检验、电流检验和试机检验，检验产品是否能够正常运行。

5. 产品安装调试检验完成之后，售后服务部安装人员需请客户确认安装效果。

第15条　安装完毕

1. 售后服务部安装人员在安装完毕之后先要清理现场，搞好卫生。

2. 仔细检查，找出尚未完善的地方，加以休整。

3. 向客户介绍产品的正确使用方法，并在客户检查满意之后，签署意见和建议。

4. 请客户对安装服务进行满意度评价。

第16条　安装汇报

1. 安装人员需填写《安装工作报告》和《安装验收报告》交售后服务部留存。

2. 售后服务部应仔细分析《安装工作报告》和《安装验收报告》，并将复印件交技术部存档，对仍然存在的问题与有关部门协商后解决。

3. 若按照合同的约定已完成所有工作，应通知财务部处理剩余款项问题。

第5章　附则

第17条　本制度由客户服务部制定，其修订和解释权归客户服务部所有。

第18条　本制度由客户服务部经理审批，至颁布之日起执行。

编制日期		审核日期		批准日期	
修改标记		修改处数		修改日期	

7.5.3 售后维修管理制度

制度名称	售后维修管理制度		受控状态	
			编　号	
执行部门		监督部门	编修部门	

第 1 章　总则

第 1 条　目的

为快速处理客户报修，规范客户售后维修服务工作，提高客户满意度，特制定本制度。

第 2 条　适用范围

本制度适用于售后维修服务管理工作。

第 3 条　管理职责

1. 售后服务部服务专员及时进行售后跟进、回访并汇报。

2. 售后服务部主管根据客户报修内容合理安排维修人员进行维修工作。

3. 维修人员负责为客户完成维修服务。

第 4 条　维修服务分类

维修服务可分为免费服务、有偿服务、合同服务和一般行政性服务。具体服务类型的说明如下表所示。

维修服务分类

维修服务类型	具体的说明
免费服务	◆ 为客户维修或保养公司出售的产品，在保修期内，不向客户收取任何服务费用
有偿服务	◆ 超过产品保修期，或者客户未按使用说明维护使用，人为造成破坏的，为客户提供维修或保养，可向客户收取服务费用
合同服务	◆ 为客户维修或保养公司出售的产品，依公司与客户所订立的产品维修保养合同书的规定，向客户收取服务费用
一般行政性服务	◆ 与服务有关的内容行政工作，如工作检查、零件管理、设备工具维护、短期训练等与售后维修保养相关的工作

第 2 章　维修服务准备工作

第 5 条　接受客户维修的要求

1. 售后服务部服务专员接到客户报修电话时，需在“客户维修登记表”上详细记录客户的报修内容和客户联系电话、姓名、地址，同时同客户约定检查、维修的时间。

2. 对于客户上门投诉的，售后服务部服务专员需礼貌接待客户，了解产品维修养护方面的基本情况，并做好详细记录，填写“客户维修登记表”。

第 6 条　确定维修方式

1. 若产品体积较小，售后服务部服务专员可请客户携带产品至售后服务部或维修站点进行维修。

2. 如体积较大，携带不便，应派专门的维修人员上门维修。

第 7 条　安排维修人员

1. 售后服务部服务专员在“客户维修登记表”上填写完相关信息后，需在最短时间内将之转交给售后服务部主管或售后服务部主管指定的负责人。

（续）

2. 售后服务部主管或售后服务部主管指定的负责人填写“客户维修登记表”，根据报修内容写明派工时间、维修时间和维修人员等。

3. 维修工作只能由合格的维修人员完成。

4. 维修人员需按照领导安排，及时上门，按客户要求完成维修工作。

第3章　提供维修服务

第8条　核对“客户保修单”

维修人员需请客户出示相关的有效凭证，如发票、保修卡等，确认产品是否在保修期内，若在保修期内，可提供免费服务，如超过保修期，应向客户说明维修和养护的费用标准，获得客户同意才能进行维修。

第9条　维修实施

1. 维修人员确认产品有效凭证后，需根据相关指标，检查产品的故障位置和属性，以便进行维修。

2. 维修人员根据检查结果，出具“维修检验报告单”，以此作为维修的依据。

3. 维修中所使用的零配件等维修备件应符合相应产品标准。

4. 维修人员应记录维修中使用的零部件的名称、数量和价格。

5. 在完成维修和调试后，必须装好所有的螺丝、器件，确保零部件安装到位。

6. 维修人员在维修过程中，如当场不能妥善处理产品故障，应将产品带回公司维修，回到公司后，应登记在“客户产品维修登记表”上。

第10条　维修结算

1. 维修完成后，维修人员需与客户结算维修费用，如在保修期的则免费。

2. 如属于有偿服务，费用较低者，由维修人员直接向客户收取费用，回到公司后，立即将维修费用交到财务部并补寄发票。

3. 如费用较高，可凭服务凭证到财务部开具发票，以便另行前往收费。

第4章　维修资料管理

第11条　维修资料存档

1. 维修人员在维修完成之后需在“客户维修登记表”上写明维修产品的规格、型号和维修结果，维修完毕请客户签名，并及时将“客户维修登记表”和“维修检验报告单”交给售后服务部主管。

2. 售后服务部主管或售后服务部主管指定的负责人将“客户维修登记表”和“维修检验报告单”交予售后服务部客服专员。

3. 售后服务部客服专员对比较复杂的维修要跟进、督促，并将“客户维修登记表”和“维修检验报告单”存档。

4. 售后服务部客服专员按回访规定的时间及时进行回访，并将回访情况记录在“客户维修登记表”上相应的位置内，报修回访率不低于____%。

第12条　建立维修档案

根据客户产品维修情况，建立客户产品使用档案，包括客户名称、地址电话、送修或来访日期，维修养护项目、保养周期、保养时间、客户希望得到的服务内容等。

第5章　附则

第13条　本制度由客户服务部制定，其修订和解释权归客户服务部所有。

第14条　本制度由客户服务部经理审批，至颁布之日起执行。

编制日期		审核日期		批准日期	
修改标记		修改处数		修改日期	

7.5.4 售后退货管理制度

制度名称	售后退货管理制度			受控状态	
				编　号	
执行部门		监督部门		编修部门	

第1章 总则

第1条 目的

为了规范销售退货管理流程，明确退货责任和损失金额，确保每批退货产品均能得到及时、妥善的处置，依据《中华人民共和国产品质量法》《中华人民共和国消费者权益保护法》等法律法规的相关规定，特制定本制度。

第2条 适用范围

本制度适用于公司所有退货管理工作。

第3条 管理职责

1. 客户服务部经理负责审批退货。

2. 售后服务部负责产品质量检验和退货处理。

3. 财务部负责退货付款。

第2章 退货条件

第4条 可退货条件

产品存在质量问题可给予退货，但由于客户自身原因造成的，公司不予办理退货手续。

第5条 不可退货的条件

凡已购产品出现下列任何一种情况，客户不能享受本公司退货承诺。

1. 已拆封使用的消耗性商品（如电池、胶卷）。

2. 知识产权类商品（如软件、音像制品、书籍、游乐器卡匣）。

3. 已修改过的服饰。

4. 产品经过非正常使用。

5. 非正常状态下储存。

6. 产品的正常磨损。

7. 退回产品的配件及所附资料不全。

8. 退回产品的发票丢失、涂改或损坏。

9. 产品并非由本公司出售。

10. 食物或液体溅落导致的损坏。

第6条 退货期限

自发货之日起，客户发现产品存在质量问题，七日之内可以办理退货。

第3章 退货程序管理

第7条 接受客户退货申请

1. 客户到售后服务部提出退货申请，需填写“退货申请单”，并将其和需要退的产品、购买凭证一起交给售后服务人员。

（续）

2. 售后服务人员在接到客户的退货申请时，耐心听取客户的自述，了解退货理由，记录客户投诉内容，同时核对如下内容。

（1）是否为我公司正常的销售产品所产生的退货。

（2）客户退货的原因。

（3）客户退货的种类、数量与单价。

（4）客户退货的产品有无销售折扣，如有折扣须注明。

（5）客户退货期间有无赠品，如有赠品，赠品必须和产品一起退回。

第8条　检查客户产品凭证

1. 售后服务人员需检查购买产品的相关凭证是否齐全，并查验其是否有效。

2. 若客户无法提供有效凭证，应使用信息系统查询，按销售日期计算保修期。

3. 如客户缺保修卡和发票，只能享受保修权利，不能享受退货权利。

4. 客户不能提供保修卡，但能提供发票原件，可以退换产品。

第9条　检查退货产品

1. 售后服务人员查验完相关凭证后，会同维修人员检查和审核产品，检查产品是否存在质量问题、是否能修复，产品存在问题的原因及责任人。

2. 对于有争议的质量问题，销售点有必要通知公司质量管理部或分厂派人一同确认、商谈。

3. 相关人员对产品审查完成之后，需编制"退货产品审查表"，报售后服务部主管审核。

第10条　退货处理

1. 如果产品能够修复，维修人员向其提供维修服务，如客户不同意维修，则根据相关条件确定其是否符合退货条件。

2. 经判定不符合退货条件，不予退货；若符合退货条件，办理退货手续。

第11条　签字确认

1. 售后服务人员在确定客户的退货产品可以办理退货手续时，需在"退货申请单"上签字确认，提出处理意见。

2. 售后服务人员需要对客户退回的产品进行仔细检查，必须保证产品完整无缺。

3. 售后服务人员将"退货申请单"报售后服务部主管审核、客户服务部经理审批。

第12条　退货入库

审批通过后，售后服务人员将客户退回的产品传递到仓库，办理入库手续，仓库主管在"入库单"上签字确认。

第13条　退货付款

财务部根据售后服务部提交的"退货申请单"和"退货入库单"，对退货的具体明细项目进行审批，审批无误后，出纳根据退回产品的金额进行付款。

第4章　附则

第14条　本制度由客户服务部制定，其修订和解释权归客户服务部所有。

第15条　本制度由客户服务部经理审批，至颁布之日起执行。

编制日期		审核日期		批准日期	
修改标记		修改处数		修改日期	

7.6 售后服务管理工具

7.6.1 售后服务管理表单

1. 产品安装交验表

安装地点		安装日期		保修期	
产品名称		产品型号		数量	
客户名称		联系人		电话	
随机资料	安装报告：有□ 否□ 合格证：有□ 否□ 保修卡：有□ 否□ 使用说明书：有□ 否□ 光盘：有□ 否□ 其他：有□ 否□ 附件说明：有□ 否□				
验收结果	外观是否完好：是□ 否□ 配件数量是否与合同一致：是□ 否□ 整机是否可投入使用：是□ 否□ 各性能是否与使用说明书完全符合：是□ 否□ 设备安装后有何建议、要求及意见： 安装人员签字： 客户签字：				
售后服务主管审核					
客户服务部经理审核					
总经理审批					

2. 产品维修登记单

客户姓名	住址	联系电话	产品型号	安装日期	使用时间	维修登记						客户签字	主管签字	备注
						出现问题	维修项目	维修时间	维修人员	维修费用	维修结果			

3. 产品退货申请表

订货编号：　　　　　　　　　　　　　　　　　　　　　　退货日期：____年__月__日

客户名称			电子邮件		
联系电话			发票号码		
送货地址					
产品名称	产品编号	规格型号	退货数	退货原因	责任人
退货人			收货人		

4. 产品退货审查表

产品型号	退货数量	申请退货原因	产品问题的审查								备注
			生产原因	技术原因	包装原因	运输原因	安装原因	正常使用造成	客户原因	不可抗力	

退货人：　　　　　　　　　　　　　　　　　　　　　　审查人：

7.6.2　售后服务评价方案

文书名称	售后服务评价方案	编　号	
		受控状态	

一、目的

为了解本公司产品及服务的质量，有效控制服务过程，为客户提供高效、优质的服务，提升客户满意度，特制定本方案。

二、适用范围

本方案适用于公司把产品或服务销售给客户之后，客户对送货、安装、调试、配件供应、维修、技术指导、意见处理等一系列服务事项的评价。

三、评价原则

1. 通用性，本方案适用于对售后安装、维修及退换货、投诉处理等所有事项的管理。

2. 指向性，本方案针对的是对公司整个售后服务系统的评价。

（续）

3. 比较性，在评价过程中，应将评价结果进行横向比较和纵向比较，明确其发展趋势及存在问题。

4. 持续性，对售后服务的评价必须是持续的、有规律的，有利于公司售后服务水平的持续改进。

四、保障措施

1. 建立完善的评价体系

客户服务部应建立完善的售后服务评价体系，体系内容包括对售后服务的服务理念、服务制度、配送安装服务、维修服务、客户投诉、客户管理及服务改进项目的要求和标准等内容。

2. 明确售后服务评价依据

售后服务评价的依据是公司在为客户提供售后服务的过程中，各项评价指标的执行情况。

3. 选择合适的评价方法

实施售后服务评价时，客户服务部应根据售后服务评价体系及评价内容选择合适的评价方法，并制定具体的评分细则，确保评价结果的准确性。

4. 选用专业的评价人员

公司的售后服务评价工作应实行评审员制，评审员由行业内经验丰富的专业人士来担任，保证评价结果的权威性。

五、售后服务的调研

售后服务调研的实施程序及工作标准如下。

（一）明确调研目的

在进行售后服务调研之前，先确定调研目的。

1. 了解本公司产品与其他同类产品相比的优势和不足。

2. 了解客户对公司提供的售后服务的满意度及对公司产品（或服务）的期望、要求和建议。

3. 通过调研，发现公司的管理体制、产品或服务的质量和售后服务等方面的不足，以便改进和提高。

（二）明确调研对象

售后服务调研的对象主要包括以下几类。

1 ◎ 购买使用公司产品或服务的客户

2 ◎ 需要本公司进行技术培训指导及产品保养、维修的客户

3 ◎ 在其他如促销等特定情况下接受公司调研的客户

售后服务调研对象

（三）制定调研要求

在开展调研之前，客户服务部应制定具体的调研要求，使调研工作有章可循，具体要求如下。

1. 对售后服务的调研频率以月计，客户服务部必须定期将调研统计结果向公司管理者及相关部门公布，作为公司改进服务的参考。

2. 客户服务部每月回访的有效数必须占回访总数的 80% 以上，调研成功量必须占回访成功量的 90% 以上，由售后服务主管制定相关措施保证此项工作任务的完成。

（四）制定调研方案

售后服务主管负责制定具体的调研方案，报客服经理审批，方案应包括调研目的、调研对象和单位、调研内容、调研表、调研方式和方法、调研地点和时间、调研工作计划等内容。

（续）

（五）实施售后服务调研

1. 客户服务部根据计划采取电话回访、电邮访问、现场调研等方式进行售后服务调研，并详细记录客户的联系方式，以便公司进行回访改进，提升客户满意度。

2. 售后服务主管组织相关人员对调研数据进行统计分析，完成《售后服务调研报告》，并将分析结果向责任部门和管理部门公布，要求责任部门制定并实施合理有效的改善措施，并追踪改善效果。

六、售后服务的评价

（一）实施售后服务评价

客服经理负责根据现有的相关资料及《售后服务调研报告》对公司的售后服务水平进行评价，评价内容包括售后服务体系、对产品（或服务）的服务及对客户的服务三方面，具体内容如下表所示。

售后服务评价标准表

评价指标	评价内容	权重	指标说明	得分
售后服务体系	规章制度	5%		
	服务理念	5%		
	组织架构	5%		
	资源配置	5%		
	监控体系	5%		
	整改流程	10%		
对产品（或服务）的服务	产品介绍	5%		
	配送服务	5%		
	安装服务	10%		
	技术培训指导	5%		
	维修服务	10%		
	质量保证	10%		
对客户的服务	客户关系	5%		
	投诉处理	10%		
	客户资料	5%		

（二）售后服务结果的处理

1. 售后服务主管负责对评价数据进行统计、定级，并于客服经理审批通过后在公司内公布。

2. 客服经理根据评价结果制定有效的改进措施，并监督实施，持续提升公司售后服务的质量。

3. 对于在评价过程中发现的影响售后服务质量的人员及部门，客服经理根据公司的相关规定提出适当的处理办法，报客服总监审批后执行。

七、售后服务评价资料的管理

1. 售后服务评价的资料主要包括售后服务评价管理办法、评价计划、《售后服务调研报告》和“售后服务评价记录表”、售后服务评价结果、《售后服务评价总结报告》等。

2. 售后服务专员负责将上述资料进行整理、分类、编号及归档，建立售后服务评价资料索引系统，并且不断更新、完善，方便查找和应用，逐步提升公司的售后服务管理水平。

编制人员		**审核人员**		**审批人员**	
编制时间		**审核时间**		**审批时间**	

7.6.3 售后维修申请书

文书名称	售后维修申请书	编　号	
		受控状态	

客服经理：

现收到客户 ×× 对产品 ×× 的维修申请，产品的故障原因为______，经核实确认符合售后服务标准，为维护公司产品的形象，提升客户满意度，特申请对该客户提供售后维修服务。

具体售后维修申请内容见附件所示。

售后服务主管

____年__月__日

附件：售后维修申请表

售后维修申请表

编号：　　　　　　　　　　　　　　　　　　　　　　　　　　　填表日期：____年__月__日

产品名称		规格型号	
购入时间		购买数量	
维修数量		维修地点	
申请时间		拟完成时间	
联系人		联系方式	
故障现象描述			
维修内容			
维修费用及价格预算			
售后服务主管意见	签字：		
客服经理意见	签字：		

编制人员		审核人员		审批人员	
编制时间		审核时间		审批时间	

第 8 章　大客户服务管理

8.1　大客户服务职能管理

8.1.1　大客户服务任务目标

大客户管理部门的任务目标包括以下 6 个方面，具体如图 8-1 所示。

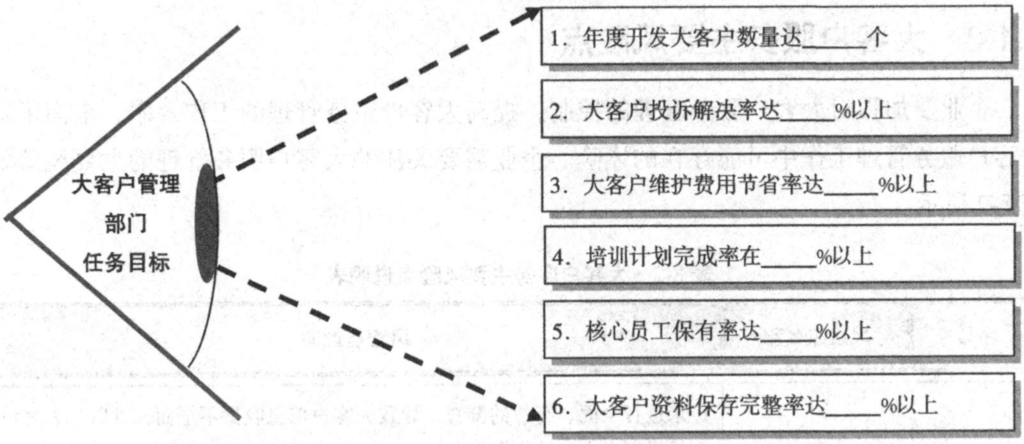
大客户管理
部门
任务目标
1．年度开发大客户数量达_____个
2．大客户投诉解决率达_____%以上
3．大客户维护费用节省率达_____%以上
4．培训计划完成率在_____%以上
5．核心员工保有率达_____%以上
6．大客户资料保存完整率达_____%以上

图 8-1　大客户管理部门任务目标示意图

8.1.2　大客户服务职能分解

对大客户管理部门的职能进行分解，可以细化大客户管理部的各项职能。大客户管理部的职能分解说明如表 8-1 所示。

表 8-1　大客户管理职能分解说明表

职能分项	职能细化
1. 大客户服务质量	（1）建立大客户服务质量体系与评估标准，并定期组织服务质量检查与评估 （2）客户服务部对大客户服务质量的缺陷和不足提出改进措施 （3）全程监控大客户服务质量，限期整改不合格项，并如实记录质量检验项目
2. 大客户开发	（1）客户服务部必须及时处理、解决大客户的投诉、建议等问题，定期更新、改善大客户服务措施 （2）根据企业总体目标，做好大客户的开发、维护管理工作，提升开发大客户的能力

（续表）

职能分项	职能细化
3. 大客户关系维护	（1）客户服务部建立大客户信息管理系统，以大客户的信息资料为基础进行大客户需求分析 （2）客户服务部对大客户关系维护结果进行评价，以大客户满意度为标准对相关人员进行业绩评定
4. 大客户回访	（1）客户服务部要组织相关人员进行大客户回访，以提高大客户的忠诚度 （2）客户服务部对大客户回访专员进行定期培训，以促进大客户回访任务的定时、保质、保量完成 （3）客户服务部严格审核大客户服务专员的任务完成情况，并对其进行业绩考核

8.1.3 大客户服务主要风险点

企业要加强对大客户服务管理的控制，提高大客户服务管理的工作效率，全面了解大客户服务管理工作中可能存在的风险。企业需要关注的大客户服务管理的主要风险如表 8-2 所示。

表 8-2 大客户服务主要风险点说明表

序号	风险点名称	风险点说明
风险点 1	大客户 界定不清晰	1. 未进行全面、有效的调查，导致大客户信息收集不全面，难以为大客户的界定提供有效依据 2. 未根据企业实际情况及发展需要，确定科学的大客户评价指标及标准，难以有效识别大客户
风险点 2	大客户服务管理 不完善	1. 未进行大客户需求调查，未明确大客户的实际需要，导致企业提供的服务不符合大客户的要求 2. 缺乏合理、科学的大客户开发计划，导致大客户开发工作难以顺利展开 3. 未制定完善、全面的大客户服务方案，导致大客户服务工作混乱
风险点 3	大客户 忠诚度降低	1. 大客户服务管理体系不完善，导致大客户服务管理工作效率低下，难以及时满足大客户的需要，大客户有投向其他企业的意向 2. 未提供多样化、个性化的服务，导致大客户满意度降低，从而导致大客户的忠诚度降低
风险点 4	大客户流失严重	1. 未及时进行大客户关系管理及维护，导致大客户流失 2. 没有及时发现大客户的流失趋势，不能及时制定大客户挽回措施，导致大客户流失严重

8.2　大客户服务岗位职责说明

8.2.1　大客户开发主管职责说明

岗位名称	大客户开发主管	所属部门	大客户管理部
上　　级	客服经理	下　　级	
职责概述	大客户开发主管根据企业的整体营销战略，主要负责大客户开发工作及建立大客户档案，努力壮大大客户团队。		
工作职责	职责细分		
1. 制订大客户开发计划	（1）确定大客户开发数量，并负责大客户开发的跟进管理工作 （2）确定目标客户市场，对潜在大客户进行分类，并制订大客户开发计划，提交客服经理审查后组织实施		
2. 大客户开发	（1）负责潜在大客户的洽谈和客户异议处理工作 （2）负责收集、汇总大客户信息，写成分析报告，提交客服经理审核 （3）大客户开发过程中，发现重要问题要及时上报，并努力将普通客户转为大客户 （4）按照客户特征，确定恰当的大客户开发方式，如安排商务活动、邀请大客户参加企业展会、开展参观考察、邮寄企业资料、上门拜访等。 （5）负责控制大客户开发费用，最大限度节约大客户开发成本		
3. 大客户维护	（1）负责制定大客户开发过程中客户拜访、维护方案，与大客户建立良好的业务关系 （2）对大客户维护方案作出相应的改进与完善，达到维护客户关系的目的		
4. 客户档案	负责客户档案、资料的建立管理，根据实际情况适时对大客户资料进行更新		

8.2.2　大客户维护主管职责说明

岗位名称	大客户维护主管	所属部门	大客户管理部
上　　级	客服经理	下　　级	
职责概述	大客户维护主管主要负责协助客服经理制订客户关系维护管理计划，对大客户进行系统分析，并及时处理大客户意见，提高大客户的满意度		
工作职责	职责细分		
1. 客户接待	（1）根据客户来访通知及客户类型，审核客户接待方案 （2）负责安排与执行客户接待工作，并处理接待过程中的突发状况 （3）针对接待中大客户提出的要求，在来访结束后对其进行电话回访		
2. 客户拜访	（1）根据大客户特点制订客户拜访计划，并监督拜访工作的实施 （2）整理、汇总客户拜访中发现的问题，提出解决方案，并上报客服经理审核		

（续表）

工作职责	职责细分
3. 客户提案	根据客户提案计划向大客户发出提案邀请，广泛听取大客户意见
4. 大客户关系维护	（1）定期组织召开大客户会议、联谊会等，协调各方面关系 （2）安排人员做好大客户的咨询和相关服务工作，并进行科学的客户关系管理，及时有效地为大客户提供高品质服务，以提高客户满意度 （3）协助客服经理做好本企业部分大客户的日常沟通与关系维护工作
5. 资料、数据整理	（1）收集行业市场、竞争对手的信息和动态，提前采取应对措施，防止大客户流失 （2）收集、整理大客户新动态，同时将本企业信息反馈给大客户 （3）及时、妥善处理大客户投诉，并将处理结果及时反馈给相关部门领导

8.3 大客户服务岗位考核量表

8.3.1 大客户开发主管考核量表

考核项目	指标名称	权重	指标说明及考核标准	得分
费用控制	大客户开发费用控制	5%	考核期内，每个大客户开发费用控制在____元，每增加____元，扣____分；高于____元，该项不得分	
客户开发	大客户满意度	20%	1. 通过问卷调查，接受调查的大客户对公司的服务质量、服务态度等各个方面进行满意度评分，并计算所有大客户评分的算术平均值 2. 考核期内，大客户满意度目标值为____分，每低____分，扣____分；低于____分，该项不得分	
	开发大客户数量	15%	考核期内，大客户开发数量目标值为____个，每少1个，扣____分；低于____个，该项不得分	
	客户意见反馈及时率	15%	考核期内，客户意见反馈及时率目标值为____%，每少____%，扣____分；低于____%，该项不得分	
教育培训	大客户开发培训目标达成率	5%	考核期内，大客户开发培训目标达成率目标值为____%，每少____%，扣____分；低于____%，该项不得分	
	大客户开发培训参加率	10%	考核期内，大客户开发培训参加率目标值为____%，每少____%，扣____分；低于____%，该项不得分	
任务目标	大客户开发计划完成率	15%	考核期内，大客户开发计划完成率目标值为____%，每少____%，扣____分；低于____%，该项不得分	
	大客户开发任务目标达成率	5%	考核期内，大客户开发任务目标达成率目标值为____%，每少____%，扣____分；低于____%，该项不得分	

（续表）

考核项目	指标名称	权重	指标说明及考核标准	得分
档案资料类	大客户开发报告提交及时率	5%	考核期内，大客户开发工作报告提交及时率目标值为____%，每少____%，扣____分；低于____%，该项不得分	
	客户资料归档及时率	5%	考核期内，客户资料归档及时率目标值为____%，每少____%，扣____分；低于____%，该项不得分	

8.3.2　大客户维护主管考核量表

考核项目	指标名称	权重	指标说明及考核标准	得分
费用控制	大客户维护费用控制	5%	考核期内，大客户维护费用控制在____元，每超过____元，扣____分；高于____元，该项不得分	
客户维护	大客户满意度	15%	大客户满意评分在______分以上	
	大客户重大投诉数量	10%	1. 通过问卷调查，接受调查的大客户对公司服务质量、服务态度等各个方面进行满意度评分，并计算所有大客户评分的算术平均值 2. 考核期内，大客户满意度目标值为____分，每低____分，扣____分；低于____分，该项不得分	
	大客户回访率	5%	考核期内，大客户回访率目标值为____%，每降低____%，扣____分；低于____%，该项不得分	
	大客户意见反馈及时率	5%	考核期内，大客户意见反馈及时率目标值为____%，每降低____%，扣____分；低于____%，该项不得分	
	大客户投诉解决及时率	15%	考核期内，大客户投诉解决及时率目标值为____%，每降低____%，扣____分；低于____%，该项不得分	
教育培训	大客户培训目标达成率	5%	考核期内，大客户培训目标达成率目标值为____%，每降低____%，扣____分；低于____%，该项不得分	
	大客户维护培训参加率	10%	考核期内，大客户维护培训参加率目标值为____%，每降低____%，扣____分；低于____%，该项不得分	
任务目标	大客户维护计划完成率	10%	考核期内，大客户维护计划完成率目标值为____%，每降低____%，扣____分；低于____%，该项不得分	
	大客户维护任务目标改进率	10%	考核期内，大客户维护任务目标改进率目标值为____%，每降低____%，扣____分；低于____%，该项不得分	
档案资料类	大客户维护报告提交及时率	5%	考核期内，大客户维护工作报告提交及时率目标值为____%，每降低____%，扣____分；低于____%，该项不得分	
	客户资料归档及时率	5%	考核期内，客户资料归档及时率目标值为____%，每降低____%，扣____分；低于____%，该项不得分	

8.4 大客户服务流程与节点说明

8.4.1 大客户开发管理流程与节点说明

1. 大客户开发管理流程

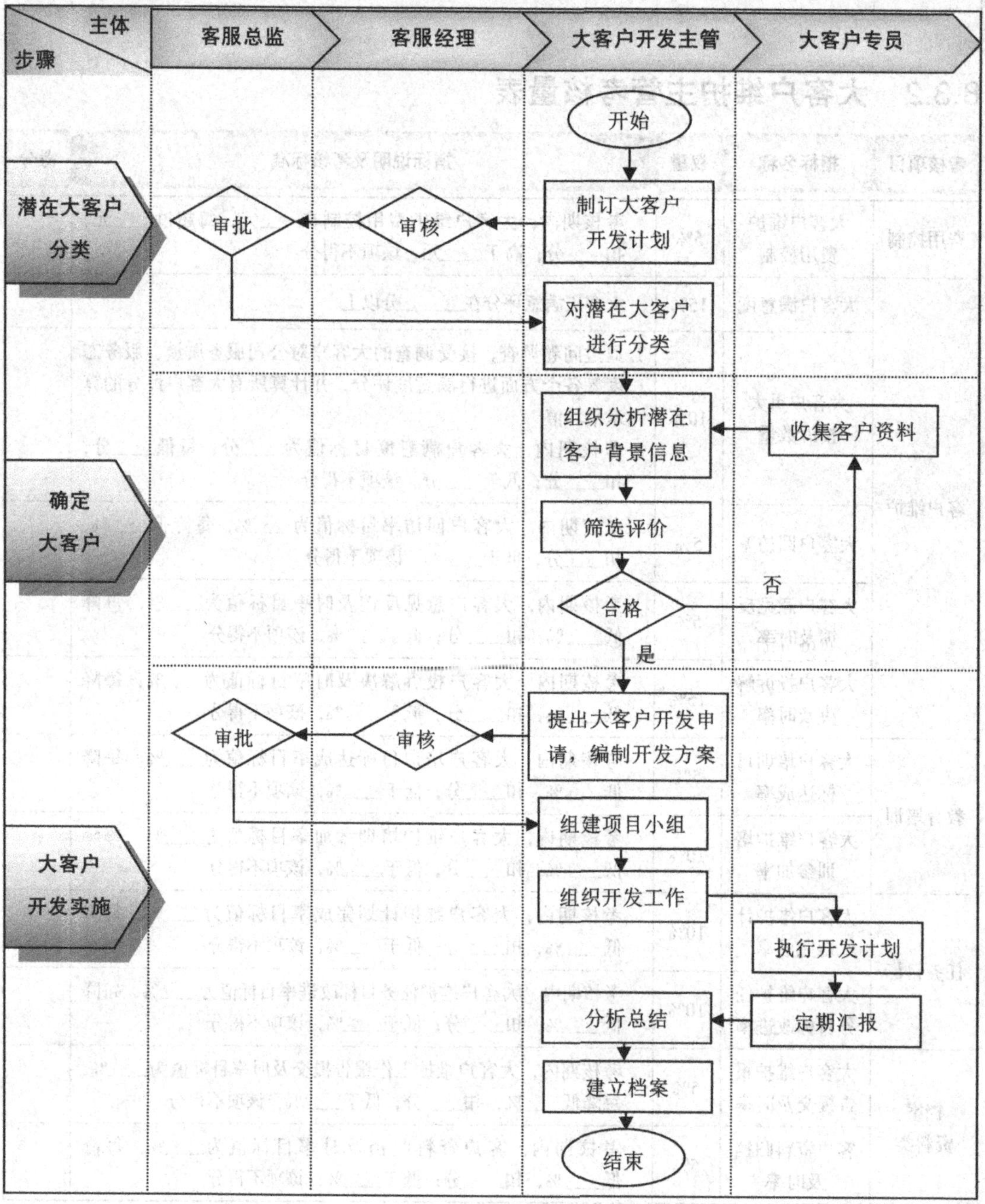
主体
步骤
客服总监
客服经理
大客户开发主管
大客户专员
潜在大客户分类
确定大客户
大客户开发实施
开始
制订大客户开发计划
审核
审批
对潜在大客户进行分类
组织分析潜在客户背景信息
收集客户资料
筛选评价
合格
否
是
提出大客户开发申请，编制开发方案
审核
审批
组建项目小组
组织开发工作
执行开发计划
定期汇报
分析总结
建立档案
结束

2. 流程节点说明

文件名称		大客户开发管理节点说明	版本号		页　数	
文件编号			编制人		审批人	
节点	节点名称	节点业务操作说明		时长	适用单位	责任部门
1	制订大客户开发计划	◆ 大客户开发主管根据大客户管理工作目标，制订大客户开发计划，上报客服经理审核，审核通过后，上报客服总监审批，审批工作结束后，严格按照计划执行开发工作		__个工作日	大客户开发主管	客户服务部
2	对潜在大客户进行分类	◆ 大客户开发主管根据实际情况，对潜在大客户进行类别划分，以便明确大客户开发工作的方向		__个工作日	大客户开发主管	客户服务部
3	分析潜在客户背景信息	◆ 大客户开发主管组织大客户专员，收集潜在大客户的背景资料 ◆ 潜在大客户的信息资料收集完毕后，大客户开发主管对资料进行初步分析		__个工作日	大客户开发主管、大客户专员	客户服务部
4	筛选评价	◆ 大客户开发主管对潜在客户的直接需求和潜在需求进行分析，并结合潜在客户的相关背景资料分析结果，对大客户进行筛选评价，经过比较，确定即将开发的大客户		__个工作日	大客户开发主管	客户服务部
5	提出大客户开发申请，编制开发方案	◆ 大客户开发主管根据确定的大客户，提出大客户开发申请，申请的审核工作由客服经理负责，申请审核通过后，由客服总监审批 ◆ 大客户开发申请通过后，大客户开发主管编制详细的开发方案，并上报审批		__个工作日	大客户开发主管、客服经理、客服总监	客户服务部
6	组建项目小组	◆ 审批工作结束后，大客户开发主管组织建立大客户开发项目小组 ◆ 大客户开发主管领导项目小组，开展大客户开发工作 ◆ 项目小组配合大客户专员，共同执行大客户开发计划		__个工作日	大客户开发主管	客户服务部
7	定期汇报、分析总结	◆ 大客户开发专员定期向大客户开发主管汇报开发设计执行工作情况 ◆ 大客户开发主管根据汇报情况，对大客户开发执行工作进行总结		__个工作日	大客户开发主管、大客户专员	客户服务部
8	建立档案	◆ 大客户开发工作结束后，大客户开发主管建立大客户档案信息，以便双方达成合作意向		__个工作日	大客户开发主管	客户服务部

8.4.2 大客户拜访工作流程与节点说明

1. 大客户拜访流程

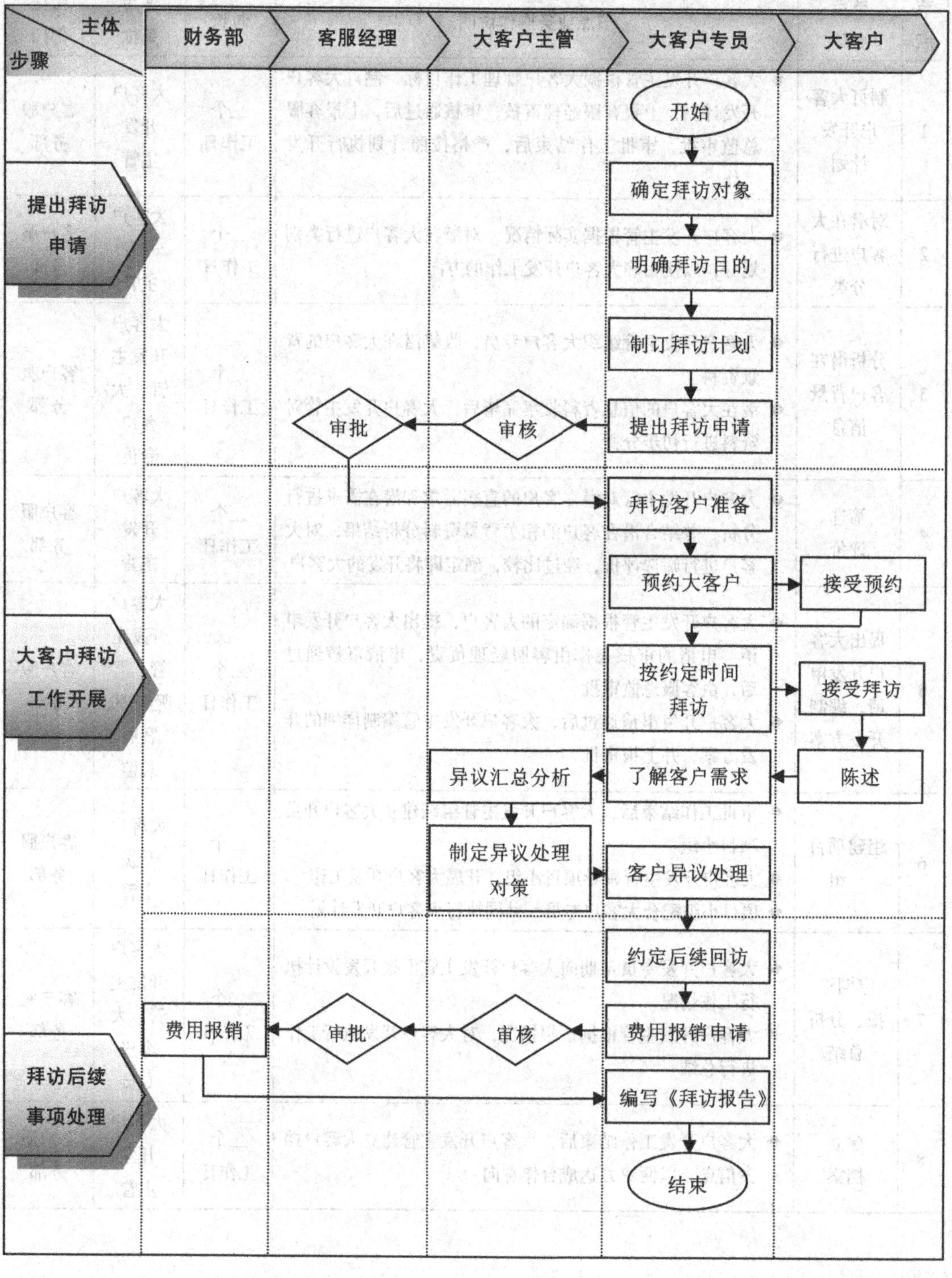
主体
步骤
财务部
客服经理
大客户主管
大客户专员
大客户
提出拜访申请
大客户拜访工作开展
拜访后续事项处理
开始
确定拜访对象
明确拜访目的
制订拜访计划
提出拜访申请
审核
审批
拜访客户准备
预约大客户
接受预约
按约定时间拜访
接受拜访
陈述
了解客户需求
异议汇总分析
制定异议处理对策
客户异议处理
约定后续回访
费用报销申请
审核
审批
费用报销
编写《拜访报告》
结束

2. 流程节点说明

文件名称		大客户拜访工作节点说明	版本号		页 数	
文件编号			编制人		审批人	
节点	节点名称	节点业务操作说明		时长	适用单位	责任部门
1	确定拜访对象	◆ 大客户专员在进行拜访筹划工作前，必须根据大客户档案确定拜访对象		__个工作日	大客户专员	客户服务部
2	明确拜访目的	◆ 在确定拜访对象以后，大客户专员须明确拜访工作目的，以便顺利制订大客户拜访工作计划并按期完成		__个工作日	大客户专员	客户服务部
3	制订拜访计划	◆ 根据拜访工作需要，大客户专员制订拜访工作计划，合理安排拜访工作程序，大客户拜访工作计划制定出来后，由大客户主管审核，审核通过后按计划严格执行		__个工作日	大客户主管	客户服务部
4	提出拜访申请	◆ 大客户专员根据拜访工作计划，向客服经理提出拜访工作申请 ◆ 拜访申请审核通过后，交由客服总监审批		__个工作日	大客户主管	客户服务部
5	拜访客户准备	◆ 拜访申请通过后，大客户专员须做好拜访前的准备工作，包括但不限于以下几个方面：对大客户购买的产品使用满意度、产品质量、性能等问题的调研 ◆ 拜访准备工作结束后，大客户专员向目标大客户发出预约意向		__个工作日	大客户专员	客户服务部
6	按约定时间拜访	◆ 大客户接受大客户专员的预约后，大客户专员须按双方约定的时间进行拜访		__个工作日	大客户专员	客户服务部

（续表）

节点	节点名称	节点业务操作说明	时长	适用单位	责任部门
7	了解客户需求	◆ 拜访过程中，通过大客户的相关陈述，大客户专员须及时了解大客户的相关需求，对产品、服务质量、态度等做好充分了解	__个工作日	大客户专员	客户服务部
8	异议汇总分析	◆ 大客户专员在拜访过程中，应及时记录相关问题，并在拜访结束后，对记录问题进行整理，上报大客户主管 ◆ 大客户主管对上报异议问题进行汇总，并针对相关异议进行分析	__个工作日	大客户主管	客户服务部
9	制定异议处理对策	◆ 大客户主管针对异议分析结果，制定相应的处理对策，对策内容包括制定对策时的注意事项、方法等	__个工作日	大客户主管	客户服务部
10	客户异议处理	◆ 大客户专员根据大客户主管制定的异议处理对策，选择适宜的方式方法，对大客户的不同异议进行相应处理	__个工作日	大客户专员	客户服务部
11	约定后续回访	◆ 拜访工作结束后，大客户专员与大客户约定后续回访工作，并保持经常联系	__个工作日	大客户专员	客户服务部
12	费用报销	◆ 大客户拜访工作结束后，大客户专员提供相关费用单据，作为报销凭证，上交至大客户主管审核，审核通过后，上报客服经理审批 ◆ 客服经理审批通过后，将相关凭证单据转交至财务部，由财务部相关人员进行报销	__个工作日	大客户专员、财务部	财务部
13	编写《拜访报告》	◆ 拜访工作结束后，大客户专员对拜访工作进行回顾，并编写《拜访报告》	__个工作日	大客户专员	客户服务部

8.4.3　大客户关系维护流程与节点说明

1. 大客户关系维护流程

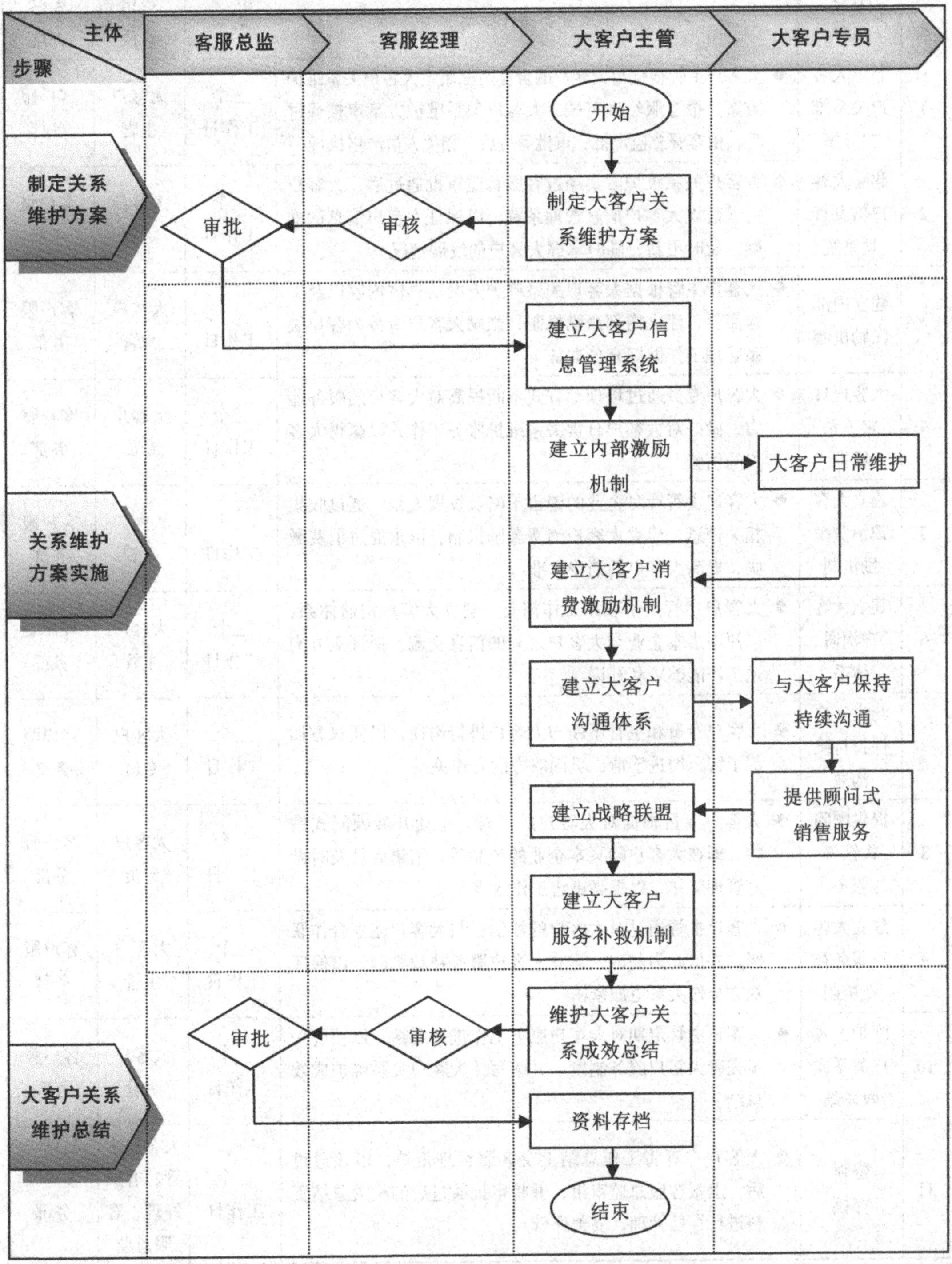
主体
步骤
客服总监
客服经理
大客户主管
大客户专员
制定关系维护方案
关系维护方案实施
大客户关系维护总结
开始
制定大客户关系维护方案
审核
审批
建立大客户信息管理系统
建立内部激励机制
大客户日常维护
建立大客户消费激励机制
建立大客户沟通体系
与大客户保持持续沟通
提供顾问式销售服务
建立战略联盟
建立大客户服务补救机制
维护大客户关系成效总结
审核
审批
资料存档
结束

2. 流程节点说明

文件名称		大客户关系维护节点说明	版本号		页 数	
文件编号			编制人		审批人	
节点	节点名称	节点业务操作说明	时长		适用单位	责任部门
1	制定大客户关系维护方案	◆ 大客户主管根据与大客户的合作情况制定大客户关系维护方案，报客服经理审核，大客户关系维护方案审核通过后，由客服总监审批，审批通过后，相关人员严格执行	__个工作日		大客户主管	客户服务部
2	建立大客户信息管理系统	◆ 大客户关系维护方案经过客服总监审批通过后，大客户主管建立大客户信息管理系统，以保证大客户信息的准确、及时更新，随时掌握大客户的发展情况	__个工作日		大客户主管	客户服务部
3	建立内部激励机制	◆ 大客户主管根据大客户关系维护方案的具体内容以及工作需要，建立内部激励机制，鼓励大客户专员为客户关系管理工作做好充分准备	__个工作日		大客户主管	客户服务部
4	大客户日常关系维护	◆ 大客户专员通过培训等方式不断提高对大客户的服务能力，做好对大客户日常关系维护服务工作，以赢得大客户的信赖	__个工作日		大客户专员	客户服务部
5	建立大客户消费激励机制	◆ 大客户主管针对企业的销售策略及发展规划，通过收集相关信息，建立大客户消费激励机制，以求通过消费激励，提高大客户的消费水准	__个工作日		大客户主管	客户服务部
6	建立大客户沟通体系	◆ 大客户主管出于联系工作需要，建立大客户沟通体系，以便增进本企业与大客户之间的信息交流，保证双方沟通工作能够顺利开展	__个工作日		大客户主管	客户服务部
7	与大客户保持持续沟通	◆ 大客户专员和主管不断与大客户进行沟通，以便双方加深了解，增进感情，巩固双方的合作关系	__个工作日		大客户专员	客户服务部
8	提供顾问式销售服务	◆ 大客户专员根据对大客户的了解，主动开展顾问式销售，即在大客户购买本企业的产品后，销售人员及时做好管理工作，以提高销售工作水平	__个工作日		大客户专员	客户服务部
9	建立大客户服务补救机制	◆ 大客户主管通过对大客户的评估，与大客户建立合作联盟，并依此为基础，建立大客户服务补救机制，以保证双方合作关系更加紧密	__个工作日		大客户主管	客户服务部
10	维护大客户关系成效总结	◆ 大客户主管定期对大客户服务工作进行总结，以便进一步完善大客户服务制度，并编写《大客户关系维护成效总结》	__个工作日		大客户主管	客户服务部
11	资料存档	◆ 大客户主管将工作总结上交客服经理审核，审核通过后，上报客服总监审批，并将审批通过后的相关总结资料进行存档管理，妥善保管	__个工作日		大客户主管、客服经理、客服总监	客户服务部

8.5　大客户服务制度

8.5.1　大客户开发管理制度

制度名称	大客户开发管理制度			受控状态	
				编　　号	
执行部门		监督部门		编修部门	

第 1 章　总则

第 1 条　目的

为了争取到更多的大客户，保证大客户开发计划的顺利实施，提高公司产品的市场占有率，特制定本制度。

第 2 条　适用范围

本制度适用于公司所有大客户的开发管理工作。

第 3 条　职责划分

1. 客户服务部客服经理负责大客户开发工作的指导、监督工作。

2. 客户服务部大客户开发主管负责大客户开发计划的制订及实施工作。

3. 客户服务部其他人员协助开展大客户开发工作。

第 2 章　大客户调研与筛选

第 4 条　大客户信息调研内容

在开发大客户之前，大客户开发专员应收集和了解潜在大客户的资料信息，收集的内容如下。

1. 大客户的规模、增长潜力。

2. 大客户的信用状况。

3. 大客户的财务稳定性。

4. 大客户所在行业的竞争程度。

5. 大客户在其领域内的市场地位。

6. 大客户的组织机构。

7. 大客户的通信方式。

8. 大客户内部的产品使用部门、采购部门和支持部门。

9. 了解大客户使用、维护产品人员以及管理层和高层管理人员对同类产品的使用状况。

10. 大客户重要管理人员的个人资料。

第 5 条　大客户信息收集途径

公司的大客户收集途径包括但不仅限于以下 6 条。

1. 大客户公司内部发行的刊物。大客户用于自身交流或学习的内部刊物往往能够真实地反映大客户的情况。

2. 大客户的网站。大客户网站中的很多内容对本公司大客户开发工作都非常有帮助。

3. 大客户所属行业发行的刊物。行业性刊物中有关某一大客户的报道，能够真实反映其现有需求以及需求的未来发展态势，有助于公司了解大客户。

4. 大客户所属行业主管部门的网站。多数行业主管部门都已经通过“政府上网”工程建立了网站，其中公布的一些信息对公司了解某一大客户非常重要。

（续）

5. 行业研究机构的学术文章及发行的刊物。研究机构能够站在第三方的角度客观、公平地对某些现象和问题作出评述，公司很可能从中了解到某一大客户的真实情况或需求。

6. 与大客户基层工作人员的交流。大客户基层人员对于大客户的基本情况最为了解，通过与他们交流，公司能够更直接、更有效地了解大客户的具体情况。

第 6 条　大客户信息的筛选

对大客户信息的筛选是非常重要的环节，一般来讲，筛选分为 3 个阶段。

1. 初步筛选，去掉那些根本没有用的信息。

2. 入围筛选，确定对于了解大客户很重要的信息。

3. 多方位整合，对各类入围信息进行整合，找到它们之间的关联，描绘出大客户的真实“模样”。

第 3 章　大客户开发实施管理

第 7 条　大客户选择

1. 大客户开发专员根据收集到的相关资料，制作“潜在大客户名录”。

2. 大客户开发专员分析与评估大客户的情况，选择信用良好、经营业绩较佳的大客户作为开发对象。

第 8 条　大客户开发方式选择

大客户开发主管组织召开目标大客户开发会议，通过介绍目标大客户的信息，听取大客户开发专员对开发方式的意见，并确定最合适的开发方式。常用的大客户开发方式有以下三种。

1. 邀请大客户参加公司组织的产品介绍会 / 推广会。

2. 从大客户利益出发，向目标大客户寄送能够充分体现本公司竞争优势的产品或服务的介绍、宣传资料。

3. 拜访大客户。客户拜访是大客户开发的必然方式，是同大客户充分交流意见和看法的渠道，也是大客户开发成功与否的关键步骤。

第 9 条　制订大客户开发计划

大客户开发专员制定每月或每周的工作安排，以“工作计划表”的形式提交给大客户开发主管进行核准，如“一周大客户开发计划表”和“月度大客户开发计划表”，经审批通过后执行。

第 10 条　大客户开发实施

1. 大客户开发专员在进行大客户开发前要做好个人礼仪、相关资料和样品的准备工作。

2. 大客户开发专员在与大客户接触的过程中，一方面要力争与其建立业务联系，另一方面要对其进行信用以及经营、管理能力和财务状况等方面的调研。

3. 大客户开发专员在访问大客户前或进行业务洽谈后，应填制“大客户开发计划及管理实施表”，将每个工作日的进展情况、取得的成绩和存在的问题向大客户开发主管汇报。

4. 对于新开拓的大客户，大客户开发专员应填制“新开拓大客户报表”，并设立“大客户管理卡”。

第 11 条　大客户开发专员应遵守的规范

在大客户开发过程中，大客户开发专员需遵守以下规范。

1. 大客户开发专员原则上应每周拜访大客户____次，其访问次数的多少还要根据大客户的时间确定。

2. 严守公司的经营政策、产品折扣、优惠办法和奖励规定等商业秘密。

3. 注意仪态仪表，态度要谦恭，以礼待人，热情周到。

4. 不得随意接受大客户的礼品和馈赠。

5. 不能劝诱大客户通过不正当的行为或渠道支付货款。

第 12 条　大客户档案管理

1. 大客户开发专员整理资料，形成大客户档案，并做好保管和保密工作。

2. 大客户开发专员应随时更新和整理大客户的信息，以便及时掌握大客户的动态，及时调整服务措施，防止大客户流失。

（续）

3. 大客户开发专员定期将大客户的情况填入“大客户管理卡”和“大客户名册”，以便全面了解大客户。 **第 4 章　附则** 第 13 条　本制度由客户服务部组织制定，经总经理审批后执行。 第 14 条　本制度自颁布之日起生效。

编制日期		审核日期		批准日期	
修改标记		修改处数		修改日期	

8.5.2　大客户服务质量提升制度

制度名称	大客户服务质量提升制度		受控状态	
			编　　号	
执行部门		监督部门	编修部门	

第 1 条　目的

为了提升大客户服务质量，提高大客户满意度，构建公司服务质量改进体系，特制定本制度。

第 2 条　适用范围

本制度适用于公司大客户服务质量提升过程中各事项的管理与控制。

第 3 条　管理职责

1. 公司设立大客户服务部，该部设大客户服务经理____名。
2. 客服经理带领下属服务人员负责大客户服务质量的提升工作。
3. 客户服务部其他人员协助客服经理做好大客户的服务工作。

第 4 条　大客户服务质量提升目标

1. 更快捷。为大客户提供更加及时、准确的服务。
2. 更可靠。提高大客户服务水平，更加符合质量提升标准的要求。
3. 更满意。按照大客户的需求与要求，为其提供多样化、个性化的服务，提高大客户的满意度。

第 5 条　制定大客户服务质量标准

客服经理组织人员依据公司的大客户服务操作规范，并参考相关的行业标准、大客户需求等制定公司的大客户服务质量标准。

第 6 条　确定大客户服务质量提升标准

客服经理根据服务环境的改变、行业标准的改变、服务流程的改善、大客户需求的变化等因素适时对公司的大客户服务质量标准进行改善，确定服务质量提升标准。

第 7 条　制定大客户服务质量提升方案

大客户服务部依据以下三方面的资料，制定《大客户服务质量提升方案》。

1. 服务质量评估及服务质量缺陷分析结果。
2. 员工及大客户为本公司提供的服务质量改进建议。
3. 本公司制定的服务质量提升标准。

第 8 条　实施大客户服务质量提升方案

大客户服务部根据《大客户服务质量提升方案》开展工作，具体措施包括以下三个方面。

（续）

1. 健全服务质量体系 （1）客户服务部应建立良好的大客户服务质量体系，并定期考察《大客户服务质量提升方案》的落实情况，及时修正。 （2）公司各部门密切配合，健全大客户服务质量体系，为大客户提供完美周到的服务。 2. 强化人员配置与管理 （1）公司应建立一支懂业务、懂技术、懂市场和了解用户心理的经营队伍，配备专业的客服经理，以确保大客户服务质量。 （2）客服经理应经常向大客户了解情况，并适时回访，架起一座连接公司与大客户的桥梁，使他们享受到方便快捷的服务。 （3）公司应进一步深化内部运营机制和管理机制的改革，加快建立符合现代企业制度要求的公司管理体制和有效的激励与约束机制。 （4）大客户服务部应树立用户至上的全新服务意识，认真贯彻“首问负责制”和“一站式服务”的规定。 （5）公司应适时开展服务质量培训工作，提升大客户服务人员的技能，提高公司员工的整体素质，更好地服务大客户。 （6）公司应定期开展大客户服务人员服务质量评比，树立大客户服务质量典型。 3. 提供优质、完善的服务 大客户服务部应采取以下措施，为客户提供优质、完善的服务。 （1）在大客户服务方式、方法上不断创新，为客户提供多样化的服务。 （2）在为大客户提供服务的过程中，应考虑大客户的实际情况，为大客户提供个性化的超值服务。 （3）在开发新客户、为新客户提供优质服务的同时，也应重视对老客户的服务。 （4）应定期召开服务质量总结会议，总结工作过程中的不足之处。 （5）对明显的服务质量缺陷应立即采取补救措施，任何人不得找借口推脱责任。 （6）对客户数据库的数据进行全新整理，并尝试进行数据的开发和再利用，以此促进服务质量和效率的全面提升。 第 9 条　总结大客户服务质量提升工作 大客户服务经理应定期对大客户服务质量提升工作进行总结，并编写总结报告上报客户服务部经理。 第 10 条　本制度由客户服务部负责制定、修订及解释。 第 11 条　本制度经公司总经理审批通过后即日起实施。

编制日期		审核日期		批准日期	
修改标记		修改处数		修改日期	

8.5.3 大客户满意度管理制度

制度名称	大客户满意度管理制度		受控状态	
			编　　号	
执行部门		监督部门	编修部门	

第 1 章　总则

第 1 条　目的

为了准确确定导致大客户满意或不满意的关键因素，不断提升大客户服务水平，提高大客户满意度，特制定本制度。

（续）

第 2 条　适用范围

本制度适用于本公司所有大客户（包括公司现有大客户、潜在大客户及公司流失的大客户）。

第 3 条　大客户满意度

本制度所指大客户满意度是指大客户在使用本公司所提供的产品或服务后，感知与期望值比较的程度。

第 4 条　管理职责

大客户服务部负责对大客户满意度进行调研、分析和改进。

第 2 章　大客户满意度调研与分析

第 5 条　确定调研内容

大客户满意度调研的内容包括大客户的建议、抱怨，对客户服务人员的评价及竞争者的信息等。

第 6 条　确定调研时间

公司每半年组织一次大范围的大客户满意度调研活动，特殊情况除外（具体调研时间由客户服务部发公告通知）。

第 7 条　编写“大客户满意度调研表”

1. 在实施满意度调研之前，大客户服务部必须编制“大客户满意度调研表”。

2. 满意度调研表的问题类型通常采取等级型封闭式问题，例如，请问您对本公司的服务速度是否满意？（选项为完全不满意、不满意、尚可、满意、完全满意五个等级）。

第 8 条　开展大客户满意度调研

1. 本公司大客户满意度的调研方式有电话调研、上门拜访及座谈会三种。

2. 客户服务部应根据“大客户满意度调研表”，结合具体情况，采用合适的方法开展调研。

第 9 条　大客户满意度信息分析

大客户满意度调研结束后，客户服务部要及时对所收集到的信息进行汇总分析，至少要得出以下三方面的信息。

1. 每一评价项目的平均满意度水平。

2. 大客户的平均满意度水平。

3. 特殊数据的分析，如某一调研项目中评价最低的内容。

第 10 条　编写《大客户满意度调研报告》

客户服务部应及时撰写《大客户满意度调研报告》，其内容除对满意度现状进行分析外，还应将其结果与上次调研结果进行对比分析，预测未来发展趋势，并确定今后工作的重点与改进方案。

第 3 章　大客户满意度提升管理

第 11 条　制定大客户满意度提升措施

客户服务部根据《大客户满意度调研报告》，发现公司产品和服务过程中存在的问题，并制定相应的提升措施。

1. 上交的“大客户满意度调研表”中，凡大客户评价“不满意”的，必须由客服经理进行回访调研，找出大客户不满意的原因，经查实确是本公司相关人员服务不周的，应对相关人员进行相应处罚，并记录客户的意见及建议，为改进客户服务工作提供依据。

2. 客服经理应根据当期的大客户满意度调研情况，在例会上作总结，对大客户服务较差的环节制定相应的改进方案及提升措施。

第 12 条　实施大客户满意度提升措施

客户服务部及公司其他部门实施大客户满意度提升方案，相关部门监督跟踪大客户满意度提升措施的执行情况，及时收集大客户反馈信息，确保提高大客户满意度的目标顺利实现。

（续）

第4章　附则					
第13条　本制度由客户服务部制定、解释和修订，总经理审批。 第14条　本制度自颁布之日起执行。					
编制日期		审核日期		批准日期	
修改标记		修改处数		修改日期	

8.5.4 大客户风险管控制度

制度名称	大客户风险管控制度		受控状态	
			编　　号	
执行部门		监督部门	编修部门	

第1章　总则

第1条　目的

为了促进和规范大客户风险管理工作，提高公司防范大客户风险的能力，维护公司利益，制定本制度。

第2条　适用范围

本制度适用于公司所有大客户的风险管控。

第3条　职责划分

1. 大客户服务部

（1）负责所有大客户风险管控工作的组织与落实，并结合公司实际，研究制定、完善大客户风险管控相关制度。

（2）负责本公司大客户风险管控的指导和培训。

（3）负责监督管理本公司大客户风险管控的日常工作，检查大客户风险管控工作。

2. 公司其他部门需积极配合大客户服务部的工作。

第2章　大客户风险等级划分

第4条　建立大客户风险管理档案

1. 公司大客户服务部在与大客户初次建立业务关系时，应为大客户建立风险管理档案。

2. 大客户服务人员定期对大客户交易情况等进行统计，记入其风险管理档案。

第5条　大客户风险等级划分

大客户服务部按照大客户的特点及属性，参照大客户的风险管理档案，全面考虑大客户地域、身份、业务、行业、历史交易记录等可能对大客户风险等级产生影响的因素，划分风险等级，并根据实际情况的变化调整风险等级。

第6条　大客户风险等级划分原则

大客户服务部对大客户风险等级划分应遵循以下三大原则，具体如下图所示。

（续）

客观性原则　大客户风险等级划分是对大客户的客观评价，必须全方位了解大客户特点、交易情况、信用状况等，谨慎客观地进行大客户风险等级划分

持续性原则　大客户风险等级划分工作应持续关注大客户基本信息及其他信息变化情况，并适时调整大客户风险等级

保密性原则　本公司所有知悉大客户风险等级划分标准的人员应对大客户风险等级的评定标准和评定情况严格保密，防止信息外泄

大客户风险等级划分三原则

第 7 条　大客户风险的等级

公司的大客户风险等级具体划分为四级，一级为最高风险、二级为较高风险、三级为较低风险、四级为低风险。

第 3 章　大客户风险评估

第 8 条　大客户风险评估要素

大客户风险评估要素主要包括以下四项。

1. 注册信息：大客户的性质、经营范围、经营年限、注册资本、银行信用等。

2. 交易信息：大客户交易量、大客户交易额、大客户交易稳定性。

3. 财务信息：预付款情况、大客户货款支付情况、货款结算情况等。

4. 其他：是否恶意攻击公司，制造、散播公司谣言，对公司构成严重影响的行为。

第 9 条　大客户的风险评估标准

大客户服务部在对大客户风险进行评估之前，需了解大客户的风险评估标准，具体如下表所示。

大客户风险评估标准表

序号	风险级别	风险描述	评估标准	评估周期
1	四级	低风险	交易量稳定，无违约出现	季度
2	三级	较低风险	交易过程未按合同约定执行，经双方协商，最终履行合约，无纠纷出现	月
3	二级	较高风险	交易过程出现违约及纠纷行为	周
4	一级	高风险	交易过程中出现多次违约，大客户财务状况不良，对本公司的日常运营构成严重威胁	实时

第 10 条　确定大客户风险等级

大客户服务部根据大客户的风险评估标准，定期进行大客户风险评估，确定大客户的具体风险等级，对风险等级较高的大客户进行严格监管。

第 4 章　大客户风险处理

第 11 条　大客户风险处理规定

1. 对评定为风险等级低的大客户，公司大客户服务部应定期致电或拜访大客户，询问大客户需求，给予一定优惠，积极维持客户关系。

（续）

2. 对评定为风险等级较低的大客户，公司大客户服务部对交易过程中出现的问题应及时进行分析，与大客户进行沟通，避免同类事件再次发生。

3. 对评定为风险等级较高的大客户，公司应对其按照相关合约进行处罚，解决违约纠纷，并提出书面警告，实时跟踪监管，提高保证金比例。

4. 对评定为高风险等级的大客户，公司大客户服务部应每日进行一次大客户基本信息跟踪，及时更新大客户信息资料，重点了解其资金来源和用途、经济状况或经营状况、控股股东或实际控制人等信息。若情况一致未有改善，大客户服务部应立即停止与其的业务往来，并上报总经理办公室。

第 12 条　上报管理

经过监控和分析，大客户服务部应及时编制“危险大客户名单”，上报公司总经理办公室，由总经理办公司组织召开危险大客户处理会议，提出处理意见。大客户服务部配合做好相关处理工作。

第 13 条　检查管理

大客户服务部经理应做好大客户风险管控及处理的检查工作，总经理根据实际情况进行抽查。

第 5 章　附则

第 14 条　本制度由客户服务部负责制定、修改和解释。

第 15 条　本制度由总经理审批后，自颁布之日起执行。

编制日期		审核日期		批准日期	
修改标记		修改处数		修改日期	

8.6　大客户服务工具

8.6.1　大客户开发管理表单

大客户管理卡

<table>
<tr><td>地区</td><td></td><td>分类</td><td colspan="2"></td><td colspan="2">客户名称</td><td></td><td>编号</td><td></td></tr>
<tr><td>电话</td><td></td><td>来往日期</td><td colspan="2"></td><td rowspan="6">店
面</td><td>店面</td><td>□自有
□租用</td><td>面积</td><td>车辆 __台</td></tr>
<tr><td>地址</td><td colspan="4"></td><td>商品</td><td colspan="3"></td></tr>
<tr><td>资本额</td><td></td><td>登记日期</td><td colspan="2"></td><td>品牌</td><td colspan="3"></td></tr>
<tr><td>法人代表</td><td></td><td>出生日期</td><td></td><td>□已婚
□未婚</td><td>布置</td><td>□别具风格
□整齐□佳
□尚可□差</td><td>POP</td><td>□佳
□少数
□无</td></tr>
<tr><td>地址</td><td colspan="4"></td><td>销售对象</td><td colspan="3"></td></tr>
<tr><td rowspan="5">实际经营者</td><td>经营者</td><td></td><td>电话</td><td></td><td>总评</td><td colspan="3"></td></tr>
<tr><td>出生日期</td><td></td><td colspan="2">□已婚□未婚</td><td rowspan="3">店
员</td><td>人数</td><td colspan="3"></td></tr>
<tr><td>住址</td><td colspan="3"></td><td>向心力</td><td></td><td>推销实力</td><td></td></tr>
<tr><td>参加社团</td><td></td><td>嗜好</td><td></td><td>敬业精神</td><td></td><td>待遇</td><td></td></tr>
<tr><td>交易条件</td><td colspan="8"></td></tr>
</table>

（续表）

业务接洽		地理位置	信用分析
付款接洽			1. 负责人或经营者
来往银行			2. 财务分析
			3. 销售实力
			4. 同行业中地位
填卡			5. 其他

8.6.2　大客户服务管理方案

方案名称	大客户服务管理方案	编　号	
		受控状态	

一、目的

为有效管理大客户，提高大客户的满意度，巩固双方的合作关系，特设计本方案，供大客户部所有工作人员在实际工作中对照使用。

二、大客户级别划分

大客户级别的划分标准以其年收入目标为依据，具体如下图所示。

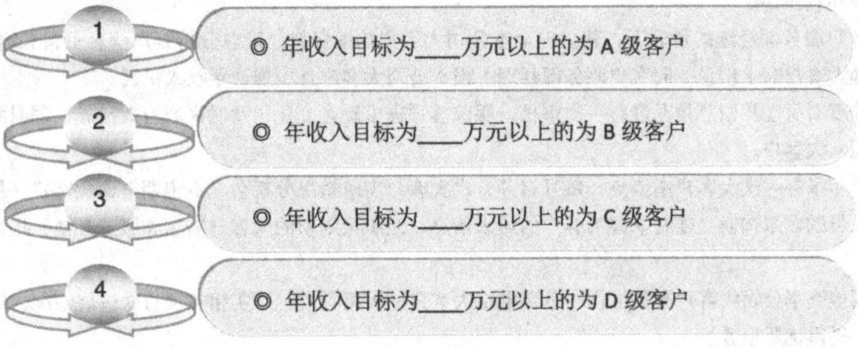
1
◎ 年收入目标为____万元以上的为 A 级客户
2
◎ 年收入目标为____万元以上的为 B 级客户
3
◎ 年收入目标为____万元以上的为 C 级客户
4
◎ 年收入目标为____万元以上的为 D 级客户

大客户级别划分标准

三、大客户管理体系的设置及人员配备

1. 建立以客户服务经理为核心的大客户服务管理体系，下设大客户服务团队。

2. 大客户服务管理体系的相关人员要有较全面的业务知识、较高的素质、较强的工作责任心和团队精神，且具备一定的策划、表达能力和一定的公关、协调能力。

四、大客户服务管理工作职责

（一）客服经理主要职责

1. 负责制定大客户服务部的各项制度并贯彻实施。

2. 负责制定大客户服务标准、服务流程及各项工作规范，并对实施人员进行指导、培训。

3. 负责大客户的接待管理工作，与大客户保持长期的沟通和合作关系。

4. 负责受理并处理大客户的投诉，及时反馈处理难题，消除客户误会。

（续）

5. 负责对公司的大客户资源进行统计分析，做好大客户档案资料管理工作。

（二）大客户主管主要职责

1. 贯彻落实上级有关大客户服务管理的工作要求，结合实际，制定本公司大客户服务管理工作要求。

2. 研究、分析客户需求动态，制定服务管理策略和措施。结合本公司大客户需求情况和特点，制定大客户服务管理工作的实施办法。

3. 负责协调服务过程中出现的问题，保证大客户服务工作落实到位。组织协调、监督、检查和考核大客户管理工作。

4. 保持与特级大客户领导的定期互访和沟通，与客户建立紧密的合作伙伴关系，并适时与大客户进行"一对一"的沟通以及新业务的推广交流和互动。

5. 协调公司内部的各部门资源，共同为大客户提供优质服务。

6. 根据本公司大客户服务管理工作任务和具体要求，认真做好大客户日常服务和个性化服务工作。

7. 负责本公司大客户服务管理工作、个性化服务的服务项目策划等工作。

8. 负责大客户回访工作，具体要求有以下四个方面。

（1）对A级大客户每月走访不少于三次，电话联系每周不少于两次。

（2）对B级大客户每月走访不少于两次，电话联系每周不少于两次。

（3）对C级大客户每月走访不少于一次，电话联系每周不少于两次。

（4）对D级大客户每月走访不少于一次，电话联系每周不少于一次。

（三）大客户专员的主要职责

1. 贯彻执行上级有关大客户服务管理的工作要求，结合本公司大客户情况和特点，分解并制定大客户服务工作任务和具体办法。

2. 在客户服务部经理的督促下，建立健全本公司大客户档案资料，汇总分析客户信息资料和需求情况，收集、整理大客户需求信息。向客户服务部经理上报本公司大客户月、季、年收入报表。

3. 每季度对大客户服务情况进行一次审核，跟踪客户需求动态变化，及时采取有效措施，同时把满足条件的客户列入大客户。

4. 每半年举办一次大客户座谈会，每月召开一次大客户需求情况分析会。不定期走访大客户，保持与大客户关键人员的联系沟通，随时掌握大客户的需求信息，组织策划新的大客户需求和服务方案，提供个性化服务。

5. 定期检查本公司大客户服务工作，负责申报大客户的大型项目，落实相关项目的进展情况，协调各部门为大客户提供优质报务。

6. 围绕经营目标，针对本公司大客户实际情况，做好客户信息调研，提出服务方案。

7. 负责跟踪录入大客户需求情况、走访情况，做好客户信息调研，整理大客户需求信息，维护老客户，发展新客户。

五、大客户服务主要工作方式

1. 推行大客户服务管理体系，根据大客户的特点灵活确定服务模式，对同属某一行业的大客户，应该将该行业某一知名度高、代表性强的优质客户作为业务推广典型。

2. 上门服务

大客户专员在大客户有服务需求时应及时主动地提供上门服务，或先与客户联系，委托客户代表上门拜访。

3. 随叫随到服务

公司应为服务时间不固定的大客户开通24小时服务电话，以便随时提供服务。

（续）

<table>
<tr><td colspan="6">4. 个性化服务
大客户专员应从客户角度出发，为其量身设计服务方案，与大客户建立密切的合作伙伴关系，提供优质、高效的个性化服务。
5. 限时服务
在为大客户提供服务的过程中，要最大限度地优化报务作业流程，提供“绿色通道”，在第一时间完成大客户托办的业务，使大客户的服务时限有别于普通用户。</td></tr>
<tr><td>编制人员</td><td></td><td>审核人员</td><td></td><td>审批人员</td><td></td></tr>
<tr><td>编制时间</td><td></td><td>审核时间</td><td></td><td>审批时间</td><td></td></tr>
</table>

8.6.3　大客户满意度调研报告

<table>
<tr><td rowspan="2">文书名称</td><td rowspan="2">大客户满意调研报告</td><td>编　号</td><td></td></tr>
<tr><td>受控状态</td><td></td></tr>
<tr><td colspan="4">

一、调研目的

为加强公司与大客户之间的沟通，了解公司能否满足大客户的需求，特进行此次调研。

二、调研时间

此次调研自____年____月____日起，至____年____月____日，历时____天。

三、调研范围

此次调研的范围包括华东与华南并____省____市____家公司客户。

四、调研方法

此次调研采用问卷调研法，通过各片区业务人员向自己负责的客户发放调研问卷，客户填好后，由业务人员收回，并统一上交公司。

五、问卷设计

1. 此次调研问卷主要涉及公司产品质量、产品价格和服务三方面内容，其中产品质量的调研涉及产品销售外观、产品包装及产品品质；服务包括售前、售中、售后及投诉处理等。这份问卷基本涵盖了公司产品的整个销售过程及客户所关心的焦点问题。

2. 此次问卷共12题，采用记分题目，每个题目均有五个选项，分别为5、4、3、2、1分，如调研问卷的第3题。

“您对本公司 × × 产品的质量是否满意？”

□ 很满意（5分）□ 满意（4分）□ 基本满意（3分）□ 不太满意（2分）□ 不满意（1分）

因此，本次问卷满分为60分，调研问卷折百后，判定情况如下表所示。

问卷判定情况说明表

<table>
<tr><td>得分</td><td>90分以上</td><td>80 ~ 90分</td><td>70 ~ 80分</td><td>60 ~ 70分</td><td>60分以下</td></tr>
<tr><td>判定</td><td>很满意</td><td>满意</td><td>基本满意</td><td>不太满意</td><td>不满意</td></tr>
</table>

</td></tr>
</table>

（续）

六、调研问卷分析

（一）问卷结论说明

截至____年____月____日，此次大客户满意度调研共发放问卷____份，收回92份，按其部分折百计算后，分值低于60分的1家，60 ~ 70分的9家，70 ~ 80分的15家，80 ~ 90分的32家，90分以上的35家，具体内容如下表所示。

大客户满意度分析表

判定	很满意	满意	基本满意	不太满意	不满意
得分	90分以上	80~90分	70~80分	60~70分	60分以下
数量	35	32	15	9	1
比例	38.04%	34.78%	16.30%	9.78%	1.08%

由此可见，89.12%的客户对我公司的产品和服务还是满意的，约10%的客户对我公司的产品和服务不太满意，1%的客户（××有限公司）对我公司的产品和服务很不满意。

××有限公司的问卷得分为55分，认为我公司的服务，尤其是售后服务做得不够好，给了“不满意”的评价。此外，还有××有限公司，对我公司××产品销售的包装不满意，并提出以下建议。

1. 包装材料以××为主，改善加工工艺。

2. 减少产品包装产品克数，建议独立小包装每袋重量为30克。

（二）产品质量调研分析

产品质量调研数据折百后，如下表所示。

大客户产品质量满意度分析表

判定	很满意	满意	基本满意	不太满意	不满意
得分	90分以上	80 ~ 90分	70 ~ 80分	60 ~ 70分	60分以下
数量	32	35	20	4	1
比例	34%	38.04%	21.83%	4.34%	1.09%

此次调研显示，服务调研分析94.5%的客户是比较认可我公司产品的，5%的数量虽然不大，仍表明我公司的产品质量还有进步空间。

（三）产品价格调研分析

产品价格调研数据折百后，如下表所示。

大客户产品价格满意度分析表

判定	偏高	有点高	还好	有点低	偏低
得分	90分以上	80 ~ 90分	70 ~ 80分	60 ~ 70分	60分以下
数量	11	25	30	26	0
比例	11.96%	27.17%	32.60%	28.26%	0

（续）

从数据分析来看，认为我公司的产品价格高的客户占总数的39.13%，认为我公司价格能够接受的占32.6%，价格有点低的占28.26%。造成这种情况的原因主要是城市消费的不同。如 ×× 有限公司为沿海一线城市，其人均消费水平与所在 ×× 市的 ×× 有限公司相比高出3个百分点，所以价格满意度分布不匀在某种程度上可以理解。

（四）服务调研分析

服务调研数据折百后，如下表所示。

大客户服务调配满意度分析表

判定	很满意	满意	基本满意	不太满意	不满意
得分	90分以上	80 ~ 90分	70 ~ 80分	60 ~ 70分	60分以下
数量	25	40	15	11	1
比例	27.17%	43.48%	16.3%	11.96%	1.09%

由上表可以看出，大多数客户对我公司提供的服务还是比较满意的，在服务得分不足70分的11家客户中，有三家认为我公司的售后服务一般，并提出“加强售后服务”的建议，此外，×× 有限公司因产品运输时间过久，曾与地区业务人员发生过争执，给予了不满意的选择。

（五）客户建议及要求

在此次调研问卷的最后，公司设置了“对公司建议或要求”一项，由客户自行填写，目的是收集客户有效意见，从而明确公司改进方向。在收回的92份问卷中，有32位客户在其“对公司的建议或要求”中留言，其中有针对性的意见共15条，客户姓名及具体内容如下表所示。

大客户建议及要求说明表

序号	客户名称	建议方向	建议或意见内容
1	上海 ×× 有限公司	质量、服务	做足产品含量，加强售后服务
2	南京 ×× 有限公司	包装	产品小包装应与外包装相对应
3	淮安 ×× 有限公司	包装	产品各类型包装相似，不易区分
4	安徽 ×× 有限公司	价格	价格是否可降低，或给予相应的折扣点
5	浙江 ×× 有限公司	外观	改善产品包装工艺，增强市场竞争力
6	山东 ×× 有限公司	外观	产品外观不易引人注目，建议改善
7	江西 ×× 有限公司	价格	建议降低3个点
8	广东 ×× 有限公司	价格	价格浮动不稳定，且沟通不够
9	广西 ×× 有限公司	合作	希望加强合作
10	福建 ×× 有限公司	发货	发货不及时，望改善
11	海南 ×× 有限公司	沟通	沟通不够顺畅，建议加强
12	义乌 ×× 有限公司	质量	产品质量有待提高
13	济南 ×× 有限公司	服务	售后服务不乐观
14	青岛 ×× 有限公司	产品	产品竞争力不够
15	深圳 ×× 有限公司	结算	结算方式不够灵活

（续）

七、总结

汇总92份调研问卷，绝大多数客户对我公司提供的产品和服务是满意的，但也存在相当多需要改进的方面。因此客户服务部建议，在今后的工作中，公司需加强产品质量管理，降低生产成本，加强售后管理。

编制人员		审核人员		审批人员	
编制时间		审核时间		审批时间	

8.6.4 大客户工作总结报告书

文书名称	____年大客户工作总结报告书	编　号	
		受控状态	

一、____年大客户工作回顾分析

（一）大客户规模持续增长，公司创造的利润稳步上升

1. 截至____年年底，公司共有客户____家，其中大客户____家，点比____%，比去年的____家，新增____家，公司整体收入____万元，其中由大客户创造的收入达____万元，占比____%。

2. 在稳定的____家大客户中，我公司新产品的销售情况也有了喜人的进步。各产品的销售情况如下表所示。

____年产品销售状况统计表

填表人：　　　　　　　　　　　　　　　　　　填表时间：____年____月____日

产品名称	2016年	2017年	上升	备注
A产品	196万元	217万元	21万元	以上海销售为主
B产品	116万元	200万元	84万元	以天津销售为主
C产品	95万元	145万元	50万元	以大连销售为主
合计	407万元	562万元	155万元	

其中各地大客户的销售任务完成情况如下表所示。

____年各地大客户销售任务完成情况说明表

销售项目销售区域	任务量	完成量	完成率	备注
东北区	450万元	400万元	89%	
华北区	465万元	420万元	90%	
西北区	500万元	510万元	101%	
华南区	650万元	590万元	90%	

（二）大客户流失率和开发率保持平衡

____年，流失大客户____家，流失比为____%，较____年，下降____个百分点。此外，增加大客户____家，增长率为____%，其中北京××有限公司、上海××有限公司、天津××有限公司为新增代表，共创造经济利润达____万元，与流失大客户造成的损失基本持平。

（续）

（三）电子化销售初具规模，以网络销售为载体的行业应用形成优势

____年，电子化销售达____万元，A 产品和 B 产品的销售态势最好，分别为____万元和____万元，共创利润____万元，同时节约销售成本____万元。

（四）积极探索多种合作模式，满足大客户多重需要

1. ____年，客户服务部共完成全国____家大客户的梳理工作，并建立了以省、市为单位的大客户资料数据库，大客户信息包括：

（1）客户集团的组织架构；

（2）客户发展史；

（3）客户经营目标；

（4）客户发展方向；

（5）客户产品定位；

（6）客户销售状况；

（7）客户竞争对手情况；

（8）客户供应商信息；

（9）客户的奖状及客户状况；

（10）客户商品的市场占有率及行业排名；

（11）客户主流商品的功能、外观及技术设计的适销性；

（12）客户市场价格维护及价格变化等。

经总结，全国____家大客户中，固定资产在____万元以上的共有____家，固定资产在____万元以上的有____家。

2. 客户服务部建立了以沈阳、北京、上海及西安为中心的客户服务中心，可与当地大客户共同开发新的合作模式，并上报公司备案。新的合作模式以公司与客户双赢为基本出发点，以不违反公司利益为根本，满足大客户的多重需要。

如北京客服服务中心，结合北京外来人口多的特点，与当地大客户北京 ×× 有限公司共同开发了 ×× 促销模式，创造销售收入达____万元，值得其他地区借鉴。

（五）电子化销售带来的全业务竞争，在大客户市场竞争愈演愈烈

1. 随着电子商务模式的出现，商品的信息化越来越明显，各地区各种产品的价格、销售策略及流通渠道都能够呈现出公开化的态势。大客户在经销产品的选择上，更具明显优势，但与此同时，公司在新客户的开发上也应占据主动。

2. 公司的主要竞争对手是 ×× 公司。×× 公司虽然尚未推出全国的销售计划，但部分省市的销售却已经开始积极行动起来，其营销举措主要有以下几类。

×× 公司营销措施说明表

序号	营销措施	说明
1	放宽渠道政策	以广东、浙江、江苏和上海为首，放宽渠道政策，降低经销商门槛，为产品的销售提供基础
2	增加终端支持，扩大市场影响	以辽宁、广西及内蒙古为代表，在各销售终端加设促销堆头，投放 POP 宣传，扩大产品的影响力
3	降低产品售价，抢占市场份额	以北京、河北及四川为代表，其产品价格降至盈利点，抢占市场的态势比较猛烈，地区同类产品竞争呈白热化

（续）

（续表）

序号	营销措施	说明
4	与××有限公司联合销售	××公司与××有限公司的产品为互补型产品，如今两家公司联合，其销售情况也极为可观

二、新形势下大客户工作思路与目标

（一）总体工作思路

在当前竞争环境下，本公司的大客户工作应以“维护老客户”和“推广新产品”为两大核心任务，依托现有市场规模优势，积极应对、控制风险，大力开展大客户市场的“二次营销”。与此同时，积极探索“防”“守”“扩”“攻”的结合，有效减缓大客户流失而给公司造成的直接及间接损失。积极扩展网络市场，确保大客户成为公司持续发展的推动力和经济增长点之一。

（二）市场竞争策略

1. 充分发挥成本优势、大客户规模优势和电子商务优势，采取有效防御措施，守护公司现有市场，并积极为新产品的市场开发作准备。

2. 深度挖掘现有大客户需求，提升客户服务满意度。

3. 创新商务合作模式，在传统销售的基础上，创造新的收入增长点。

4. 主动出击，扩大现有市场份额。

（三）大客户工作发展目标

1. 公司因确立大客户工作目标，确保大客户的增长率不低于____%，大客户流失率不超过____%，此外通过____年的努力，实现对各地区大客户的深度拓展，争取到____年，全国共有大客户____家。

2. 公司应确定大客户的收入目标，客户服务部争取在未来____年的时间里，电子销售占运营总收入的比重超过____%，新产品销售额达到____万元。

三、____年大客户重点工作计划

（一）构建市场新格局，抢占市场先机

1. 开展大客户保有拓展工程，保证大客户成员稳定。

大客户保有工作的具体措施如下图所示。

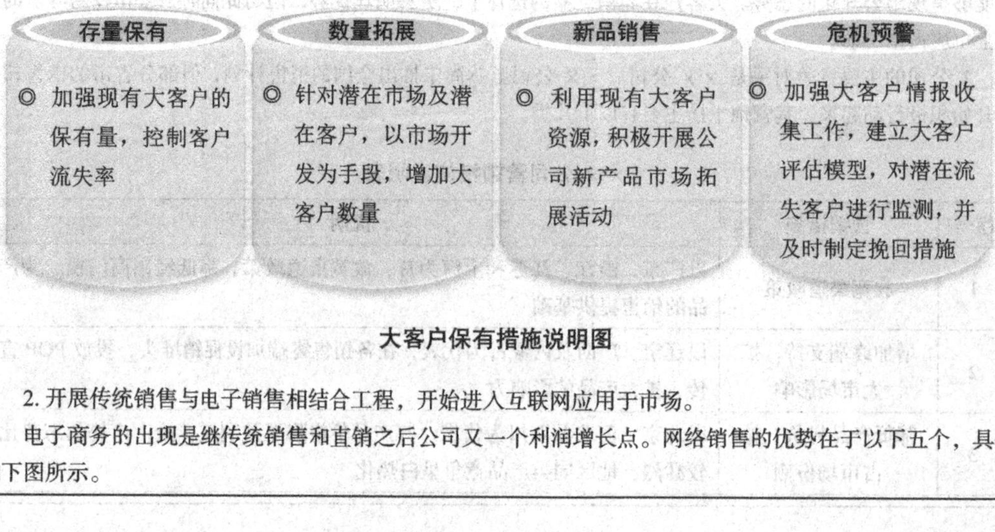
存量保有
◎ 加强现有大客户的保有量，控制客户流失率
数量拓展
◎ 针对潜在市场及潜在客户，以市场开发为手段，增加大客户数量
新品销售
◎ 利用现有大客户资源，积极开展公司新产品市场拓展活动
危机预警
◎ 加强大客户情报收集工作，建立大客户评估模型，对潜在流失客户进行监测，并及时制定挽回措施

大客户保有措施说明图

2. 开展传统销售与电子销售相结合工程，开始进入互联网应用于市场。

电子商务的出现是继传统销售和直销之后公司又一个利润增长点。网络销售的优势在于以下五个，具体如下图所示。

（续）

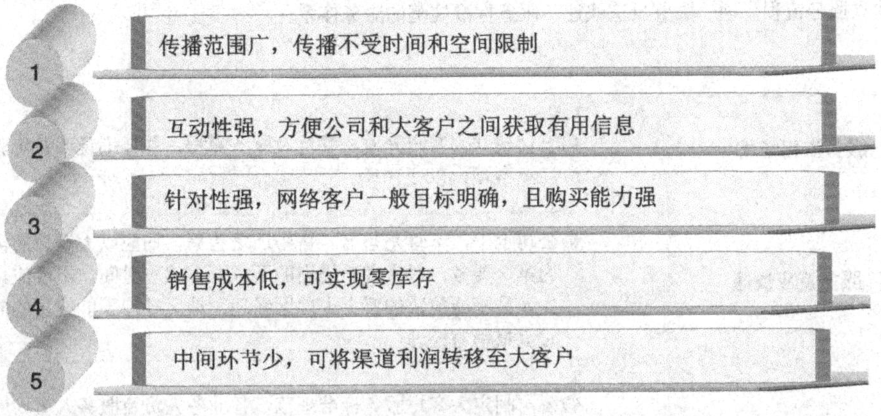
1
传播范围广，传播不受时间和空间限制
2
互动性强，方便公司和大客户之间获取有用信息
3
针对性强，网络客户一般目标明确，且购买能力强
4
销售成本低，可实现零库存
5
中间环节少，可将渠道利润转移至大客户

网络销售优势分析图

3. 大力发展农村市场，把握新时代消费趋势。

随着农村购买力的上升，以及“家电下乡”“汽车下乡”政策的出台，农村市场已经受到越来越多企业的重视，建议公司把握时代消费趋势，加快农村市场的开发。

4. 增加政府购买，加强公司形象建设。

政府购买一直以来未真正被公司重视起来，而中间蕴藏的商机却是一般客户不能比拟的。建议公司加强政府购买行为，使公司形象建设更上一个台阶。

（二）加强服务能力建设管理，解决大客户服务瓶颈

1. 完善服务管理机制，加强地区经理从销售型向服务营销型的转变。

据统计，现阶段每个地区经理平均负责____家大客户，而北京和上海的地区经理负责的大客户更多；而地区经理中有____%的人只有大专学历，在本岗位工作时间已经达到____年。____%的地区经理由生产一线产生，服务意识不强。

此外，地区经理的晋升和淘汰机制也不够完善，客户服务部建议从以下三个方面完善服务管理机制，并转变地区经理工作理念。

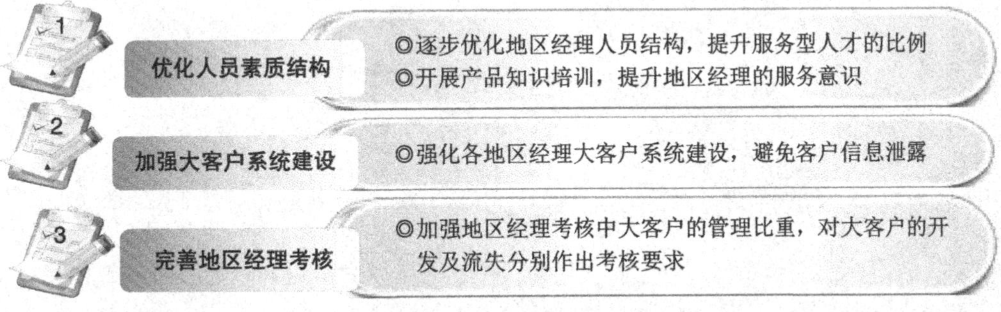
1
优化人员素质结构
◎逐步优化地区经理人员结构，提升服务型人才的比例
◎开展产品知识培训，提升地区经理的服务意识
2
加强大客户系统建设
◎强化各地区经理大客户系统建设，避免客户信息泄露
3
完善地区经理考核
◎加强地区经理考核中大客户的管理比重，对大客户的开发及流失分别作出考核要求

地区经理服务管理说明图

2. 以大客户需求为中心，加强新产品的调研和研发管理，提升公司产品规划能力。

公司在进行新产品调研时，应增加对大客户的调研分析，大客户销量比一般客户要大，产品的覆盖面也广，对产品的要求把握更为准确。所以在对新产品的研发前，应以大客户的需求为重点，结合市场需要，进一步提高公司产品的规划能力，使产品更具适用性。

（续）

3. 建立服务流程畅通、服务反应快速、服务标准规范的服务体系。

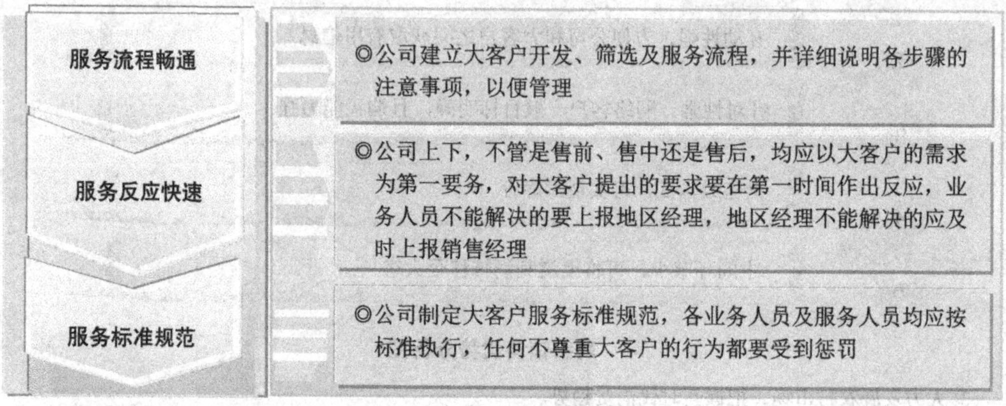
服务流程畅通
◎公司建立大客户开发、筛选及服务流程，并详细说明各步骤的注意事项，以便管理
服务反应快速
◎公司上下，不管是售前、售中还是售后，均应以大客户的需求为第一要务，对大客户提出的要求要在第一时间作出反应，业务人员不能解决的要上报地区经理，地区经理不能解决的应及时上报销售经理
服务标准规范
◎公司制定大客户服务标准规范，各业务人员及服务人员均应按标准执行，任何不尊重大客户的行为都要受到惩罚

大客户服务管理体系图

（三）做好大客户经验交流，确保销售任务的完成

大客户因地区差异，在经营方式上也存在各自特点，公司可在每年的三月及八月销售淡季举行销售经验交流大会，分享大客户经营经验。

编制人员		审核人员		审批人员	
编制时间		审核时间		审批时间	

第 9 章　电商客服管理

9.1　电商客服职能管理

9.1.1　电商客服任务目标

电商客服的工作目标包括 8 个方面，具体如图 9-1 所示。

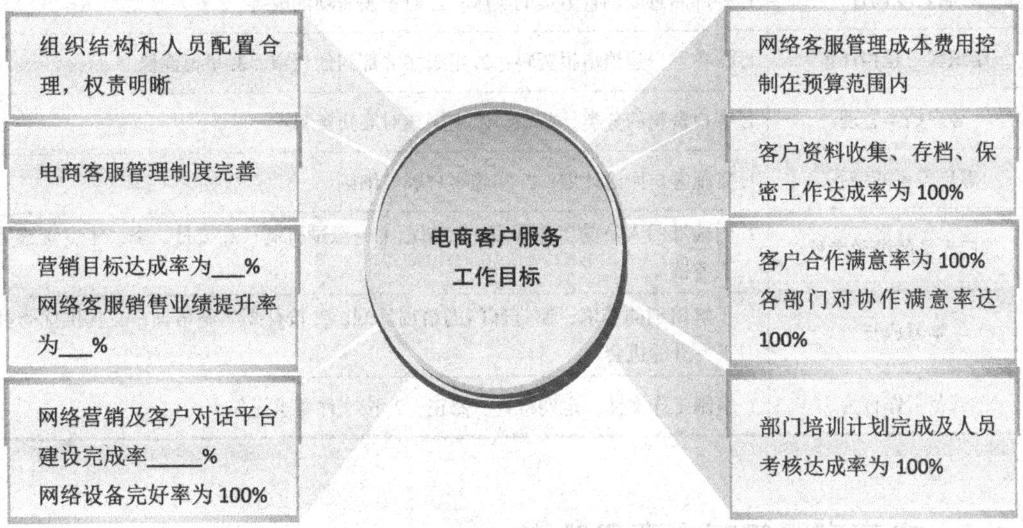

组织结构和人员配置合理，权责明晰
电商客服管理制度完善
营销目标达成率为___%
网络客服销售业绩提升率为___%
网络营销及客户对话平台建设完成率_____%
网络设备完好率为 100%
电商客户服务工作目标
网络客服管理成本费用控制在预算范围内
客户资料收集、存档、保密工作达成率为 100%
客户合作满意率为 100%
各部门对协作满意率达 100%
部门培训计划完成及人员考核达成率为 100%

图 9-1　电商客服工作目标示意图

9.1.2　电商客服职能分解

对电商客服的职能进行分解，可以细化电商客户服务部门的各项职能。电商客户服务部的职能分解说明如表 9-1 所示。

表 9-1　电商客服职能分解说明表

职能分项	职能细化
收集客户信息	1. 收集客户信息时应注意信息的真实性、可靠性、准确性和及时性 2. 客户信息收集的途径：（1）统计资料法；（2）调查问卷法；（3）观察法；（4）数据库收集法；（5）沟通法

（续表）

职能分项	职能细化
分析总结客户需求	1. 找到客户的诉求点，激发客户需求；2. 针对不同需求的客户群体，向其提供有针对性的服务方案
提供在线接待和咨询	1. 通过在线聊天工具与客户进行沟通，提供咨询服务；2. 及时解答客户的问题，引导和识别潜在客户；3. 针对不同客户，推荐合适的产品并促成交易
及时跟进订单	1. 及时跟进订单，确定是否成功订购；2. 将订单录入系统；3. 协调储运部联系物流发货
客诉退货的处理	1. 及时受理、跟进、落实；2. 将处理结果反馈到客户；3. 听取客户的意见
客服信息的收集反馈	1. 建立“客服信息日报表”；2. 由专人跟进客服信息的处理、落实工作；3. 按时出具客服信息月报
满意度调查	1. 外部满意度调查方案的实施；2. 对不满意项的改善
组织客户建档评审	1. 核实客户建档填报资料；2. 组织相关部门的评审；3. 呈报建档
客户档案管理	1. 客户资料的分类、归档；2. 定期核对客户资料
客户关系的维系	1. 实施客户回访计划；2. 实施客户服务细则
部门人员的绩效考核	1. 明确部门人员的工作职责；2. 制定考核激励机制；3. 按月、季、年度实施员工考核
学习成长	1. 了解培训的需求，制订部门的培训计划；2. 按计划实施培训；3. 提供优秀员工晋升的机会
规范工作行为	1. 编制工作文件，定期检查、修正；2. 按文件要求操作

9.1.3 电商客服管理主要风险点

企业在管理电商客服人员的工作中，可能涉及的风险如表 9-2 所示。

表 9-2 电商客服管理主要风险点说明表

序号	风险点名称	风险点说明
风险点 1	电商客服培训风险	1. 培训需求调查问卷设计不当，导致有效问卷回收率低 2. 培训需求采集方式、范围确定不当，导致未能收集到全面的信息
风险点 2	电商客服咨询应对风险	1. 咨询用语不规范，导致客户对公司的印象大打折扣 2. 电商客服咨询处理技巧不到位，导致客户对公司的服务不满意，很难促成订单

（续表）

序号	风险点名称	风险点说明
风险点 3	电商客服客户网购引导风险	1. 电商客服不了解网购引导程序的顺序，导致客户的购买时长增加 2. 电商客服未正确使用引导购买技巧，使客户购买兴趣下降
风险点 4	电商客服订单处理风险	1. 电商客服人员的订单处理时间过长，导致客户延迟收货，给客户留下不良印象 2. 订单处理过程中客户信息泄露，导致客户流失
风险点 5	电商客服投诉处理风险	1. 面对客户投诉不够重视，导致客户流失 2. 缺乏投诉处理技巧，导致尚有利用价值的客户流失

9.2　电商客服岗位职责说明

9.2.1　电商客服主管职责说明

岗位名称	电商客服主管	所属部门	电商客户服务部
上　　级	电商客服经理	下　　级	电商客服
职责概述	带领客服团队做好销售工作，提升网店成交额，全方位优化客户服务质量		
工作职责	职责细分		
1. 销售管理	（1）配合运营团队执行促销方案，提升客户的服务满意度和好评率 （2）对客户咨询量、转化率、投诉率、退货率进行分析与统计，提升整体服务质量		
2. 客户关系管理	（1）运用论坛、微博等网络工具，辅助以电话、拜访等方式向客户介绍公司产品和服务 （2）协助处理售前售后业务，解决投诉及不良评价，保证销售业务顺利进行 （3）做好客户关系的维护工作，增加客户忠诚度		
3. 协调管理	（1）负责与相关部门进行协调，及时处理客户需求和突发事件 （2）汇总售前与售后反馈的问题并及时解决，避免再次发生		
4. 人员管理	（1）为客服人员培训销售技巧，提高解决问题的能力 （2）对员工日常工作进行考核，交上级领导审核		

9.2.2 网店售前客服职责说明

岗位名称	网店售前客服	所属部门	客户服务部
上　　级	客服主管	下　　级	无
职责概述	处理客户的咨询、做好购买引导等售前服务		
工作职责	职责细分		
1. 信息调研	（1）运用电话、网络等工具进行客户信息收集、更新、挖掘工作 （2）按照标准进行有效的信息统计，准确录入调研信息		
2. 售前咨询	（1）通过电话、在线聊天工具等方式解决产品售前咨询服务工作 （2）了解客户需求，并准确记录 （3）回答网上买家提问，引导用户，促成交易		
3. 其他事宜	（1）配合其他员工执行店铺各种活动 （2）与团队内部其他工作人员及时沟通，保证内部信息畅通		

9.2.3 网店售后客服职责说明

岗位名称	网店售后客服	所属部门	客户服务部
上　　级	客服主管	下　　级	无
职责概述	向客户提供良好的售后服务，解决售后问题		
工作职责	职责细分		
1. 信息收集	（1）负责收集与反馈客户意见 （2）整理和分析产品售后服务过程中反馈的数据和信息并将其转交至相关部门		
2. 售后服务	（1）处理客户的在线或电话售后咨询，包括但不限于订单的跟踪、疑难件的处理等 （2）处理客户的退换货及退款事宜 （3）根据需要，对客户进行各种形式的回访和调查，以获取客户的直接反馈		
3. 投诉处理	（1）与客户积极沟通，转化中差评，或积极回复中差评，维护网店形象 （2）妥善解决客户的投诉和意见，对重大或特殊的投诉和意见及时转交网店相关负责人处理		

9.3 电商客服岗位考核量表

9.3.1 电商客服主管考核量表

考核项目	指标名称	权重	指标说明及考核标准	得分
销售业绩	销售额	15%	考核期间，销售额每降低____元，扣____分；考核结果低于______元，该项目不得分	
	利润额	15%	考核期间，利润额每降低____元，扣____分；考核结果低于____元，该项目不得分	
客户订单管理	客单价	10%	考核期内，考核结果比目标值每降低____%，扣____分	
	询单转化率	10%	1. 即来店铺咨询最终下单的人数占来店铺咨询人数的百分比 2. 考核期间，目标达成率每降低____%，扣____分	
	退款率	10%	1. 退款率 = $\frac{\text{考核期成功退款笔数}}{\text{考核期内交易笔数}} \times 100\%$ 2. 考核期内，考核结果比目标值每高出____%，扣____分	
客户关系管理	店铺好评率	10%	考核期间，目标达成率每降低____%，扣____分；低于____%，该项目不得分	
	客户投诉率	10%	考核期内，考核结果比目标值每高出____%，扣____分	
	客户投诉解决率	10%	考核期间，目标达成率每降低____%，扣____分；低于____%，该项目不得分	
团队管理	核心员工保有率	5%	考核期内，考核结果比目标值每降低____%，扣____分	
	培训计划完成率	5%	1. 培训计划完成率 = $\frac{\text{考核期内员工培训次数（项目）}}{\text{考核期内计划总次数（项目）}} \times 100\%$ 2. 考核期内，考核结果比目标值每降低____%，扣____分	

9.3.2 网店售前客服考核量表

考核项目	指标名称	权重	指标说明及考核标准	得分
客户需求信息收集	客户调研计划执行率	15%	1. 客户调研计划执行率 = $\frac{\text{已经执行的调研计划数量}}{\text{调研计划总数量}} \times 100\%$ 2. 考核期内，目标值为____%；指标值每减少____个百分点，该项扣____分；指标值低于____%，该项不得分	
	客户调研报告提交及时率	10%	考核期内，目标值为____%；指标值每减少____个百分点，该项扣____分；指标值低于____%，该项不得分	
客户咨询受理	平均响应时间	30%	1. 指顾客咨询到售前客服回应的每一次时间差的均值 2. 每超出目标值____个单位，扣____分	
	客户投诉率	20%	1. 客户投诉率 = $\frac{\text{本部门客户投诉的数量}}{\text{客户投诉的总数量}} \times 100\%$ 2. 考核期内，目标值为____%；指标值每增加____个百分点，该项扣____分；指标值高于____%，该项不得分	
工作配合	及时性	15%	1. 是否在规定时间内响应他人的需求 2. 考核期内，每有一次配合不及时的情况，扣____分	
	投诉率	10%	考核期内，每有一起投诉，扣____分	

9.3.3 网店售后客服考核量表

考核项目	指标名称	权重	指标说明及考核标准	得分
客户投诉受理	平均响应时间	20%	1. 指顾客咨询到售后客服回应的每一次时间差的均值 2. 每超出目标值____个单位，减____分	
	客户投诉问题解决率	30%	1. 客户投诉问题解决率 = $\frac{\text{考核期内解决的投诉问题}}{\text{考核期内投诉问题总数}} \times 100\%$ 2. 考核期内，目标值为____%；指标值每增加____个百分点，该项扣____分；指标值高于____%，该项不得分	
客户服务管理	店铺 DSR 评分	20%	1. 店铺 DSR 评分是指连续____个月内所有客户给予评分的算术平均值 2. 考核期内，目标值为____%；指标值每降低____个百分点，该项扣____分；指标值低于____%，该项不得分	
	退货工作流程执行	10%	出现不符合公司规定的行为，扣____分 / 次	
工作配合	及时性	10%	1. 是否在规定时间内响应他人的需求 2. 考核期内，每有一次配合不及时的情况，扣____分	
	投诉率	10%	考核期内，每有一起投诉，扣____分	

9.4　电商客服流程与节点说明

9.4.1　在线咨询服务流程与节点说明

1. 在线咨询服务流程

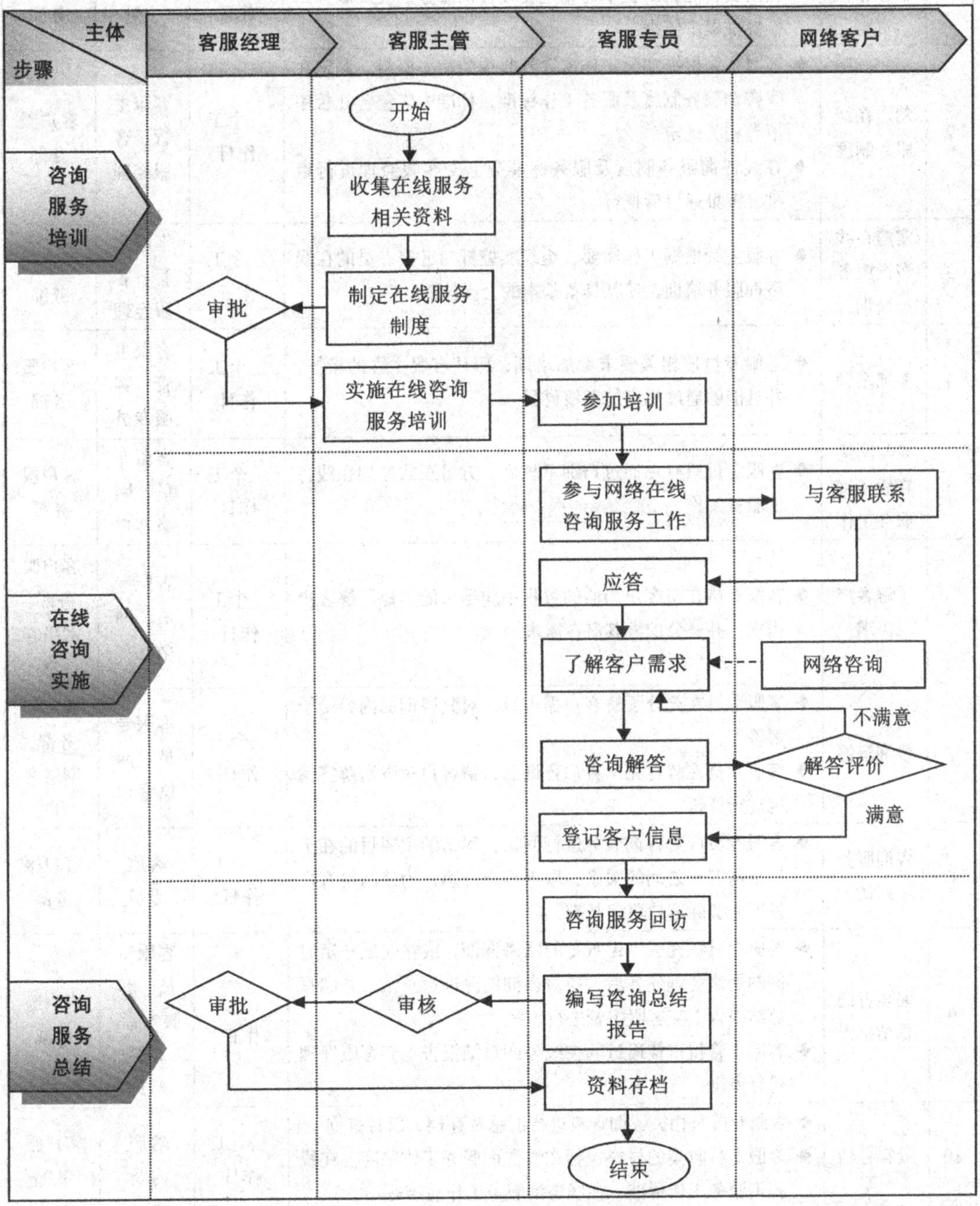
主体
步骤
客服经理
客服主管
客服专员
网络客户
咨询服务培训
在线咨询实施
咨询服务总结
开始
收集在线服务相关资料
制定在线服务制度
审批
实施在线咨询服务培训
参加培训
参与网络在线咨询服务工作
与客服联系
应答
了解客户需求
网络咨询
不满意
咨询解答
解答评价
满意
登记客户信息
咨询服务回访
编写咨询总结报告
审核
审批
资料存档
结束

2. 流程节点说明

文件名称		在线咨询服务流程业务节点说明	版本号	页数	
文件编号			编制人	审批人	
节点	节点名称	节点业务操作说明	时长	适用单位	责任部门
1	收集在线服务相关资料	◆ 客服主管收集同行业及相关行业在线服务的相关资料 ◆ 收集资料的目的在于为制定在线咨询服务制度及服务工作标准提供依据	__个工作日	客服主管	客户服务部
2	制定在线服务制度	◆ 客服主管根据实际工作需要及收集的相关资料，制定在线咨询服务制度及服务工作标准，标准中应包含礼貌用语等相关规定 ◆ 在线咨询服务制度及服务标准应上交客服经理进行审批，审批通过后执行	__个工作日	客服主管、客服经理	客户服务部
3	实施在线咨询服务培训	◆ 客服主管根据工作需要，组织实施针对客服专员的在线咨询服务培训，使其具备基本的上岗技能	__个工作日	客服主管、客服经理	客户服务部
4	参加培训	◆ 客服专员按相关要求参加培训，服从客服主管的指挥，并且能够通过规定的考核科目	__个工作日	客服主管、客服专员	客户服务部
5	参与网络在线咨询服务工作	◆ 客服专员只有在通过培训考核后，方可正式参加在线咨询服务工作	__个工作日	客服专员、网络客户	客户服务部
6	了解客户需求	◆ 客服专员在与客户沟通的过程中应尽可能多地了解客户需求，并充分挖掘其潜在需求	__个工作日	客服专员、网络客户	客户服务部、网络客户
7	咨询解答	◆ 客服专员在充分了解客户需求后，对其咨询的内容给予解答 ◆ 客服专员在解答完毕客户咨询后，请客户对咨询解答情况进行评价	__个工作日	客服专员、网络客户	客户服务部、网络客户
8	咨询服务回访	◆ 客服专员应对咨询服务进行回访，回访的主要目的在于拉近与客户之间的关系，取得客户好感，为使网络客户发展为实际客户奠定基础	__个工作日	客服专员	客户服务部
9	编写咨询总结报告	◆ 客服专员在完成一定数量的网络咨询，或在完成一定时间的网络咨询任务后，应对咨询情况进行总结，并编写总结报告上交客服主管进行审核 ◆ 客服主管将审核通过的在线咨询总结报告上交客服经理进行审批	__个工作日	客服专员、客服主管、客服经理	客户服务部
10	资料存档	◆ 客服专员对相关咨询资料进行汇总及存档，以备查询 ◆ 客服专员收集的材料包括在线咨询服务工作制度、在线咨询服务工作标准、在线咨询服务工作总结等	__个工作日	客服专员	客户服务部

9.4.2　网店发货售后流程与节点说明

1. 网店发货售后流程

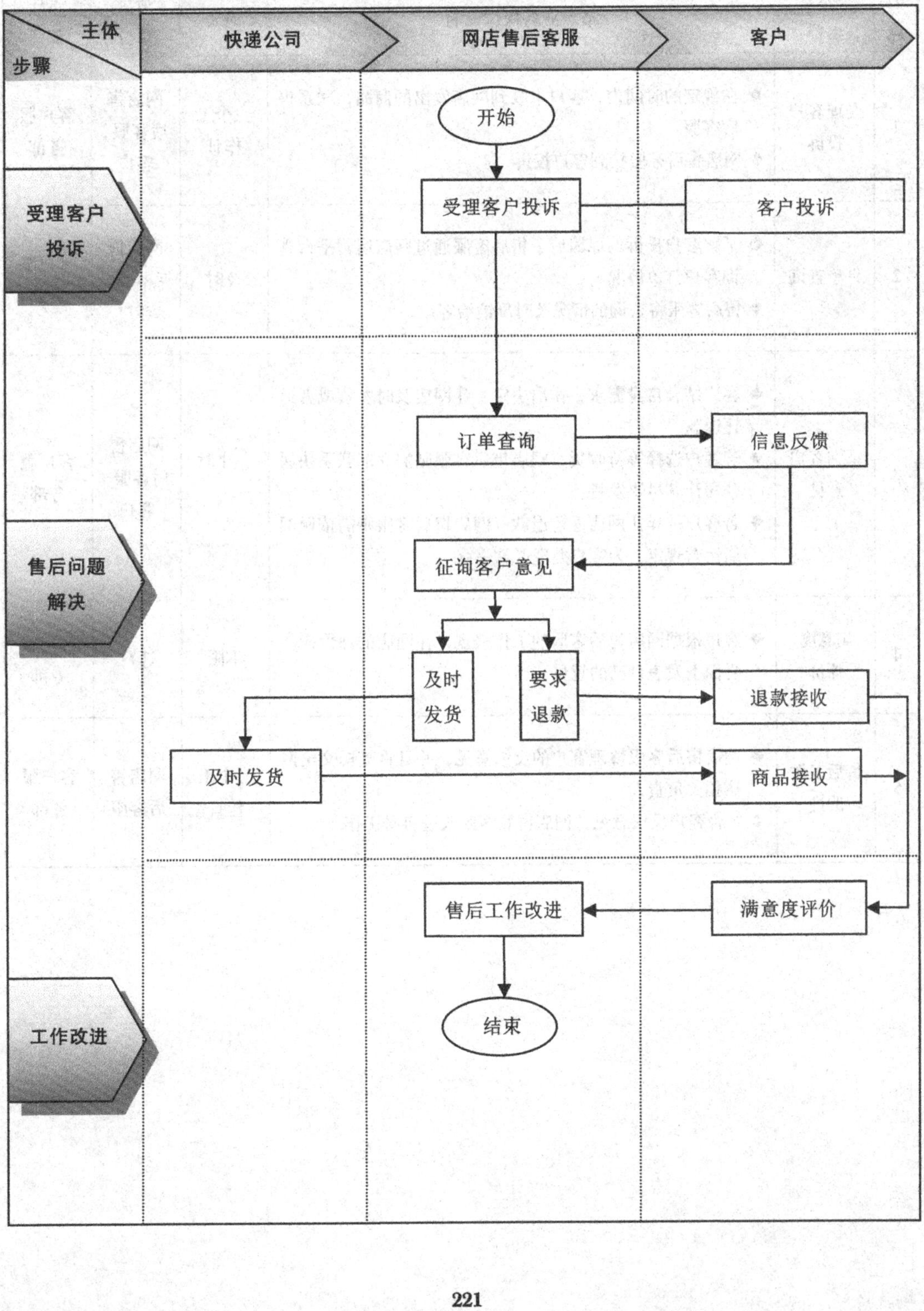
主体
步骤
快递公司
网店售后客服
客户
受理客户投诉
售后问题解决
工作改进
开始
受理客户投诉
客户投诉
订单查询
信息反馈
征询客户意见
及时发货
要求退款
退款接收
及时发货
商品接收
售后工作改进
满意度评价
结束

2. 流程节点说明

文件名称		网店发货售后业务节点说明	版本号		页　数	
文件编号			编制人		审批人	
节点	节点名称	节点业务操作说明	时长		适用单位	责任部门
1	受理客户投诉	◆ 在规定的时间内，客户未收到网店发出的商品，联系售后客服 ◆ 网店售后客服接到客户投诉	__个工作日		网店售后客服、客户	客户服务部
2	订单查询	◆ 了解客户投诉的原因后，售后客服通过网店运营平台查询客户订单情况 ◆ 售后客服将查询的情况及时反馈给客户	及时		网店售后客服、客户	客户服务部
3	征询客户意见	◆ 客户结合自身需求，作出决定：让网店及时发货或者返还退款 ◆ 若客户选择等待收货，网店售后客服则需立即联系快递公司让其尽快发货 ◆ 若客户选择让网店返还退款，网店售后客服则需依照网店运营规定，为客户办理退款手续	__小时内		网店售后客服、客户	客户服务部
4	满意度评价	◆ 客户根据网店售后客服的工作表现，在网店的评价操作界面上发表自己的意见	不限		客户	客户服务部
5	售后工作改进	◆ 网店售后客服整理客户的反馈意见，并且将其提交给网店相关负责人 ◆ 结合客户反馈意见，网店售后客服改进自身工作	__个工作日		网店售后客服	客户服务部

9.4.3　网店退换货售后流程与节点说明

1. 网店退换货售后流程

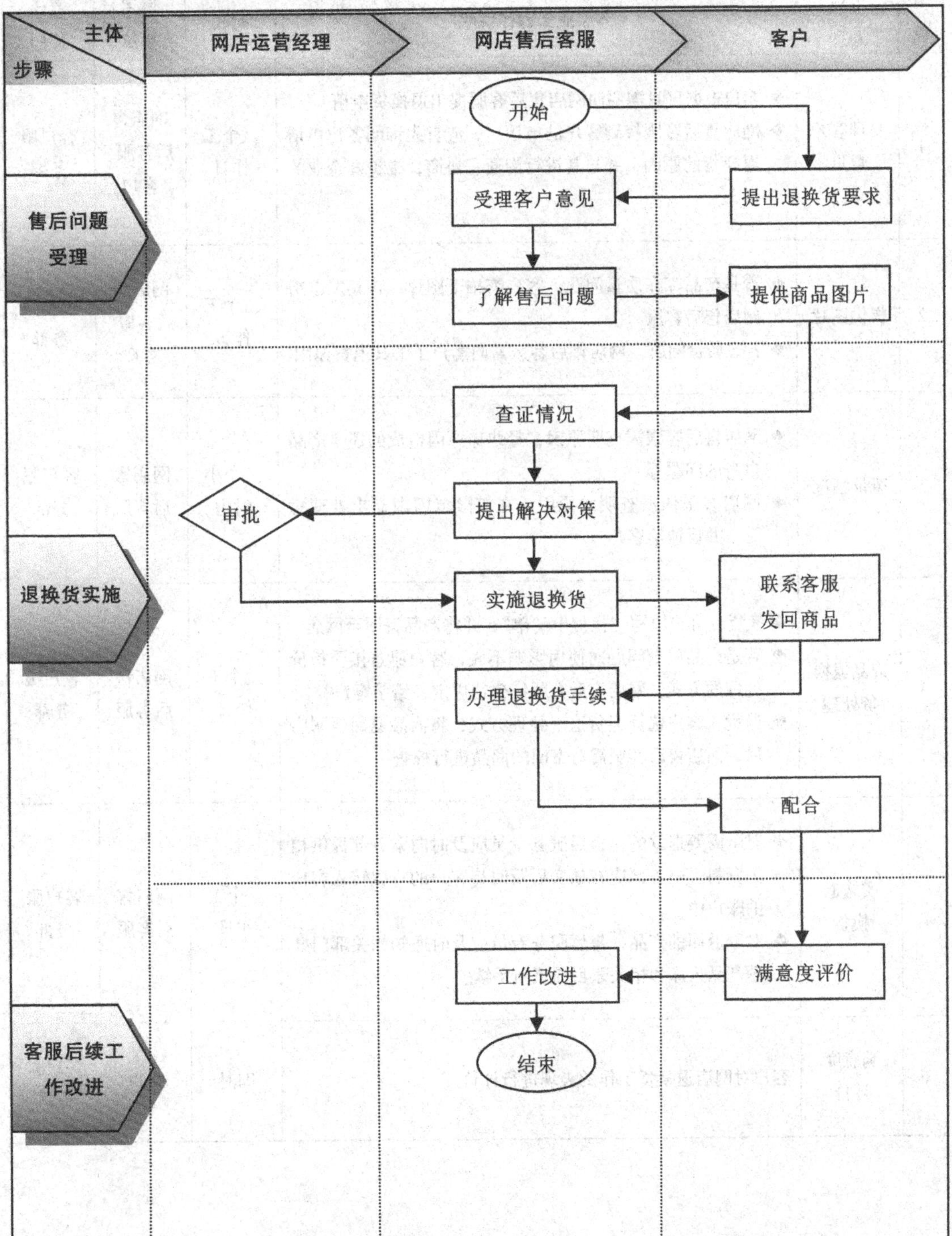
主体
步骤
网店运营经理
网店售后客服
客户
售后问题受理
退换货实施
客服后续工作改进
开始
提出退换货要求
受理客户意见
了解售后问题
提供商品图片
查证情况
审批
提出解决对策
实施退换货
联系客服发回商品
办理退换货手续
配合
满意度评价
工作改进
结束

2. 流程节点说明

文件名称		网店售后退换货业务节点说明	版本号		页　数	
文件编号			编制人		审批人	
节点	节点名称	节点业务操作说明	时长		适用单位	责任部门
1	受理客户意见	◆ 客户根据自身需要向网店售后客服提出退换货申请 ◆ 网店售后客服接到客户的申请后，应首先询问客户申请退换货的原因，并与其进行沟通、协商，维护好企业的形象	__个工作日		网店售后客服、客户	客户服务部
2	提供图片	◆ 若是产品存在质量问题，客户需拍下图片，将其发送给网店售后客服 ◆ 若非质量问题，网店售后客服需向客户了解其退货原因	__个工作日		网店售后客服、客户	客户服务部
3	查证情况	◆ 网店售后客服需查明原因，是快递原因造成的还是产品自身的问题等 ◆ 网店客服依据查明的原因，在权限范围内提出处理意见，并反馈给客户	__个小时内		网店售后客服	客户服务部
4	商品退换货处理	◆ 换货：客户填写“换货申请单”，并将产品寄回至网店 ◆ 若是产品质量问题对使用影响不大，客户愿意接受折价处理的方式，网店售后客服依公司规定，给予客户补偿 ◆ 退货：客户选择退货这一处理方式，将商品退回至网店后，网店售后客服需对寄回的商品进行检查	__个工作日		网店售后客服	客户服务部
5	实施退换货	◆ 对于需要退款的，售后服务专员应及时向财务部提供相关资料，财务部应在核实后及时将客户的货款转入客户的账户中 ◆ 对于退回的产品，售后服务专员应及时通知相关部门办理产品入库和相关账目的更新手续	__个工作日		网店售后客服	客户服务部
6	满意度评价	客户对网店退换货工作的表现进行评价	即时		客户	客户服务部

9.5 电商客服管理制度

9.5.1 客服用语规范及话术规范

<table>
<tr><td rowspan="2">制度名称</td><td colspan="3" rowspan="2">客服用语规范及话术规范</td><td>受控状态</td><td></td></tr>
<tr><td>编　号</td><td></td></tr>
<tr><td>执行部门</td><td></td><td>监督部门</td><td></td><td>编修部门</td><td></td></tr>
</table>

第1章　总则

第1条　为树立良好的公司形象，结合电商客服人员的工作特点，特制定本规范。

第2条　本规范适用于公司所有电商客服人员。

第3条　权责

1. 人力资源部是电商客服人员用语规范及话术规范的归口管理部门。

2. 客服人员应严格遵守公司的相关规定，进行自检与员工间的互检。

第2章　用语规范

第4条　服务规范用语（具体内容见附表1：服务规范用语）。

第5条　投诉规范用语（具体内容见附表2：投诉规范用语）。

第6条　回访规范用语（具体内容见附表3：回访规范用语）。

第3章　话术规范

第7条　售前话术分析（具体内容见附表4：售前话术分析）。

第8条　售中话术分析（具体内容见附表5：售中话术分析）。

第9条　售后话术分析（具体内容见附表6：售后话术分析）。

第4章　附则

第10条　本规范由公司人力资源部制定，其解释权和修改权归人力资源部所有。

第11条　本规范经公司总经理审批通过后自发布之日起执行。

附表1　服务规范用语

服务规范用语类型	标准
交往语言	在处理与顾客的关系时，必须使用“您好”“请”“谢谢”“对不起”等礼貌用语
禁忌词汇	切忌使用“有什么问题吗？”“你是不是搞错了？”“那不是我处理的”等用语
用语示例	a. 您好，我是客服××，很高兴为您服务，请问有什么可以帮您吗？ b. 请您稍等一下，我帮您核实 c. 很抱歉，您所提到的问题，由于××××原因，我需要进一步核实，请您留下联系电话，我们会将结果及时回复给您

（续）

附表 2　投诉规范用语

投诉形式	用语规范
对公司服务质量的投诉	“先生 / 女士，您好，请您将详细情况和投诉的问题发到我们投诉邮箱，我们会在 24 小时内核实、处理您的问题，并及时给您答复，由此造成的不便我们深表歉意，欢迎您继续监督我们的服务。”
对物流过慢的投诉	“先生 / 女士，您好，由于我们采用的是第三方物流发货，可能受地域位置（或者极端天气）影响，导致快递没能及时送到您的手上，我帮您查查物流现在到哪里了，请您稍等。”
对所发货物与实际货物不符的投诉	先生 / 女士，您好，请您稍等下，我查一下您的订单和发货出库记录： （1）当订单和发货记录一致时：先生 / 女士，您好，我们是按照您的订单发货的，您再看看您的订单详情？ （2）当订单和发货记录不一致时：先生 / 女士，您好，非常抱歉，由于我们的失误给您发错了货品，我们稍后会把邮寄地址发到您的手机上，您选择到付，我们会立即给您重新发货，如果您不想购买了，我们愿意全额退款。非常感谢您的理解，再次对我们的工作失误向您表示歉意，谢谢您的合作！

附表 3　回访规范用语

回访类型	用语规范
咨询 / 调研类回访	“您好，请问您是 ××× 吗？我是 ×× 公司客服代表 ××，您现在方便接听电话吗，想对您作一个简单的客户回访好吗？” A. 客户方便：好的，耽误您大约 2 分钟。关于上次咨询的问题，……（交流完毕后）如有需要，请及时与我们联系，再见！ B. 客户不方便：好的，请问什么时候再打给您呢？（记下时间）不好意思，打扰您了，祝您工作愉快，谢谢！
投诉类回访	“您好，请问您是 ××× 吗？我是 ×× 公司客服代表 ××，您现在方便接听电话吗，想对您作一个简单的客户回访好吗？” A. 客户方便：好的，耽误您大约 2 分钟。关于您上次投诉的问题，……（交流完毕后）如有需要，请及时与我们联系，再见！ B. 客户不方便：好的，请问什么时候再打给您呢？（记下时间）不好意思，打扰您了，祝您工作愉快，谢谢！

附表 4　售前话术分析

类型	具体分析
价格能再便宜点吗	这时应该转移客户注意力，介绍本产品的优势，将客户的关注点从“贵不贵”转为“值不值”

（续）

（续表）

类型	具体分析
买了不喜欢可以退换吗	这时说明客户是有购买欲望的，应该果断告诉客户我们7天无理由退换货，产品只要不影响二次销售都可以退款，您拆包后不拆吊牌即可
我先拍了，晚一点再来付款	这时，应该果断抓住机会，让其付款，例如，产品卖的很好，您也确实挺满意，如果您现在付款，马上就可以给您发货，保证让您在最短的时间内拿到您心仪的产品
……	……

附表5　售中话术分析

类型	具体分析
为什么缺货不早点通知	策略：解释原因，并提出积极的解决办法 示例：实在是不好意思，由于××××××原因，所以没有给您发货，如果您不介意××××××
为什么物流这么慢，快递还没到	策略：解释原因，并提出积极的解决办法 我们都是当天发货的，对于这种情况，我们正在考虑更换快递公司，我现在帮您查一下快递进度，给您造成不便非常抱歉
为什么没收到货，却显示已经签收	策略：解释原因，并提出积极的解决办法 示例：会不会是您的家人或朋友帮您签收了呢？我这边也帮您联系一下快递公司，问问情况，尽快给您答复

附表6　售后话术分析

类型	具体分析
针对客户给差评	此时应该站在客户的立场，引导客户说出事情原委，然后有针对性地进行补救，而不应站在客户的对立面，这样只会让情况恶化
客户已经收货并给好评，发现货品有问题	此时应马上向客户道歉，并承诺马上发货及其他优惠措施
产品错发或者漏发	首先应联系快递公司，如果已经送出快递，则应立刻联系客户，向其道歉并请求其拒签，然后重新发货

编制日期		审核日期		批准日期	
修改标记		修改处数		修改日期	

9.5.2 电商商品退换货处理规定

制度名称	电商商品退换货处理规定			受控状态	
				编　　号	
执行部门		监督部门		编修部门	

第 1 条　为有效处理商品退换货，改善客服人员的服务质量，避免造成不必要的浪费，特制定本规定。

第 2 条　本规定适用于客服商品退换货的处理。

第 3 条　权责划分

1. 客户服务部负责客户退换货的受理。

2. 财务部负责处理退款。

第 4 条　符合以下条件，可以要求退换货。

1. 客户在收到货物后，发现货物有质量问题的。

2. 实际收到货物与网店描述有很大出入的。

3. 收货 7 天内对货物不满意或不喜欢的（在保证没使用及包装配件齐全的情况下）

第 5 条　不予退换货的情况。

1. 产品存储不当影响外观和使用，以及非正常使用导致产品出现质量问题的。

2. 在退换货之前未与本公司取得联系或超出规定时间的。

3. 退回商品外包装或其他产品附属物不完整或有毁损。

第 6 条　退换货流程。

1. 及时与公司客服人员联系，说明退货理由并填写申请表提交给客服人员确认退货。

2. 按客服人员提供的地址将货物寄回。无质量问题退换货的，由客户承担来回运费；因质量问题退货的，由本公司承担运费。

3. 公司收到并确认货物无误后，如果是换货本公司将重新安排发货，如是退货本公司将予以退款。

第 7 条　本规定经公司总经理审批通过后，自发布之日起执行。

编制日期		审核日期		批准日期	
修改标记		修改处数		修改日期	

9.5.3 电商客服培训管理制度

制度名称	电商客服培训管理制度			受控状态	
				编　　号	
执行部门		监督部门		编修部门	

第 1 章　总则

第 1 条　为规范电商客服人员的培训工作，使客服人员的培训管理有章可循，特制定本制度。

第 2 条　本制度适用于所有电商客服人员的培训管理。

第 2 章　培训的内容和形式

第 3 条　培训内容包括基本素质、职业技能、专业知识、沟通技巧。（详见附表 1：《员工培训相关内容》）

（续）

第4条　培训方式包括公司内部培训、员工自我培训。

1. 公司内部培训是指在公司内部，对客服人员进行基本素质、职业技能等方面的培训。

2. 员工自我培训是指员工利用业余时间积极参加各种培训，用来提高自身素质和职业技能。

第3章　培训计划的制订

第5条　培训计划的制订。

1. 每年____月，人力资源部发放“员工培训需求调研表”，客户服务部负责人结合本部门实际情况，会同人力资源部结合员工自我申报、绩效考核等信息，制订年度培训计划。

2. 根据年度培训计划制定实施方案。培训实施方案包括培训具体负责人、培训对象、培训内容、培训方法、培训计划表、培训经费预算等，经公司审批通过后，以公司文件的形式下发至部门。

第4章　培训的组织与实施

第6条　培训计划的组织：人力资源部负责培训活动的计划、实施和控制。

第7条　培训计划的实施过程。

1. 编制培训任务书：人力资源部制订年度培训计划与工作目标，编制培训任务书。

2. 制定培训项目实施方案：人力资源部制定培训项目实施方案，明确培训导师、选择培训方式、筛选培训机构、控制培训成本。

3. 培训准备、实施过程管理：人力资源部下发培训通知，进行培训前准备，并对培训实施过程进行辅助和监督；参加培训人员要撰写培训感想和认知记录。

4. 培训评估及工作改进：相关培训组织部门编写培训评估报告，并对培训结果进行跟踪考核，便于工作改进。

第5章　培训的考核与评估

第8条　培训项目完成后，人力资源部应于培训结束时对受训者进行调研，并通过各种形式的考核、测验来考察受训者的培训效果。

第9条　人力资源部收集整理各类培训反馈资料，并在____日内通知受训者所在部门，后者将通过一系列的测试方式，考察受训者在实际工作中对培训知识和技巧的应用情况及其业绩行为的改善情况。

第10条　人力资源部定期对培训工作进行检查指导和考评，及时调研和分析培训效果，为调整下一年的年度培训计划提供依据。

第6章　附则

第12条　本制度未尽事宜参照公司相关制度执行。

第13条　本制度由人力资源部负责起草和修订。

附表　员工培训相关内容

员工培训相关内容

培训项目	基本内容	具体分类
基本素质	心理素质	应变力、承受力、自我调节力
	品格素质	谦虚、真诚、热情主动、自控力
	技能素质	文字语言表达能力、沟通技巧
职业技能	销售话术技巧、客户服务人员网上应答技巧	
专业知识	商品知识、网络交易规则、付款知识、物流常识	

编制日期	、	审核日期		批准日期	
修改标记		修改处数		修改日期	

9.6 电商客服管理工具

9.6.1 电商客服工作表单

1. 新上架商品推介表

商品名称	商品性能	商品价格	客户 ID	邮箱账号	通信工具及账号	不宜联系时间	联络方式
							□邮件 □即时通信工具
							□邮件 □即时通信工具
							□邮件 □即时通信工具
							□邮件 □即时通信工具

2. 网络销售售后服务登记表

客户 ID		填写日期	
订单编号		联系方式	
购买商品			
客户问题记录			
服务类型	□维修服务 □安装服务 □清洁服务 □其他		
服务人员及服务时间安排			
服务结果			
客户意见			

3. 客户购买记录表

客户 ID	购买日期	购买过程	购买数量	金额	支付方式	客户地址

4. 产品退换货汇总表

客户 ID	购买产品	购买日期	规格型号	颜色	数量	金额	类别		退（换）货日期	退（换）货原因
							退	换		

9.6.2 客服售后纠纷处理方案

方案名称	客服售后纠纷处理方案	编 号	
		受控状态	

一、售后物流纠纷处理原则

1. 快速响应，提供优质服务。

2. 核实问题，主动承担责任。

3. 积极沟通，高效解决问题。

4. 跟进落实，做好客户回访。

二、售后物流纠纷具体处理流程

电商客服在遇到售后物流纠纷时，应当按照以下流程处理。

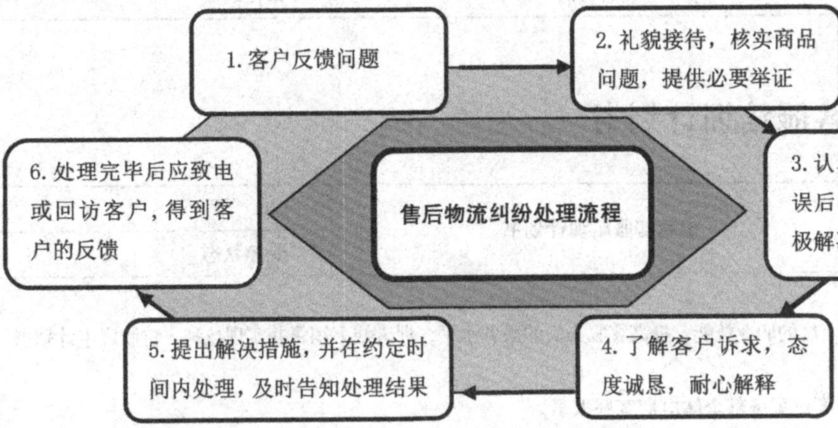

1. 客户反馈问题
2. 礼貌接待，核实商品问题，提供必要举证
3. 认真记录，核实无误后向客户道歉并积极解决
4. 了解客户诉求，态度诚恳，耐心解释
5. 提出解决措施，并在约定时间内处理，及时告知处理结果
6. 处理完毕后应致电或回访客户，得到客户的反馈
售后物流纠纷处理流程

售后物流纠纷处理流程

三、售后物流纠纷的类型及解决办法

1. 查询不到商品的物流信息

（1）原因分析

查询不到物流信息，则表示物流公司没有将该商品的单号录入系统。原因有以下几种：商家填写了物流单号，但是并没有通知物流公司来取件；商家填写物流单号信息有错；物流公司收件后还没有及时扫描等

（2）解决办法

当客户投诉查询不到包裹的物流信息时，电商客服应该先安抚客户的情绪，然后尽快查明原因，主动与物流公司取得联系，帮助客户查询订单的物流信息，找到信息后，在第一时间反馈给客户，并作必要的解释说明。

2. 物流运输途中导致商品破损

当客户投诉商品有损坏时，电商客服应先安抚客户，然后让客户提供相应的照片证明，核实清楚后，应态度诚恳地向客户解释并道歉，询问客户的意见，了解客户的期望，提出相关的解决措施，求得客户谅解。

为避免出现类似情况，电商客服应先和物流公司达成一致。在与客户进行沟通时，告知客户收到商品之后可以先验货后签收，打开包裹后若发现商品有任何问题均可以选择拒收，商品退回后由商家为其进行更换或退款，商家应向物流公司做好索赔事宜。

（续）

3. 物流派错件

当客服投诉物流派错件时，一般会出现以下两种情况。

一是客户信息错误。通常情况下物流公司会留件____~____天，在此规定时间内商家没有提供客户正确的联系方式，商品将会被原件退回，因此电商客服应及时通过在线及时通信软件给客户留言，告知客户未收到商品的原因，并对该订单进行备注，以便查询交接。客户在收到留言之后如主动与客服联系，客服应及时处理，并重新记录收货人的姓名、联系电话及地址，核实无误后对订单信息进行再次备注和修改，随后与物流公司联系派件。

二是物流公司中转错误。通常碰到此类情况，电商客服应立即向物流公司反映，督促物流公司将商品从错派的地址转出后重新按照正确地址派送，争取在第一时间将错件取回送至客户手里，实时向客户反馈物流信息，做好追踪并致以歉意。

编制人员		**审核人员**		**审批人员**	
编制时间		**审核时间**		**审批时间**	

9.6.3 电商客服培训计划书

文书名称	**电商客服培训计划书**	**编　号**	
		受控状态	

一、培训目的

为提升电商客服人员的职业技能，提高客服人员的服务水平，促进线上销售并实现盈利，特制定本计划书。

二、适用范围

本计划书适用于客户服务部全体电商客服人员。

三、培训时间

培训时间为____年__月__日至____年__月__日，分为4个部分。

四、计划实施

电商客服培训计划的工作安排共分为以下三个步骤。

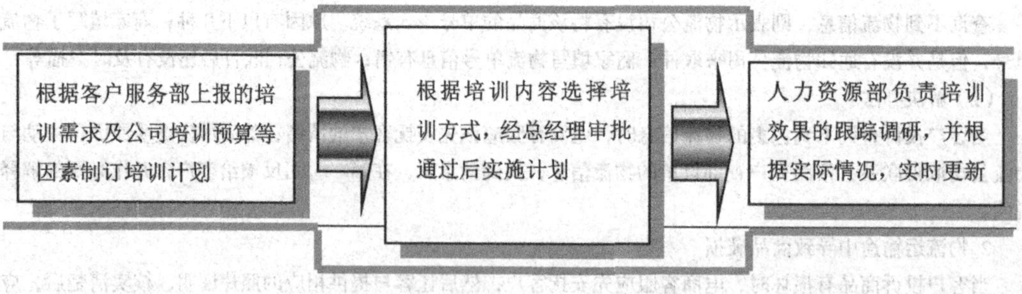
根据客户服务部上报的培训需求及公司培训预算等因素制订培训计划
根据培训内容选择培训方式，经总经理审批通过后实施计划
人力资源部负责培训效果的跟踪调研，并根据实际情况，实时更新

五、工具支持

电商客服培训计划编写与执行过程中用到的关键工具为“培训项目实施表”，具体如下所示。

培训项目实施表

序号	培训项目	培训目的	培训日期	培训时长	培训人	备注
1	客服人员心理素质培训					
2	客服人员网上应答技巧					
3	专业知识培训					
4	综合素质培训					
5	沟通技巧培训					

六、费用预算

实施该计划的费用主要包括培训讲师课时费、培训资料费、培训效果调研费等。经初步计算，完成该计划需要____元。

七、结果呈现

电商客服培训是提高客服人员专业技能的有效途径，可以激励员工积极关注未来、不断向更高的层次努力，并且在提高员工专业度的同时，为企业储备大量优秀人才。

八、后续工作

电商客服人员培训计划实施之后，人力资源部对客服人员培训后的工作情况进行跟踪调研，评估培训成果，及时调整培训内容，为今后客服人员培训工作的开展提供方向。

编制人员		审核人员		审批人员	
编制时间		审核时间		审批时间	

第 10 章　呼叫中心管理

10.1　呼叫中心职能管理

10.1.1　呼叫中心任务目标

呼叫中心的任务目标包括以下 4 个方面，具体如图 10-1 所示。

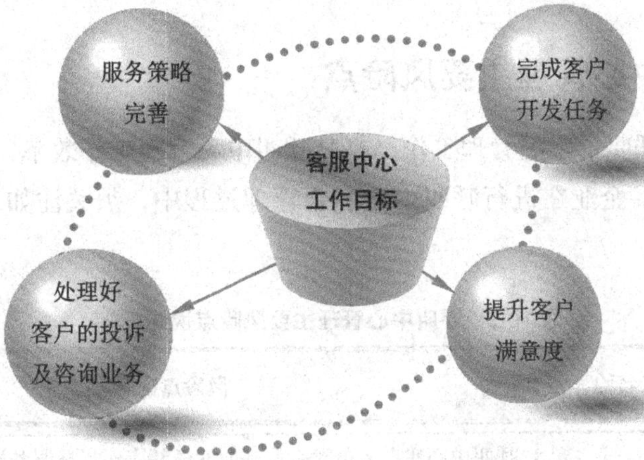
服务策略
完善
完成客户
开发任务
客服中心
工作目标
处理好
客户的投诉
及咨询业务
提升客户
满意度

图 10-1　呼叫中心工作目标示意图

10.1.2　呼叫中心职能分解

对呼叫中心的职能进行分解，可以细化呼叫中心的各项职能。呼叫中心的职能分解说明如表 10-1 所示。

表 10-1　呼叫中心职能分解说明表

职能分项	职能细化
1. 呼叫中心规划管理	（1）根据企业营销计划、呼叫中心的业务能力以及客户容量，制订呼叫中心业务计划，并且以班组为单位将计划进行分解、分配 （2）制定工作流程，规范呼叫服务话术 （3）明确呼叫平台的使用及外呼与呼入电话的操作流程

（续表）

职能分项	职能细化
2. 呼叫工作管理	（1）对座席员的声音、形象进行培训，提高员工服务意识和专业知识 （2）妥善处理客户投诉问题，与客户保持良好的关系 （3）向客户介绍企业的新信息、新产品等，耐心听取客户建议 （4）为大客户制定产品和服务方案，满足大客户的特定需求 （5）制作客户档案，定期对客户档案进行更新和修改
3. 信息管理	（1）建立便捷的客户投诉渠道，保证及时收到客户的投诉信息 （2）对客户投诉进行跟进，及时反馈跟进信息及更新情况
4. 客户关系维护	（1）建立客户回访制度，对客户进行定期访问，充分了解客户的需求 （2）定期监督检查售后服务质量，制定和落实客户服务标准，并监督执行

10.1.3 呼叫中心管理主要风险点

为了顺利开展呼叫中心的管理工作，提高呼叫中心管理工作效率，保证呼叫中心各项工作的正常运行，企业在进行呼叫中心综合管理过程中，须关注如表 10-2 所示的四大风险。

表 10-2 呼叫中心管理主要风险点说明表

序号	风险点名称	风险点说明
风险点 1	呼叫中心建设风险	1. 呼叫中心建设人员对企业呼叫业务特点、目标服务群等不了解，导致作出错误的呼叫中心建设决策 2. 缺少全面的业务量调研工作，可能导致企业业务量同呼叫中心建设规模不匹配 3. 呼叫中心建设成本的影响因素考虑不全面、核算标准不统一，可能导致呼叫中心建设成本估算偏差较大、建设成本过高等风险
风险点 2	呼叫中心信息风险	1. 呼叫中心系统中断或崩溃以及数据传输过程中操作系统存在漏洞，导致客户信息存储不及时或信息丢失 2. 呼叫中心业务应用设备安全技术不规范，导致重要客户信息被盗或泄露，给企业造成严重的经济损失 3. 呼叫中心运营过程中，因呼叫系统或服务系统不稳定等原因，导致客户对企业服务的满意度和忠诚度下降
风险点 3	呼叫业务管理风险	1. 呼叫中心排班管理工作不规范，导致呼叫中心业务服务工作混乱 2. 呼叫中心呼入、呼出等业务规范不完善，业务流程不科学，导致服务水平较低

（续表）

序号	风险点名称	风险点说明
风险点 4	呼叫中心质量监控风险	1. 未建立完善的质量监管机制，导致呼叫中心的服务质量未得到有效监控与管理 2. 质量监控工作不规范不严格，导致质量监控不力，难以及时发现并解决呼叫中心客户服务工作中存在的问题

10.2 呼叫中心岗位职责说明

10.2.1 呼叫中心经理职责说明

岗位名称	呼叫中心经理	所属部门	呼叫中心
上　级	客服总监	下　级	呼叫中心主管
职责概述	整合公司资源，组建呼叫中心客服团队，调整和完善服务流程和规范，指导和督导员工工作，确保呼叫中心业务正常运行		
工作职责	职责细分		
1. 制定规范建立呼叫系统	（1）负责建立、完善呼叫中心管理制度、业务流程及标准 （2）指导落实各项规章制度，根据部门实际情况修订相关规章制度及流程 （3）搭建呼叫中心客服平台，并负责改进，确保满足业务需求		
2. 运营管理	（1）定期核查呼叫中心运营成本，根据支出情况制定相应的成本控制和改进措施 （2）组织收集、整理客户资料，搭建和维护数据库 （3）根据呼叫中心业务质量监督状况密切关注客户需求变化，提交需求分析报告 （4）对呼叫中心运营中的相关数据进行分析，为呼叫中心设计新业务提供依据 （5）跟踪业务流程、系统优化和部门间的工作协调，协助优化运营流程		
3. 团队建设	（1）组建并培养积极、专业的呼叫中心团队，为团队提供指导 （2）监管日常业务，帮助客服人员提升自身形象，贯彻落实并推广公司文化 （3）组织学习，召开月度总结会议，不断提高员工业务技能和专业服务水平		

10.2.2 呼叫中心主管职责说明

岗位名称	呼叫中心主管	所属部门	呼叫中心
上　级	呼叫中心经理	下　级	坐席班长
职责概述	呼叫中心主管在呼叫中心经理的领导下，进行呼叫中心现场管理，完成呼叫中心的各项任务，确保呼叫中心的服务质量，不断提升业务能力		

（续表）

工作职责	职责细分
1. 团队建设	（1）负责组建呼叫中心团队，并制订团队工作计划 （2）开展团队建设，合理分配呼叫中心工作，做到人尽其责 （3）实施呼叫中心团队的培训计划，培养核心骨干
2. 维护与服务	（1）访问客户，听取客户意见，向客户提供服务 （2）不断完善呼叫中心管理体系，提高服务水平 （3）收集客户信息，做好电话回访，维护企业与客户之间的关系 （4）配合其他客户服务部门做好客户服务工作 （5）做好呼叫系统的维护工作，保障呼叫中心的正常运营
3. 人员管理	（1）监督、指导下属员工的工作，采取各种激励、奖惩措施以保证工作任务顺利完成 （2）对员工的纪律遵守情况、业绩完成情况以及思想状况进行记录、分析、总结，并且交至上级领导 （3）完成呼叫中心的各项培训计划

10.2.3 座席员职责说明

岗位名称	座席员	所属部门	呼叫中心
上　　级	座席班长	下　　级	
职责概述	接听客户来电或联络有关客户，收集资料，开展产品和服务的推广及营销，提高客户服务水平，以确保客户满意		
工作职责	职责细分		
1. 开展业务	（1）负责呼叫中心电话咨询、信息查询及疑难问题的解答等工作 （2）接听客户来电或联络有关客户，收集资料，进行产品和服务的推广及营销 （3）及时进行客户登记，以便部门及时了解与统计客户信息 （4）接听电话或投诉，明确答复时间并填写“疑难问题反馈单”转交直接上级处理 （5）在呼出、呼入业务中做好详细记录，对部门工作提出有价值的建议和意见		
2. 日常行为	（1）按时参加工作例会，分享工作经验，并且向上级汇报工作中的问题 （2）在完成本职工作的前提下，积极帮助组内新员工提高工作技能 （3）参加部门安排的各项培训和考核，确保培训成绩合格 （4）对部门工作和公司文化提出有价值的建议和意见 （5）负责所用电脑和办公设备、办公席位的清洁工作		
3. 信息记录	通过电话回访等方式了解客户需求、资料、性格特征等信息并记录、汇总后上报		

10.3　呼叫中心岗位考核量表

10.3.1　呼叫中心经理考核量表

考核项目	指标名称	权重	指标说明及考核标准	得分
业务管理	客户开发计划完成率	20%	1. 客户开发计划完成率 = $\frac{\text{客户开发计划实际完成量}}{\text{客户开发计划应完成量}} \times 100\%$ 2. 考核期间，指标值应达 100%；每减少____个百分点，该项扣____分；小于____%，该项目不得分	
	客户增长率	15%	1. 客户增长率 = $\frac{\text{新开发客户数量}}{\text{客户总数}} \times 100\%$ 2. 考核期间，指标值应达 100%；每减少____个百分点，该项扣____分；小于____%，该项目不得分	
	客户保有率	15%	1. 客户保有率 = $(1-\frac{\text{考核期内流失客户数量}}{\text{同期客户平均数量}}) \times 100\%$ 2. 考核期间，指标值应达 100%；每减少____个百分点，该项扣____分；小于____%，该项目不得分	
大客户管理	大客户开发计划完成率	10%	1. 大客户开发计划完成率 = $\frac{\text{实际开发大客户数}}{\text{计划开发大客户数}} \times 100\%$ 2. 考核期间，指标值应达 100%；每减少____个百分点，该项扣____分；小于____%，该项目不得分	
	大客户销售收入增长率	15%	1. 大客户销售收入增长率 = $\frac{\text{期末大客户销售收入} - \text{期初大客户销售收入}}{\text{期初大客户销售收入}} \times 100\%$ 2. 考核期间，指标值应达 100%；每减少____个百分点，该项扣____分；小于____%，该项目不得分	
客户信息反馈	客户信息的分析报告提交及时率	10%	1. 客户信息的分析报告提交及时率 = $\frac{\text{考核期内按时提交的分析报告数量}}{\text{同期应提交的分析报告总量}} \times 100\%$ 2. 考核期间，指标值应达 100%；每减少____个百分点，该项扣____分；小于____%，该项目不得分	
	对客户意见在标准时间内的反馈率	15%	1. 对客户意见在标准时间内的反馈率 = $\frac{\text{在标准时间内反馈客户意见的次数}}{\text{总共需要反馈的次数}} \times 100\%$ 2. 考核期间，指标值应达 100%；每减少____个百分点，该项扣____分；小于____%，该项目不得分	

10.3.2 呼叫中心主管考核量表

考核项目	指标名称	权重	指标说明及考核标准	得分
客户开发	客户开发计划完成率	15%	1. 客户开发计划完成率 = $\frac{\text{客户开发计划实际完成量}}{\text{客户开发计划应完成量}} \times 100\%$ 2. 考核期间，指标值应达 100%；每减少____个百分点，该项扣____分；小于____%，该项目不得分	
	客户增长率	15%	1. 客户增长率 = $\frac{\text{新开发客户数量}}{\text{客户总数}} \times 100\%$ 2. 考核期间，指标值应达____%；每减少____个百分点，该项扣____分；小于____%，该项目不得分	
	大客户开发计划完成率	15%	1. 大客户开发计划完成率 = $\frac{\text{实际开发大客户数}}{\text{计划开发大客户数}} \times 100\%$ 2. 考核期间，指标值应达 100%；每减少____个百分点，该项扣____分；小于____%，该项目不得分	
	大客户保有率	10%	1. 大客户保有率 = $\left(1-\frac{\text{考核期内流失大客户数量}}{\text{考核期内大客户平均数量}}\right) \times 100\%$ 2. 考核期间，指标值应达 100%；每减少____个百分点，该项扣____分；小于____%，该项目不得分	
信息报告	客户关系报告提交及时率	15%	1. 客户关系报告提交及时率 = $\frac{\text{及时提交的客户关系报告数量}}{\text{应提交的客户关系报告数量}} \times 100\%$ 2. 考核期间，指标值应达 100%；每减少____个百分点，该项扣____分；小于____%，该项目不得分	
	客户信息归档率	10%	1. 客户信息归档率 = $\frac{\text{考核期内实际归档数}}{\text{同期应归档数}} \times 100\%$ 2. 考核期间，指标值应达 100%；每减少____个百分点，该项扣____分；小于____%，该项目不得分	
处理投诉	投诉次数	10%	1. 投诉次数是考核期内客户投诉的总次数 2. 考核期间，指标值应不高于____次；每增加____次，该项扣____分；投诉次数大于____次，该项不得分	
	投诉客户回访率	10%	1. 投诉客户回访率是指回访投诉客户的比率 2. 考核期间，指标值应达 100%；每减少____个百分点，该项扣____分；小于____%，该项目不得分	

10.3.3　座席员考核方案

考核项目	指标名称	权重	指标说明及考核标准	得分
客户开发	客户开发计划完成率	20%	1. 客户开发计划完成率 $=\frac{\text{客户开发计划实际完成量}}{\text{客户开发计划应完成量}}\times 100\%$ 2. 考核期间，指标值应达 100%；每减少____个百分点，该项扣____分；小于____%，该项目不得分	
	大客户开发计划完成率	20%	1. 大客户开发计划完成率 $=\frac{\text{实际开发大客户数}}{\text{计划开发大客户数}}\times 100\%$ 2. 考核期间，指标值应达 100%；每减少____个百分点，该项扣____分；小于____%，该项目不得分	
服务质量	平均通话时间	10%	1. 平均通话时间 $=\frac{\text{考核期内累计通话时间}}{\text{考核期内接听电话数量}}\times 100\%$ 2. 考核期间，平均通话时间应不小于____分钟；实际通话每减少____分钟，扣____分；小于____分钟，该项目不得分	
	呼叫平均响应时长	10%	1. 呼叫平均响应时长应为____到____秒 2. 考核期间，指标值每偏离标准____秒，扣____分；偏离范围超出____秒，该项目不得分	
	泄露客户信息次数	10%	1. 考核期间，应无客户信息泄露 2. 考核期间，每发现一次客户信息泄露，扣____分；多于____次，该项目不得分	
客户回访及投诉处理	客户回访率	10%	1. 客户回访率 $=\frac{\text{实际回访的客户数量}}{\text{客户总数量}}\times 100\%$ 2. 考核期间，指标值应达 100%；每减少____个百分点，该项扣____分；小于____%，该项目不得分	
	投诉次数	10%	1. 投诉次数是考核期内客户投诉的总次数 2. 考核期间，投诉次数应不高于____次；每增加____次，扣____分；投诉次数大于____次，该项目不得分	
	投诉客户回访率	10%	1. 投诉客户回访率是指回访投诉客户的比率 2. 考核期间，指标值应达____%；每减少____%，该项扣____分；小于____%，该项目不得分	

10.4 呼叫中心管理流程与节点说明

10.4.1 呼叫中心运营流程与节点说明

1. 呼叫中心运营流程

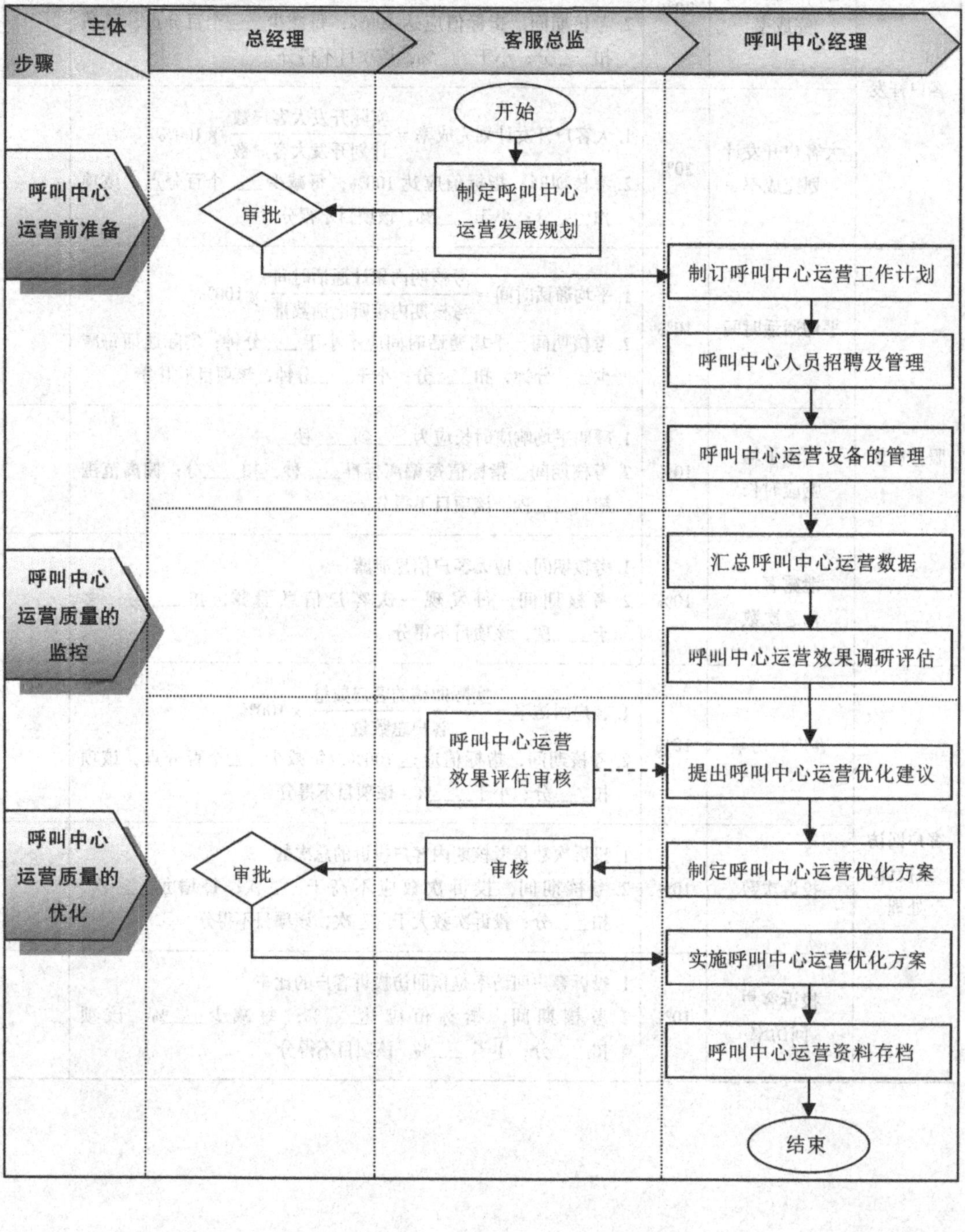
主体
步骤
总经理
客服总监
呼叫中心经理
开始
呼叫中心运营前准备
审批
制定呼叫中心运营发展规划
制订呼叫中心运营工作计划
呼叫中心人员招聘及管理
呼叫中心运营设备的管理
呼叫中心运营质量的监控
汇总呼叫中心运营数据
呼叫中心运营效果调研评估
呼叫中心运营效果评估审核
提出呼叫中心运营优化建议
呼叫中心运营质量的优化
审批
审核
制定呼叫中心运营优化方案
实施呼叫中心运营优化方案
呼叫中心运营资料存档
结束

2. 流程节点说明

文件名称		呼叫中心运营业务节点说明	版本号		页 数	
文件编号			编制人		审批人	
节点	节点名称	节点业务操作说明	时长	适用单位	责任客户部门	
1	制定运营发展规划	◆ 客服总监制定呼叫中心发展战略规划，内容主要包括呼叫中心运营发展的目标、呼叫中心运营需求、呼叫中心运营的注意事项等 ◆ 将呼叫中心运营规划提交至总经理审批，修订后组织相关人员执行	__个工作日	客服总监	客户服务部	
2	人员招聘及管理	◆ 负责招聘呼叫人员，并监督呼叫人员在岗期间的工作情况，根据个人的《数据呼叫运营报告》调整相应的招聘措施 ◆ 负责制订呼叫人员的培训计划，组织、协助培训人员对呼叫人员进行业务培训、辅导 ◆ 负责员工绩效、薪酬福利的管理工作，并制定《员工工作激励方案》，促进呼叫中心的发展	__个工作日	呼叫中心经理	客户服务部	
3	运营设备维护	◆ 组织呼叫人员对呼叫设备进行维护、保养，对于损坏的呼叫设备，应及时通知设备管理员进行专业维修	__个工作日	呼叫中心经理	客户服务部	
4	汇总运营数据	◆ 负责汇总呼叫中心的运营数据，包括总呼叫量分析、平均通话时间、呼叫覆盖率与放弃比率、平均应答速度等 ◆ 分析呼叫中心的运营数据，并编写《数据分析报告》上报客服总监审核	__个工作日	呼叫中心经理	客户服务部	
5	运营效果调研评估	◆ 呼叫中心经理组织相关人员进行员工客户满意度、呼叫投诉率、订单质量分析等呼叫中心运营效果调研评估 ◆ 呼叫中心经理负责制定《呼叫中心运营效果调研评估报告》，并上交至客服总监审核	__个工作日	呼叫中心经理	客户服务部	
6	制定运营优化方案	◆ 呼叫中心运营经理根据呼叫中心运营数据、呼叫中心运营效果调研评估结果、呼叫中心运营优化建议制定呼叫中心运营优化方案 ◆ 呼叫中心运营优化方案由客服总监审核、总经理审批	__个工作日	呼叫中心经理	客户服务部	
7	实施运营优化方案	◆ 呼叫中心经理负责接收呼叫中心运营优化方案，并组织相关人员进行实施 ◆ 呼叫中心运营经理负责监督、指导运营优化方案的实施	__个工作日	呼叫中心经理	客户服务部	
8	资料存档	◆ 呼叫中心经理负责收集呼叫中心运营相关资料，并进行存档，为呼叫中心的运营提供重要依据	__个工作日	呼叫中心经理	客户服务部	

10.4.2 呼入工作处理流程与节点说明

1. 呼入工作处理流程

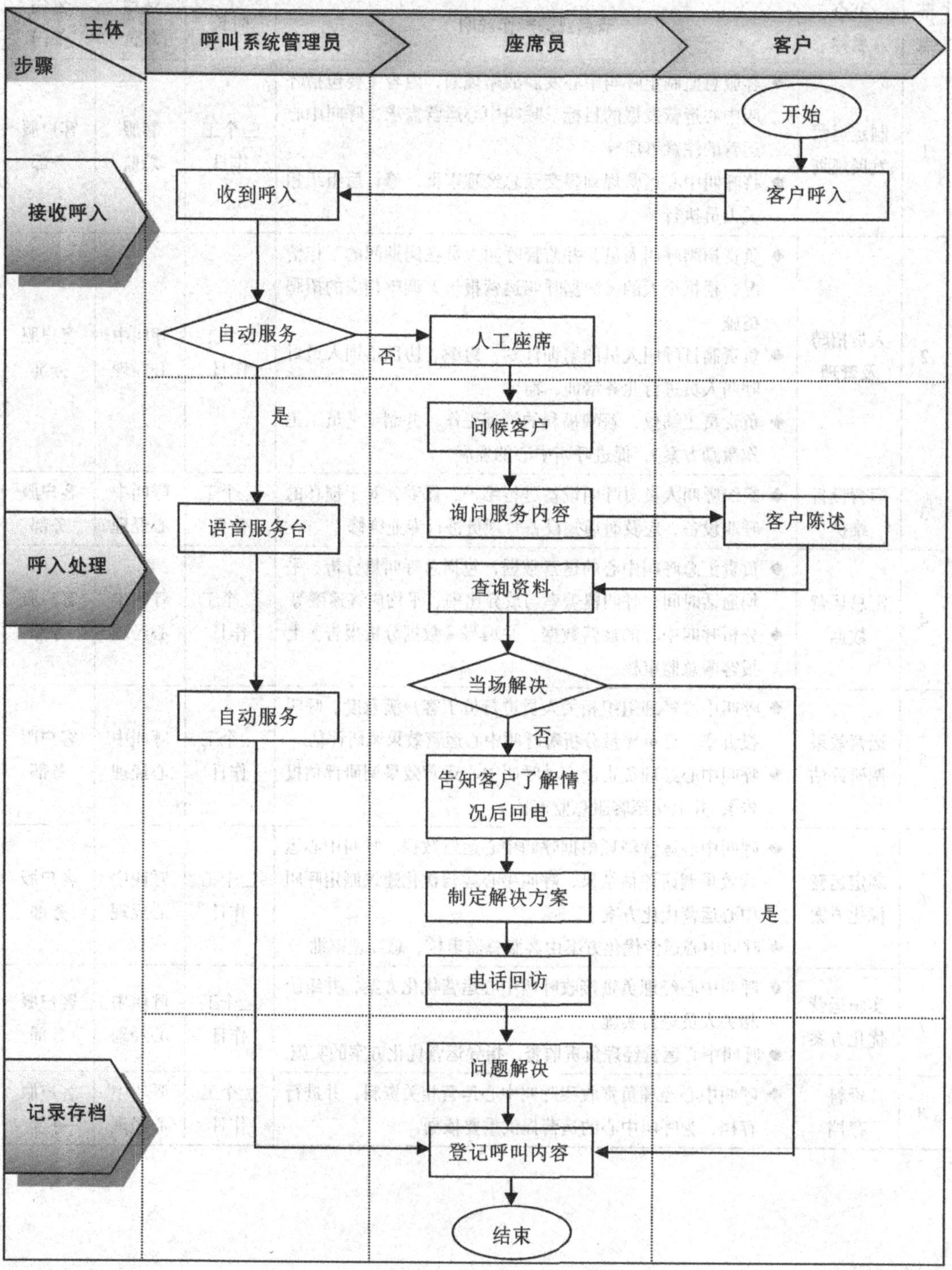
主体
步骤
呼叫系统管理员
座席员
客户
接收呼入
呼入处理
记录存档
开始
客户呼入
收到呼入
自动服务
否
人工座席
是
问候客户
语音服务台
询问服务内容
客户陈述
查询资料
当场解决
自动服务
否
告知客户了解情况后回电
制定解决方案
是
电话回访
问题解决
登记呼叫内容
结束

2. 流程节点说明

文件名称		呼入业务处理节点说明	版本号		页 数	
文件编号			编制人		审批人	
节点	节点名称	节点业务操作说明	时长	适用单位	责任部门	
1	自动服务	◆ 呼叫系统管理员负责系统及自动服务技术的不断改进 ◆ 呼叫系统管理员负责收集产品相关资料，及时更新服务信息	__个工作日	呼叫系统管理员	客户服务部	
2	问候客户	◆ 座席员首先自报工号及姓名，并采用统一、礼貌的开场话术	__个工作日	座席员	客户服务部	
3	询问服务内容	◆ 座席员应掌握提问技巧，引导客户说出真实的服务需求 ◆ 座席员应收集有效的咨询信息，并及时记录	__个工作日	座席员	客户服务部	
4	查询资料	◆ 座席员根据客户的服务需求查询呼叫服务系统内的相关资料，保证回答的准确性 ◆ 座席员遇到不确定的问题时，可与座席班长沟通，寻求正确答案	__个工作日	座席员	客户服务部	
5	告知客户了解情况后回电	◆ 座席员对在线无法解决的问题，必须及时、礼貌地告知客户回访日期	__个工作日	座席员	客户服务部	
6	制定解决方案	◆ 座席员针对客户的问题，提供相应的解决方案，具体包括投诉建议解决方案、业务查询办理解决方案、业务咨询解决方案 ◆ 座席员应将制定的解决方案交由座席主管审核，以保证较高的服务质量	__个工作日	座席员	客户服务部	
7	电话回访	◆ 座席员根据审核无误的解决方案制订客户电话回访计划，并按计划实施 ◆ 座席员及时记录电话回访的相关信息	__个工作日	座席员	客户服务部	
8	登记呼叫内容	◆ 座席员对呼叫信息进行及时记录、保存，为客户服务工作的顺利开展提供依据 ◆ 呼叫内容登记信息主要包括呼叫时间、客户基本信息、客户提出的问题、客户问题的解决方法、客户问题的解决结果、客户服务经验总结等	__个工作日	座席员	客户服务部	

10.4.3 呼出业务处理流程与节点说明

1. 呼出业务处理流程

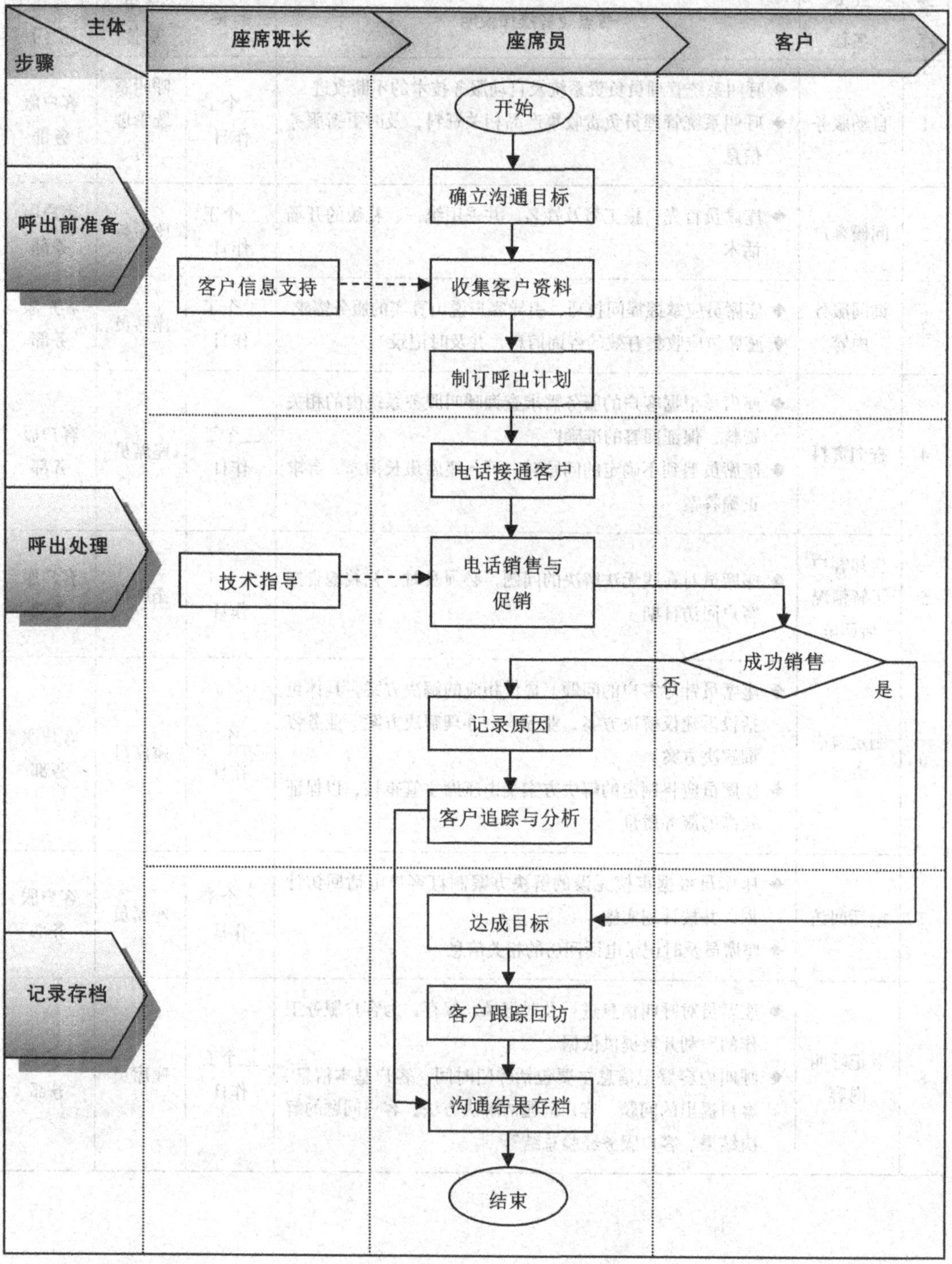
主体
步骤
座席班长
座席员
客户
呼出前准备
呼出处理
记录存档
开始
确立沟通目标
客户信息支持
收集客户资料
制订呼出计划
电话接通客户
技术指导
电话销售与促销
成功销售
否
是
记录原因
客户追踪与分析
达成目标
客户跟踪回访
沟通结果存档
结束

2. 流程节点说明

文件名称		呼出业务处理节点说明	版本号		页　数	
文件编号			编制人		审批人	
节点	节点名称	节点业务操作说明	时长		适用单位	责任部门
1	确立沟通目标	◆ 座席员根据业务需求设立客户沟通目标 ◆ 客户沟通目标主要包括沟通对象、沟通时间、沟通内容等	__个工作日		座席员	客户服务部
2	收集客户资料	◆ 座席员负责收集客户基本信息，提高呼出服务的成功率 ◆ 座席班长根据座席员的需求提供准确的客户资料	__个工作日		座席员	客户服务部
3	制订呼出计划	◆ 座席员根据沟通目标制订呼出计划，确定具体的客户、呼叫时间、呼叫沟通方案等信息 ◆ 座席员结合客户实际信息及企业业务特点，为客户设计个性化的沟通、服务方案	__个工作日		座席员	客户服务部
4	电话接通客户	◆ 座席员做好电话呼叫的准备工作，主要包括礼仪准备、资料准备 ◆ 座席员按呼叫要求拨打服务电话，电话接通后根据培训要求开展呼叫服务	__个工作日		座席员	客户服务部
5	电话销售与促销	◆ 根据呼出计划与客户进行电话销售与促销沟通 ◆ 呼叫沟通期间，座席员必须及时、礼貌地解答客户的疑问	__个工作日		座席员	客户服务部
6	客户追踪与分析	◆ 座席员对呼叫不成功的客户进行追踪与分析，并及时记录呼叫不成功的原因	__个工作日		座席员	客户服务部
7	客户跟踪与回访	◆ 座席员及时记录呼叫成功的客户详细信息，定期进行电话回访 ◆ 座席员及时满足客户的服务要求	__个工作日		座席员	客户服务部
8	沟通结果存档	◆ 座席员对呼叫沟通结果进行整理、归档，为呼叫服务质量的改进提供重要依据	__个工作日		座席员	客户服务部

10.4.4 中心质量监控流程与节点说明

1. 呼叫中心质量监控流程

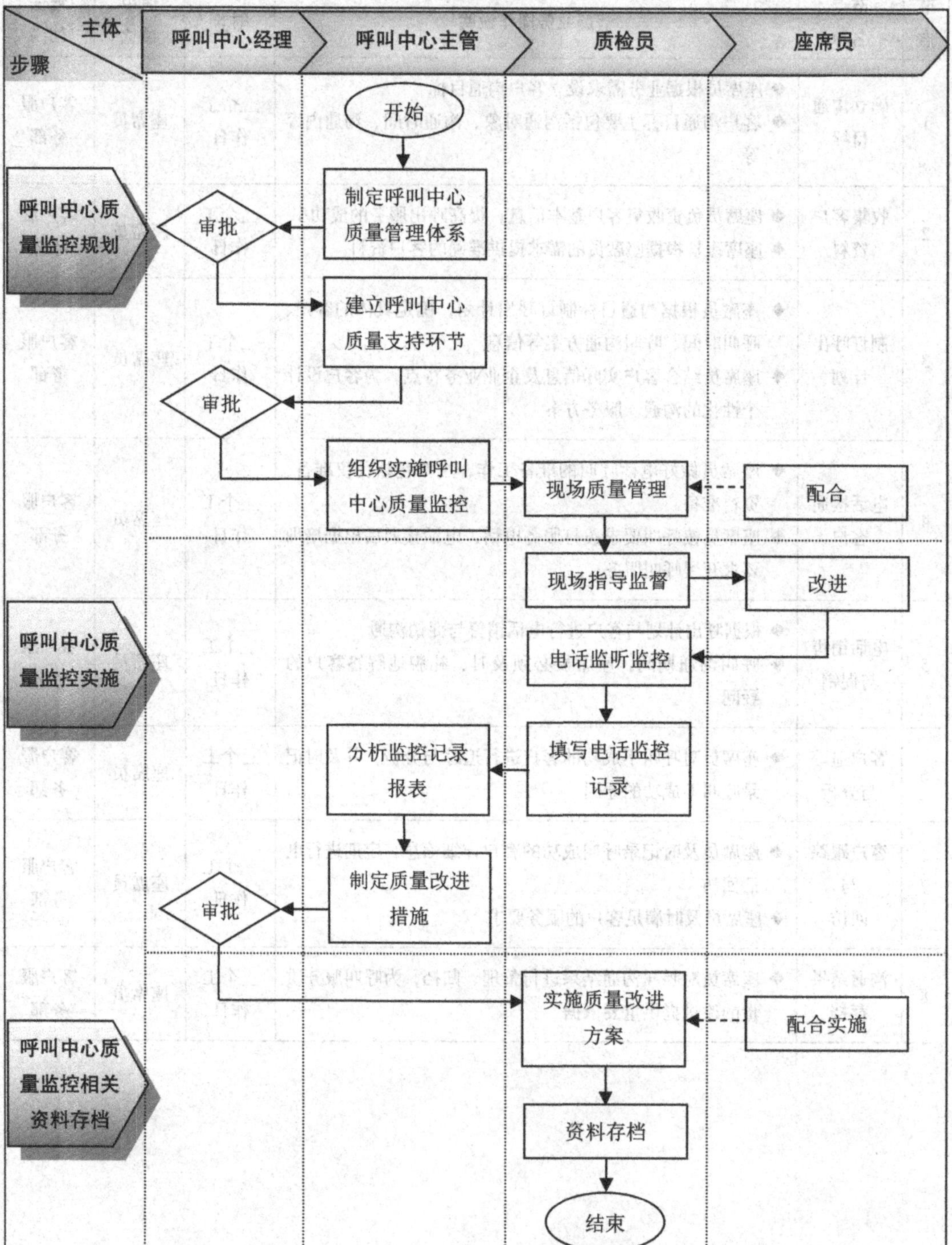
主体
步骤
呼叫中心经理
呼叫中心主管
质检员
座席员
呼叫中心质量监控规划
呼叫中心质量监控实施
呼叫中心质量监控相关资料存档
开始
制定呼叫中心质量管理体系
审批
建立呼叫中心质量支持环节
审批
组织实施呼叫中心质量监控
现场质量管理
配合
现场指导监督
改进
电话监听监控
填写电话监控记录
分析监控记录报表
制定质量改进措施
审批
实施质量改进方案
配合实施
资料存档
结束

2. 流程节点说明

文件名称		呼叫中心质量监控业务节点说明	版本号		页　数	
文件编号			编制人		审批人	
节点	节点名称	节点业务操作说明	时长		适用单位	责任客户部门
1	制定呼叫中心质量管理体系	◆ 呼叫中心主管制定呼叫中心质量管理体系，并且上交呼叫中心经理审批 ◆ 呼叫中心质量管理体系主要包括质量监控标准、质量管理人员的架构和责任、管理依据等	__个工作日		呼叫中心主管	客户服务部
2	建立呼叫质量支持环节	◆ 呼叫中心主管建立呼叫中心质量支持环节，并且上交呼叫中心经理审批 ◆ 呼叫中心质量支持环节主要包括呼叫中心知识库、呼叫中心监听系统、呼叫中心报表系统等软件和硬件设施	__个工作日		呼叫中心主管	客户服务部
3	组织实施呼叫中心质量监控	◆ 呼叫中心主管组织质检员实施呼叫中心质量监控，并协调处理质量监控过程中发生的问题 ◆ 呼叫中心主管及时收集质检员实施质量监控的意见，为制定质量改进措施提供重要依据	__个工作日		呼叫中心主管	客户服务部
4	现场质量管理	◆ 质检员对呼叫中心现场进行现场质量管理，及时指导、改进发现的质量问题 ◆ 现场质量管理主要包括人员服务规范检查、现场卫生环境检查等	__个工作日		质检员	客户服务部
5	电话监听监控	◆ 质检员对座席员的呼叫电话进行监控，及时发现呼叫过程中存在的质量问题 ◆ 呼叫中心的电话监控主要包括随机监听、电话录音以及现场工作指导三种方式	__个工作日		质检员	客户服务部
6	填写电话监控记录	◆ 质检员在电话监控过程中一旦发现问题要及时填写电话监控记录，为改进服务质量提供重要依据	__个工作日		质检员	客户服务部
7	分析监控记录报表	◆ 呼叫中心主管负责收集呼叫中心质量监控资料 ◆ 呼叫中心主管对系统报表和业务报表的各个指标进行分析，确定需要调整和改进的方向	__个工作日		呼叫中心主管	客户服务部
8	制定质量改进措施	◆ 呼叫中心主管根据质量管理结果制定改进措施，经呼叫中心经理审批后组织实施	__个工作日		呼叫中心主管	客户服务部
9	实施质量改进方案	◆ 质检员接收呼叫中心主管下发的质量改进方案，并按规定实施	__个工作日		质检员	客户服务部

10.5 呼叫中心管理制度

10.5.1 呼叫中心现场管理制度

制度名称	呼叫中心现场管理制度			受控状态	
				编　　号	
执行部门		监督部门		编修部门	

第 1 章　总则

第 1 条　目的

为了加强对呼叫中心现场各项工作的管理，全面了解呼叫中心座席员的工作信息，及时纠正和整改呼叫中心现场发现的问题，特制定本制度。

第 2 条　适用范围

本制度适用于呼叫中心现场管理工作，包括排班管理、会议管理、流程管理、人员管理等。

第 3 条　管理职责

1. 呼叫中心经理负责呼叫中心现场管理运营的资源保障和关系协调。

2. 呼叫中心主管负责制订现场管理工作计划，组织人员实施工作计划，并对重要问题进行决策。

3. 座席班组长是现场管理工作的主要执行人，负责问题的采集、经验的传递和工作的监督，并承担组织班会、意见反馈的职责。

4. 质量监控人员是现场管理工作的一线员工，负责现场管理工作中质量标准的制定、监督和问题预测工作。

第 2 章　排班管理

第 4 条　统计预测呼叫量

呼叫中心主管应根据历史呼叫量统计、行业市场预测、产品广告投放等多方面因素进行分析，掌握数据变化趋势，准确预测呼叫量。

第 5 条　计算座席员需求量

1. 以预测呼叫量为基础，以半小时或一小时为单位，综合考虑座席员的休息与就餐时间，测算单位时间内需要座席员上线的数量。

2. 考虑平均处理时间、平均应答速度、CRS（座席员）利用率、CRS 出勤率几个指标，提高预算的精确性。

3. 座席员需求量计算公式如下。

$$\text{某时段需要座席数}=\frac{\text{某时段电话总量}\times\text{一通电话的平均处理时间}\times\text{要求接通率}}{(\text{时段时长}\times 95\%\text{出勤率})}+\text{时段内平均休息人数}$$

其中：平均处理时间是座席员从开始处理一个呼叫到处理下一个呼叫所需的平均时间，包括处理话务的时间、电话搁置的时间、事后处理时间；平均应答速度为客户电话接入呼叫中心到被应答的时长。

第 6 条　创建排班表

1. 排班方式。公司采用四三轮的排班方式，具体班次时间分配如下表所示。

（续）

四三轮排班方式表

排班名称	排班方式	班别	每日上下班时间	每日工作时间
四三轮	工作三天休一天	早班	07：00~15：00	7小时
		中班	15：00~23：00	7小时
		夜班	23：00~07：00	7小时

2. 排班内容。公司座席员排班表包括排班名称、工时、班别班次、在工人数、轮班人员等。

第7条 排班工作改进

公司将定期对比实际情况与预测情况，改进排班工作，通过对比预测与实际的情况，对下一阶段的排班进行适当修正，确保排班工作的准确度不断提升。

第3章 会议管理

第8条 班前会

班前会是客服交接班工作的重点，座席班组长应认真组织班前会，确保信息的传递及时和重要业务的沟通到位，具体应从以下几个阶段组织班前会。

班前会程序表

班前会程序	具体说明
会前准备	1. 当班座席班组长结合排班表记录，编写“当班班次信息通知表”，对人员异动情况作出说明，使接班人员准确掌握当班人员的信息 2. 整理“现场工作日志”，记录包括业务通知、人员安排、工作事项、重点跟进客户问题等信息，要求接班人员详细掌握，并且对跟进结果负责
会议召开	会议主要包括以下内容： 1. 人员考勤情况通报； 2. 重要业务及事项通报； 3. 座席状态调整，包括问候语练习、心得分享、优秀员工示例等方式。
现场交接	由于现场交接涉及到现场人员的较大变动，因此，交接班人员应从以下几个方面保证交接工作的顺利进行： 1. 交接班主管与班组长在现场交接过程中应密切配合，做好现场的人员调动工作； 2. 无论是进入现场接班的还是已经交班的座席员，在现场都要遵守现场工作秩序，保持安静； 3. 质检人员要实时监控话务，并保证平稳交接； 4. 现场禁止一切不必要的逗留； 5. 应将异常或重要的交接事项记录在“现场工作日志”中。

第9条 班后会

班后会是对之前的工作作出总结，同时对第二天的工作作出安排。班后会的组织和建设应重点从以下几个方面进行。具体如下图所示。

（续）

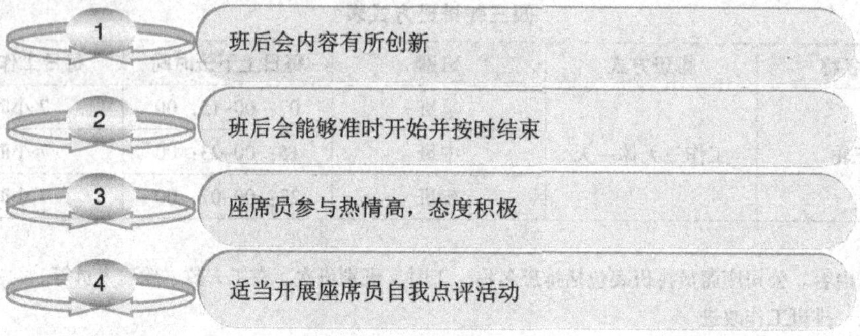
1
班后会内容有所创新
2
班后会能够准时开始并按时结束
3
座席员参与热情高，态度积极
4
适当开展座席员自我点评活动

班后会组织和建设重点

第 4 章 工作流程管理

第 10 条 现场工作流程管理内容

公司呼叫中心流程管理内容主要包括客户咨询流程、信息查询流程、交易受理流程以及投诉处理流程。流程的规范化是提高业务运作效率的有效方法。

第 11 条 现场工作流程的设计

呼叫中心业务流程设计应遵循以下设计步骤。

1. 了解工作的基本需求。

2. 分解单个作业。

3. 排定作业顺序，估算工作时间。

4. 不断调试，确定最终工作流程。

第 12 条 现场工作流程的改善

现场管理是监督流程运作、优化流程设计的重要手段，对流程的改善应从以下几个方面进行。具体如下表所示。

现场工作流程改善内容表

改善内容	具体说明
选择需要改善的工作流程	该阶段应由执行流程的人员参与，提出工作流程执行过程中的不足之处，并提出相应的建议
设定工作流程改善的目标	公司呼叫中心流程改善一般以提高服务品质或降低运营成本为目标
持续改善工作流程	呼叫中心经理负责通过量化工作流程改善的价值，比较改善前后的效益，进行正确评估

第 5 章 座席服务规范

第 13 条 电话接听

1. 通话前的准备工作

（1）座席员打开机器，带上耳麦，使电话处于正常状态。

（2）调整心情，保持愉悦的状态。

（3）准备好各种办公用品。

（续）

2. 电话接听的要求

（1）电话铃响后第一时间接起电话，摘机后报工号以及问候语。

（2）要求口齿清楚，语言柔和有礼貌。

3. 通话时情绪的控制。电话交谈过程中应保持微笑，适当地对客户陈述作出回应。

第14条 声音控制（具体规范如下表所示）

声音控制规范表

控制要素	具体规范与要求
1. 语速	（1）应避免语速过快或过慢 （2）注意与客户的语速进行适当匹配 （3）根据谈话内容调整语速，巧妙停顿，给予客户思考的时间
2. 音量	（1）保持适当的音量 （2）对重要信息调整适当的音量，确保信息传递到位
3. 吐字	（1）吐字清晰，使用形象、描述性语言，避免使用过多术语 （2）当客户听不清楚要求重复时，应进行详细解释说明

第15条 用语标准

具体的服务标准用语如下图所示。

服务标准用语

1.“您好，请问有什么可以帮到您？”

2.“您好，请讲。”

3.“×先生/小姐，对不起，我没有听清楚您的问题，请您复述一遍好吗？”

4.“对不起，麻烦您稍等片刻，好吗？”

5.“对不起，请稍等。”

6.“对不起，请再稍等一下。”

7.“对不起，×先生/小姐，让您久等了。”

8.“×先生/小姐，不知我是否将您的问题解释清楚了。”

9.“×先生/小姐，不知我说的是不是够明白。”

10.“×先生/小姐，麻烦您记录一下好吗？”

11.“谢谢，请记录。”

12.“对不起，目前我们暂未开通这项业务，请您原谅。”

13.“对不起，×先生/小姐，我没有听清，请您慢一点儿，再说一遍好吗？”

14.“请问还有什么能帮到您？”

15.“谢谢您的电话，再见！”

（续）

第 6 章　呼叫中心现场纪律

第 16 条　出勤

不得迟到、早退，严格遵守公司请假制度，每月迟到累积超过 3 次，由所属主管给予纪律处分。

第 17 条　仪表

上班时要求衣着整洁，不准穿背心、短裤等服装，女员工宜化淡妆。

第 18 条　工作操守

1. 员工在公司内应保持专业形象，不得大声喧哗（包括休息区），不得与同事作出过分亲昵及随意的举动。

2. 每天上线前 5 分钟在自己的座位上准备就绪。

3. 将私人通信工具设置为震动或静音状态。

4. 离开工作台时，须请示主管并告知主管去向及事由。

5. 保持应有的职业操守，尊重同事，尊重客户。

6. 如非工作需要，不得翻查客户的任何资料。

第 19 条　环境卫生

1. 员工应时刻保持工作环境及休息区的整洁，在休息区进食后，应随手将椅子放好及将剩余的食物收拾好，不可随意乱放。

2. 员工在工作台上应时刻保持整洁。

3. 除公司指定的区域之外，在工作环境及休息区内不准吸烟，在当值时间不得饮用含酒精的饮料。

第 20 条　设备使用

1. 爱护并按正确步骤操作设备、工具，不得擅自改变任何设定。

2. 妥善保管工作用品，如有遗失应立即报告上级主管。

3. 为控制成本、推广环保，请尽量正反面使用纸张。

4. 爱护公司提供的设施设备，不得擅自改变任何设置，不得用作私人用途。

第 21 条　其他纪律

1. 员工不得对外泄露公司及客户的任何资料。

2. 非本公司员工不得进入服务中心。

3. 遇有任何紧急情况，须立即报告上级主管，并启动紧急处理程序。

4. 严禁利用公司计算机玩游戏。

5. 下班后必须将计算机关机。

第 22 条　纪律处分

如违反上述规则，累积三次将给予当事人口头警告，或由主管视情节严重情况给予书面警告，如仍没有改善，当事人将受到书面警告甚至被解聘且无任何补偿。

第 7 章　附则

第 23 条　本制度由客户服务部负责制定、修改和解释。

第 24 条　本制度经总经理批准后，自颁布之日起实施。

编制日期		审核日期		批准日期	
修改标记		修改处数		修改日期	

10.5.2 呼叫中心质量控制制度

<table>
<tr><td rowspan="2">制度名称</td><td colspan="2" rowspan="2">呼叫中心质量控制制度</td><td>受控状态</td><td></td></tr>
<tr><td>编　　号</td><td></td></tr>
<tr><td>执行部门</td><td></td><td>监督部门</td><td></td><td>编修部门</td><td></td></tr>
</table>

第1章　总则

第1条　目的

为了达到以下目的，特制定本制度。

1. 保证客户的合理要求能得到满足和实现。

2. 降低出错率，改善服务质量，提高服务效率。

第2条　适用范围

本制度适用于呼叫中心的业务质量监控管理工作。

第3条　管理职责

1. 呼叫中心质量控制主管负责座席员呼叫质量的整体监控工作。

2. 呼叫中心质量控制专员负责座席员呼叫质量的监控实施工作。

第2章　质量控制标准及方法

第4条　质量控制管理的标准

呼叫中心质量控制管理标准一览表

质量控制管理标准	具体说明
以客户为中心	◇ 在质量管理的各项活动中，质量控制专员应把使客户满意作为出发点和归宿，以优良的客户满意度作为服务体系管理的终极目标
全员参与	◇ 质量控制专员应通过全员参与的质量管理活动，提高员工的积极性，增强组织内部的沟通和凝聚力
系统管理	◇ 质量控制专员对呼叫中心实行全面系统管理，提高组织管理的有效性和效率
持续改进	◇ 质量控制专员运用持续改进的理念来优化流程，能使所有的客户都受益，并不断提升本中心的服务质量，树立公司的良好形象

第5条　确定质量控制方法

质量监控专员根据公司情况选择合适的质量监控方法，常用的监控方法有人员监控、服务时段监控、匿名访问等方法。具体说明如下表所示。

（续）

质量监控方法说明表

主要方法	具体说明
人员监控	1. 质量监控专员根据座席员在线时间内的任意一个或几个电话录音，随机抽取电话，进行监听打分，并作记录 2. 保证每周每位员工被抽到至少三次，监听跟踪整个电话服务过程
服务时段监控	1. 根据不同的服务时段，质量监控专员对呼叫中心座席员进行监听打分，并作记录 2. 质量监控专员可视情况设定监听录音的时间长短，也可跟踪监听整个电话过程 3. 监听的重点时段包括每日来电量高峰期、每日来电量低峰期、交接班期、上下班前后、用餐前后等时间点
匿名访问	根据业务的发展情况，由质量监控专员以客户的身份拨入电话，检查座席人员的业务和服务水平，加大话务质量的督导范围和力度

第 3 章　确定鉴定时间及频度

第 6 条　确定监听时间

1. 监听的时间要求如下。

（1）质量监控人员要每日对在线座席员的电话进行监听。

（2）质量监控人员保证每日至少监听____小时。

2. 质量监控人员根据呼叫中心座席员的工作情况，确定具体的监听时间。

第 7 条　确定监听频度

质量监控人员确定监听方法及监听时间之后，确定监听的频度。

1. 有针对性监听。质量监控人员根据实际培训情况选定抽样监听的重点时段，如参加培训的人员，则监听一般集中在培训前或培训后：培训前的监听量为座席员总数的 30%，培训后的监听量为座席员总数的 20%。

2. 全面监听。质量监控人员对全部人员进行全程监听，以便全方面了解呼叫中心座席员的服务质量。

第 4 章　确定监听内容及程序

第 8 条　确定监听内容

监听内容根据实际培训需求而定，不同时期的监听侧重点是不同的。监听的主要内容如下。

1. 质量监控人员对出现频率比较集中的问题进行重点监听，收集案例。

2. 实施培训过程中，质量监控人员要对接受培训的座席员进行相关内容的重点监听，以检测培训效果。

3. 全面监听，质量监控人员对座席员的业务知识、服务技巧及服务规范的表现进行监听，找出问题，同时收集优秀案例，积累培训资料。

第 9 条　实施监听程序

实施监听的程序如下图所示。

（续）

1
质量监控人员监听座席员电话，并发现问题
2
质量监控人员要严格依照呼叫中心监听评分标准在监听过程中打分，填制监听评分表，并进行分析
3
质量监控人员对座席员进行话务指导
4
质量监控人员辅导座席员制定个人改进方案
5
质量监控人员进行跟进监听，重复本流程
6
质量监控人员对有共性的问题进行统计，质量监控人员根据问题统计及人员沟通，提出培训需求交培训专员
7
相关培训人员对呼叫中心座席员进行培训，质量监控人员在培训后再进行跟进监听，并重复本流程

实施监听的程序示意图

第 5 章　质量监控结果处理及总结

第 10 条　质量监控结果处理

质量监控结果处理如下表所示。

质量监控结果处理一览表

质量监控结果	具体处理办法
评分记录	每次监听后根据《质量评分标准》分析座席员的服务水平并进行打分，填制“质量监听评分表”
面谈记录	通过监听，与业务、服务水平有突出问题的座席员进行面谈，对话务质量进行指导，质量监控人员与座席员共同制订质量改进计划。对于业务和话务水平较好的座席员给予鼓励
培训需求	通过每月监听的汇总结论和与座席员沟通，质量监控人员及时了解座席员各方面的业务培训需求，及时向培训师反映
共同监听	由质量监控人员牵头，安排各班组负责人轮流监听座席员录音，各组负责人也可共同对典型电话服务录音进行讨论，对质量监控工作提出合理化建议

第 11 条　工作总结

呼叫中心的质量监控人员要依据质量控制管理办法开展工作，每月总结本月的监听工作，将结论上报中心总监或相关管理人，并定期将汇总的监听记录上交备案。

（续）

第6章　附则					
第12条　本制度由客户服务部负责制定、修改和解释。 第13条　本制度经总经理批准后，自颁布之日起实施。					
编制日期		审核日期		批准日期	
修改标记		修改处数		修改日期	

10.6　呼叫中心管理工具

10.6.1　呼叫中心管理表单

1. 呼叫业务质量监控表

座席员姓名		班别	
座席员工号		组别	
话务类型	□呼入　　□呼出	监听人	
监听方式		监听日期	
客户编号		监听时长	
主叫号码		录音生成时间	
电话类型		工单号	

服务内容		错误类型		得分
		非致命错误	致命错误	
1. 礼貌问候、表述规范	接通电话时规范礼貌地问候客户，根据电话类别按规定进行陈述			
2. 确认信息	收集、核对客户信息，了解客户需求，确认客户问题			
3. 态度友好、用语规范	（1）语气、语调是否亲切			
	（2）让客户等待（呼叫保持）时，是否遵循规范			
	（3）通话过程中的用语是否恰当、规范			
4. 技能技巧	（1）围绕主题正确提问，控制通话节奏，把握通话主动权，妥善引导客户情绪，站在客户立场考虑问题			
	（2）系统操作熟练			

（续表）

<table>
<tr><th colspan="2" rowspan="2">服务内容</th><th colspan="2">错误类型</th><th rowspan="2">得分</th></tr>
<tr><th>非致命错误</th><th>致命错误</th></tr>
<tr><td rowspan="7">5. 方案提供和工单填写</td><td>（1）针对客户问题提供准确方案并进行正确解释</td><td></td><td></td><td></td></tr>
<tr><td>（2）确认方案，确定客户已经理解</td><td></td><td></td><td></td></tr>
<tr><td>（3）电话服务过程中态度好、服务主动积极，避免出现搪塞、推诿客户现象，不能冒犯客户或与其发生争执</td><td></td><td></td><td></td></tr>
<tr><td>（4）重要问题升级处理，电话回拨</td><td></td><td></td><td></td></tr>
<tr><td>（5）正确选择业务单种类</td><td></td><td></td><td></td></tr>
<tr><td>（6）工单记录是否准确、完整</td><td></td><td></td><td></td></tr>
<tr><td>（7）工单细类是否选择正确</td><td></td><td></td><td></td></tr>
<tr><td>6. 恰当结束</td><td>按照规范礼貌结束通话</td><td></td><td></td><td></td></tr>
<tr><td>非致命错误数</td><td></td><td colspan="2">致命错误数</td><td></td></tr>
<tr><td>整通电话通过情况</td><td colspan="4"></td></tr>
<tr><td>座席员反馈</td><td colspan="4"></td></tr>
<tr><td>优点</td><td colspan="4"></td></tr>
<tr><td>待改进</td><td colspan="4"></td></tr>
<tr><td>填写说明</td><td colspan="4">1. 表格应填写完整，不可有空白项；当某些项目由于监控方式原因无法填写时，用“/”标注
2. 错误类型一栏应填写“致命错误”和“非致命错误”两种
3. 满足要求的项目评为“1”分，出现“非致命错误”的项目得分为“0”分，出现“致命错误”的项目得分为“-1”分
4. 整通电话通过标准：非致命错误不超过三项，并且无致命错误时，电话通过；出现一项致命错误，则电话监控不通过</td></tr>
</table>

2. 呼叫业务质量校准表

<table>
<tr><th rowspan="2">监听人</th><th rowspan="2">非致命错误1</th><th rowspan="2">非致命错误2</th><th colspan="2">非致命错误是否通过</th><th rowspan="2">致命错误1</th><th rowspan="2">致命错误2</th><th colspan="2">致命错误是否通过</th></tr>
<tr><th>是</th><th>否</th><th>是</th><th>否</th></tr>
<tr><td>基准</td><td></td><td></td><td></td><td></td><td></td><td></td><td></td><td></td></tr>
<tr><td>监听人1</td><td></td><td></td><td></td><td></td><td></td><td></td><td></td><td></td></tr>
<tr><td>监听人2</td><td></td><td></td><td></td><td></td><td></td><td></td><td></td><td></td></tr>
<tr><td>监听人3</td><td></td><td></td><td></td><td></td><td></td><td></td><td></td><td></td></tr>
<tr><td>评分</td><td colspan="8"></td></tr>
</table>

10.6.2 呼叫中心质量控制方案

<table>
<tr><td rowspan="2">方案名称</td><td rowspan="2">呼叫中心质量控制方案</td><td>编　号</td><td></td></tr>
<tr><td>受控状态</td><td></td></tr>
<tr><td colspan="4">

一、目的

为了加强对呼叫中心日常工作的管理，进一步改善呼叫中心服务质量，提高服务效率，特制定本方案。

二、适用范围

本方案适用于呼叫中心质量管理工作。

三、质量控制原则

1. 为客户服务的原则。

2. 全员参与、系统管理原则。

3. 不断改进原则。

四、控制方法

1. 质量控制方法主要包括电话监听及报表分析两个。

2. 质量控制工作实施标准评分制，满分为 100 分，其中电话监听占 80 分，报表分析控制占 20 分。

五、相关职责

1. 呼叫中心经理负责组织建立质量控制体系，并指导部门工作质量发展方向。

2. 呼叫中心质量主管负责制定质量标准及监控安排工作，指导做好质量监控的具体工作。

3. 呼叫中心质量专员负责质量监控的具体实施工作。

六、电话监听

（一）监控内容及标准

1. 质量专员负责日常电话监控工作，具体监控内容主要从职业规范、服务技巧、专业技能三方面进行。

（1）开场白、亲切感、结束语、礼貌用语标准。

（2）对话控制能力、倾听理解能力、处理问题方法。

（3）专业知识掌握情况、系统操作能力。

2. 质量专员应对电话监听内容进行评估，具体评估标准如下表所示。

电话监听评估标准表

<table>
<tr><th>监听内容</th><th>序号</th><th>项目名称</th><th>定义、依据</th><th>得分</th></tr>
<tr><td rowspan="6">职业规范（25分）</td><td rowspan="2">1</td><td rowspan="2">服务用语（10分）</td><td>使用“您好”“请稍等”等礼貌用语</td><td rowspan="2"></td></tr>
<tr><td>使用“请问您有什么问题”“我是否为您解释清楚”等专业用语</td></tr>
<tr><td rowspan="3">2</td><td rowspan="3">亲和力（10分）</td><td>吐字清晰，用语得体</td><td rowspan="3"></td></tr>
<tr><td>敬称客户</td></tr>
<tr><td>声音愉悦，精神饱满</td></tr>
<tr><td>3</td><td>服务忌语（5分）</td><td>是否有轻视、顶撞、生硬的用语</td><td></td></tr>
</table>

</td></tr>
</table>

（续）

（续表）

监听内容	序号	项目名称	定义、依据	得分
服务技巧（15分）	4	控制通话节奏（10分）	掌控通话节奏，引导客户完成本次对话	
			询问客户是否可以等待，并在回话后表达歉意	
			对预计等待____秒以上的来电用“挂起”播放等待音乐，等待时间不少于____秒	
	5	理解与安抚客户（5分）	及时准确地了解客户意图	
			及时了解客户投诉问题，并安抚客户情绪	
专业技能（40分）	6	业务处理能力（20分）	业务解释是否准确	
			操作流程是否规范	
			是否详细记录客户提供的相关信息	
			是否一次性解决问题	
			与客户核对信息，并要取得客户确认	
	7	主动营销（10分）	适时营销公司的产品或服务	
	8	客户满意（10分）	收到客户的好评或表扬	

（二）监听措施

1. 质量专员每日录取每名座席员电话记录，数量不得少于____个，并编制“每日通话记录分析表”，每周向质量主管提交分析报告。

2. 质量主管每日抽查通话记录，数量不得少于____个，并在月末向部门经理提交《通话质量分析报告》，报告须包括工作相关整改意见。

3. 质量主管不定期组织召开监听会，由客户服务部门相关领导及质量专员共同对座席员进行服务水平考评，对考评中发现的问题，及时制定解决方案。

七、报表分析控制

（一）监控内容

报表监控主要有以下三方面。

1. 工单记录情况。

2. 工单流转情况。

3.《客户信息分析报告》的编制及提交情况。

（二）监控标准

报表监控主要从工单填制、工单处理、报告的编制与提交三方面进行，具体评估标准如下表所示。

（续）

报表监控评估标准表

监控内容	序号	项目名称	定义、依据	得分
工单填制（7分）	1	填制及时性	完成相关工作事项后是否及时填制工单	
		项目完整性	是否完成工单填制的事项内容	
		内容准确性	填制时间、客户姓名等内容是否准确	
工单处理（7分）	2	提交及时性	填制完毕的工单，是否及时提交	
		回复及时性	相关部门处理完毕的工单，是否及时回复客户	
报告的编制与提交（6分）	3	报告及时性	是否及时提交客户信息总结报告	
		报告合理性	客户信息总结报告的相关内容是否合理	

（三）监控方法

1. 质量专员每日统计座席员的工单记录情况，根据电话记录内容进行对比分析，并向质量主管提交工单记录情况的相关分析报告。

2. 质量主管根据工单记录情况，每周查看客户信息分析报告，对报告的准确性、完整性、及时性进行评价，并作出评估分值。

八、监控结果处理

1. 呼叫中心定期召开质量分析会议，质量管理专员将监控结果及整改意见反馈至座席员，并认真听取座席员的相关意见。

2. 质量专员根据质量监控结果，组织呼叫中心对座席员进行考核，考核成绩计入员工本月绩效考核总成绩，与工资奖金挂钩。

3. 质量主管根据每名座席员的质量监控结果，总结部门工作的不足之处，适时开展培训活动。

编制人员		审核人员		审批人员	
编制时间		审核时间		审批时间	

10.6.3 呼叫中心轮班计划书

文书名称	呼叫中心第4班年度轮班计划书	编　号	
		受控状态	

一、呈送文

客服经理：

为提高座席员的生活质量，打造健康的工作及生活环境，根据《劳动法》相关规定，特制订本班年度轮休工作计划。

现呈报客服经理批阅，请予以审定。

呼叫中心

年　月　日

（续）

二、轮班制原则说明 座席四班共三组成员，实施“三轮转”原则，每班周期一个月。 举例说明：某组在一月份先上上午班，则二月份上下午班，三月份上夜班，四月份上上午班，以此循环。 **三、轮班详细安排情况如下所示** （一）座席 4-1 组 1. 一月份、四月份、七月份、十月份上上午班（6~14 时）。 2. 二月份、五月份、八月份、十一月份上下午班（14~22 时）。 3. 三月份、六月份、九月份、十二月份上夜班（22~6 时）。 （二）座席 4-2 组 1. 一月份、四月份、七月份、十月份上下午班（14~22 时）。 2. 二月份、五月份、八月份、十一月份上夜班（22~6 时）。 3. 三月份、六月份、九月份、十二月份上上午班（6~14 时）。 （三）座席 4-3 组 1. 一月份、四月份、七月份、十月份先上夜班（22~6 时）。 2. 二月份、五月份、八月份、十一月份上上午班（6~14 时）。 3. 三月份、六月份、九月份、十二月份上下午班（14~22 时）。

编制人员		**审核人员**		**审批人员**	
编制时间		**审核时间**		**审批时间**	

我们一起解决问题